맥락 속의 창세기

성경의 의도를 파악하는
맥락 속의 창세기

초판 발행	2020년 11월 6일
지은이	정동진
교정	최은정
디자인	정다민
펴낸이	정동진
펴낸곳	킹스웨이 서울 구로구 고척로27길 51 생명의빛교회 02-453-2680 www.kingswaybc.com

ISBN 979-11-972138-0-9

성경의 의도를
파악하는

맥락 속의 창세기

GENESIS:
DISCOVERING THE INTENTION OF THE BIBLE
WITHIN THE CONTEXT

연성마 〈연중지속 성경독파 마라톤〉 창세기 해설

정동진 지음

KING'S WAY BIBLE COLLEGE & SEMINARY

목차

Ⅲ부 이삭에서 야곱의 예언까지

킹스웨이신학원King's Way Bible College & Seminary은 '성경'과 '영성'이 균형을 이룬 목회자를 세우기 위해 설립된 연구기관입니다. 성경연구를 위해 "연성마"(연중지속 성경독파 마라톤) 강좌를 개설하고(2019년 2월 14일) 창세기부터 공부를 시작하여 지난주(2020년 8월 31일) 룻기에 이르기까지 꾸준히 달려왔습니다. 함께했던 많은 분들이 스스로의 고정관념과 제한되어 있던 사고의 틀에서 벗어나 진정으로 하나님께서 성경을 통하여 말씀하시고자 했던 바의 편린을 깨달으며 지금까지 보이지 않았던 보화를 발견하고 기뻐했습니다.

올해부터 두 가지 목표를 가지고 여름방학과 겨울방학에 집중강의를 추가로 개설했습니다. 하나는 연성마 때 세세하게 공부했던 내용을 좀 더 거시적인 신학적 맥락으로 다시 한 번 정리하는 것이고, 다른 하나는 그것을 토대로 설교를 작성하여 전하는 것입니다. 왜냐하면 연성마에서 공부했던 방대한 내용을 설교에 적용할 수 있도록 재구성하여 가공하는 과정 또한 필수적이라고 느꼈기 때문입니다.

이 글은 조용식 박사가 연성마와 집중강의에서 창세기를 강의한 내용을 필자가 종합하고 정리하여 해설한 것입니다. 위에서 밝혔듯이 신학적 맥락에

입각하여 공부한 것을 설교에 적용해야 함을 염두에 두고 작성했습니다. 이 책을 통하여 연성마에서 함께 달려왔던 분들 뿐만 아니라 더욱 많은 분들과 함께 그 열매를 나누게 되었으면 좋겠습니다.

끝으로 이 책이 발간될 수 있도록 헌신해준 정화순 권사와 생명의빛교회 성도들에게 감사의 마음을 전합니다. 좋으신 우리 주님께서 많은 것으로 채워주시길 기도합니다. 생명의빛교회 성도들이 뿌린 씨앗의 열매가 이 땅의 많은 목회자들에게 전달되기를 소망합니다.

2020년 9월 7일
정동진목사

I 부

하나님의 시간 창조에서 생육하고 번성하는 사명 감당까지

※ 일러두기

- 이 책에 나오는 인명, 지명의 경우 개역개정판 성경에 나오는 것을 그대로 표기했고, 나머지는 네이버국어사전 외래어표기법 일반 용례를 따랐다.
- 성경 본문을 인용하는 경우에는 개역개정판 성경을 사용하되, 히브리어와 뜻이 다른 번역은 먼저 개역개정판 역을 제시하고 히브리어 성경에 맞는 번역을 제시했다.
- 히브리어는 브니엘성경연구소에서 출간한 "바이블렉스 9.0" 버전을 사용했다.
- 성경 맥락의 뜻을 보다 분명하게 밝히기 위한 근거로 영역본 KJV, YLT 역본을 사용했다.

1:1-2:3 시간을 창조하신 하나님

창세기 1-5장에는 하나님에 관한 다양한 호칭이 사용되었습니다. 하나님(1:1-2:3), 여호와 하나님(2:4-3:24), 여호와(4:1-26) 그리고 다시 하나님(5:1-32)이란 호칭이 사용되었습니다. 즉 창세기 1-5장은 하나님이란 호칭으로 시작해서 여호와 하나님, 여호와를 사용한 후에 다시 하나님이란 호칭으로 돌아왔습니다. 현대신학은 문서설로 접근했습니다. 그러나 신학적 맥락이란 관점에서 보면 호칭이 바뀌면서 관심이 달라지고 전하고자하는 의도가 달라지는 것을 발견하게 됩니다.

창세기 1장은 보는 사람의 관점에 따라 다양한 시각이 존재합니다. 창조론에 입각한 시각이 대표적인 것입니다. 창조론은 창세기 1장이 인간의 기원을 이야기하고 있고, 우주의 형성을 이야기한다고 봅니다. 창조론의 입장에서 보는 창세기 1장은 그 초점이 창조의 내용, 인간 기원, 우주 형성에 맞춰져 있습니다. 창조론이 주장하는 그 일을 하나님이 하신 것은 분명합니다. 그러나 하나님은 단순히 그 일들을 하신 것을 전하는데 목적을 두지 않으셨습니다. 하나님은 그 일을 하시면서 '시간'을 중요하게 다루셨습니다.

하나님은 누구나 부를 수 있는 호칭입니다

하나님과 관련된 호칭은 다양합니다. '하나님, 주님, 아버지, 여호와' 등이 있습니다. 하나님은 세상 사람이면 누구나 부를 수 있는 호칭입니다. 출애굽기 20장 말씀을 보면 가장 쉽게 이해할 수 있습니다.

"하나님이 이 모든 말씀으로 말씀하여 이르시되(출 20:1)"

"너는 나 외에는 다른 신들을 네게 두지 말라(출 20:3)"

개역개정역으로 번역된 '하나님'과 '신'은 같은 단어인 '엘로힘'입니다. 엘로힘을 한 번은 하나님으로, 또 한 번은 신으로 번역한 것입니다. 그것은 어느 나라 어떤 민족이든지 하나님을 부를 수 있음을 보여주고 있고 실제 그렇게 부르고 있습니다.

그러나 뒤이어지는 세 호칭(주님, 아버지, 여호와)은 하나님과 관련된 호칭이지만 아무나 부를 수 없습니다. 성경을 알아야만 부르거나, 믿어야만 부를 수 있는 호칭입니다. '주님'은 종의 개념과 연결됩니다. 우리는 주님과 종이라고 하면 노예의 측면을 강조합니다. 주님과 관련하여 종이라고 할 때는 주님이 종의 모든 것을 책임지고 돌보아 준다는 의미를 가지고 있습니다. '아버지'는 자녀 관계가 형성되었을 때 부를 수 있습니다. '여호와'는 하나님이 스스로 밝히신 자신의 이름입니다. 여호와가 하나님이신 것은 분명합니다. 그러나 호칭에 따라 하시는 역할이 서로 다른 것을 볼 수 있습니다. 하나님이 무슨 일을 하셨는지 살펴보겠습니다.

하나님은 제한되지 않은 시간을 작동시켰습니다(1:1)

기독교계는 어느 순간부터인가 창세기 1장을 '창조론'의 교과서로 생각해왔습니다. 그 학설은 일정부분 공헌했지만 성경을 왜곡시키는데 큰 역할을 하기도 했습니다. 창조론은 창세기 1장을 첫째 날에서 여섯째 날까지 무엇을 했는가를 상세하게 다룹니다. 그러다보니 정작 드러나야 할 하나님의 관심사는 드러나지 않고, 그 분이 하신 일이 드러나 버렸습니다.

하나님은 창세기 1장 1절에서 시간을 작동시켰습니다. 우리는 "하나님이 태초에 천지를 창조하시니라"는 말씀에서 지금까지는 하나님이 창조하신 천지에 집중했습니다. 물론 집중해야 합니다. 그러나 '태초에'란 말씀은 시점을 알려 줍니다. 하나님이 창조의 일을 시작한 시점을 가리킵니다. 하나님이 창조하신 내용은 천지입니다. 하나님은 하늘과 땅을 짓기 전에도 계셨고 그 이후에도 계십니다. 하나님은 영원부터 영원까지 존재하시는 분이십니다. 창조의 내용인 천지(하늘과 땅) 못지않게 중요한 것이 '태초에'라는 시점입니다. 태초에는 시간의 시작을 뜻합니다. 하나님은 천지를 창조하시기 위해서 먼저 시간을 태동시키셨고, 그 시간을 구체화 해 가셨습니다. 그 시간 안에 창조하시는 내용물을 하나씩 하나씩 조화롭게 배치하셨습니다.

하나님은 하루를 정하셨습니다(1:5)

하나님은 시간과 전혀 상관이 없어 보이는 빛을 창조하셨습니다. 하나님이 빛을 창조하시기 전에 천지를 먼저 창조하셨고, 어둠이 그것을 덮고 있었습니다. 때문에 하나님이 어둠을 분리시키기 위해 빛을 창조하신 일면도 있습니다. 하나님은 "빛이 있으라(3)"고 명하셨고 빛은 존재하게 되었습니다. 어둠만 존재했었는데 빛이 같이 존재하게 된 것입니다. 창세기는 어둠이 어떻게 존재하게 되었는지 전혀 언급하지 않습니다. 하나님은 빛을 낮이라 칭하시고, 어둠을 밤이라 칭하셨습니다. 그때부터 어둠과 빛은 순차적으로 오가면서 밤과 낮을 형성했습니다. 지금까지도 여전히 어둠은 밤으로 존재하고, 빛은 낮으로 존재합니다. 하나님은 어둠을 저녁이라 부르셨고, 낮을 아침이라 부르셨습니다. 하나님은 저녁이 되고 아침 되는 그 기간을 '첫째 날'이라 부르셨습니다. 첫째 날, 곧 하루라는 한정된 시간이 출현했습니다. 하루는 빛과 어둠에 의해 나타난 시간이었습니다. 하나님이 천지를 창조하실 때는 한정되지 않은, 정의할 수 없는 시간의 모습이었습니다. 빛을 창조하심으로 하루라는 시간 개념이 탄생했습니다. 즉 하루라는 한정된 시간이 태동했습니다. 이 하루의 길이는 정의할 수 없습니다.

하나님은 해가 하루를 주관하도록 하셨습니다(1:14)

하나님은 둘째 날에 궁창을 만드시고 그것을 중심으로 위의 물과 아래 물로 나뉘셨습니다. 하나님은 하늘과 땅을 창조하셨고, 빛을 창조하셨습니다. 하나님이 물을 창조했다는 말은 없습니다. 그러나 천지창조 직후에 2절 말씀에서 하나님의 신이 수면을 운행했다고 말씀하여 물이 있다는 것을 알려주고 있습니다.

하나님은 궁창을 하늘이라 부르셨습니다. 하나님은 천하의 물을 한 곳으로 다 모으셨습니다. 물을 한 곳으로 다 모으니 뭍이 드러났는데 그 뭍을 땅이라고 부르셨습니다. 하나님이 시간을 작동시키실 때 하늘과 땅을 만드셨는데, 그 형체가 셋째 날에 가서 모습을 드러냈습니다. 하나님은 그 땅에 사명을 부여하셨습니다. 땅은 풀을 내야 합니다. 땅은 각종 씨 맺는 채소를 내야 합니다. 땅은 각종 씨가진 열매 맺는 나무를 내야 합니다. 하나님은 이 일을 완성하시고 셋째 날이라 부르셨습니다. 땅이 풀을 내고, 씨 맺는 채소를 내고, 씨가진 열매 맺는 나무를 내기 위해서는 여러 가지 도움이 필요합니다. 그 중에 하나가 빛입니다.

그 다음날, 하나님은 둘째 날에 만드셨던 하늘의 궁창에 해, 달, 별이란 광명체들을 두셨습니다. 광명체들 중 '해'에게 낮을 주관하면서 첫째 날 태동시켰던 '하루'를 계속 만들어내는 권한을 부여하셨습니다. 사실은 해가 아니더라도 낮과 밤은 지속됩니다. 첫째 날에 창조하신 빛과 태양 빛은 분명 다릅니다. 하나님은 태양 빛으로 첫째 날 창조하셨던 빛을 뒷받침하게 하신 것으로 볼 수 있습니다. 하나님은 사람들이 해가 뜨고 지는 것을 보며 빛과 어둠을 구분하고, 하루라는 시간개념을 보다 잘 이해할 수 있도록 하셨습니다. 하나님이 창조한 빛은 존재했으나 인간의 눈으로 구별할 수 없을 가능성이 큽니다. 요한사도는 예수님을 가리켜서 참 빛이라고 했습니다(요 1:9). 예수님이 오셔서 사람들에게 빛을 비추셨는데 사람들은 그 빛을 알아보지 못했습니다.

넷째 날에 창조된 해가 비추는 빛은 없어질 때가 옵니다. 요한사도는 "또다시 밤이 없겠고 등불과 햇빛이 쓸 데 없으니 이는 주 하나님이 그들에게 비치심이라 그들이 세세토록 왕 노릇 하리로다(계 22:5)"라고 했습니다. 넷째 날 태양을 통해서 비추던 빛은 종말의 때에 더 이상 존재해야 할 필요가 없습니다. 사람들이 생활하며 켰던 등불도 필요 없습니다. 왜냐하면 하나님에게서 나오는 빛이 그 역할을 하기 때문입니다.

하나님은 주간을 정하셨습니다(2:2)

하나님은 첫째 날에 '하루'를 창조하시고, 그것이 영원히 지속되도록 '해'에게 임무를 맡겼습니다. 해는 지구를 돌면서 끊임없이 하루를 만들어 냅니다. 하나님은 달에게 한 달이란 시간을 생성하다도록 임무를 부여하셨습니다. 하나님이 '하루'와 '한 달'을 창조하셨습니다. 하나님이 그 시간 속에 다섯 째 날에 바다에 고기를, 하늘에 새를 날게 하셨습니다. 여섯째 날에 각종 짐승과 사람을 두셨습니다. 그리고 일곱째 날에 더 이상 두실 것이 없어서 쉬셨습니다. 하나님이 하신 일을 마치시고 쉬자 자연스럽게 '주간'이 형성되었습니다. '한 주간'이 칠 일이란 개념은 유일하게 성경 속에 있는 시간 개념입니다. 음양오행을 주장하는 사람들에게서 한 주는 닷새입니다. 제가 어릴 때 살던 면소재지에 오일장이 열렸습니다. 한 주간이 5일이고 한 주간 마다 시장이 한 번씩 선 것입니다.

창세기 1장은 불특정 시간으로 시작하여 일곱째 날에 하나님이 안식하심으로 한 주간(이 세상 어디에도 없는 시간 개념)이란 특별한 시간 개념을 창조했습니다. 이 땅에 사는 모든 사람들은 자의든 타의든 하나님이 창조하신 시간 개념 속에 살고 있습니다. 특히 한 주간이란 시간 구분 단위는 어느 누구도 거스를 수 없습니다. 하나님을 부인하고 싶어도 부인 할 수 없습니다. 시간의 존재를 보며 그것을 창조하신 하나님을 볼 수 있어야 합니다.

하나님은 생물과 사람에게 복을 주셨습니다(1:22, 28)

하나님은 하루, 한 달을 창조하셨습니다. 하루는 해가 주관하고, 한 달은 달이 주관합니다. 한 주간은 창조하신 것은 아니지만 하나님이 하신 일을 그치자 자연스럽게 나타난 기간입니다. 하나님은 시간 속에 만물을 두시려고 여섯째 날까지 창조를 명령하셨습니다. 하나님께서 말씀하신 다섯째 날, 여섯째 날 명령 속에 특별한 메시지가 드러납니다.

"하나님이 그들에게 복을 주시며 이르시되 생육하고 번성하여 여러 바닷물에 충만하라, 새들도 땅에 번성하라(1:22)"

"하나님이 자기 형상 곧 하나님의 형상대로 사람을 창조하시되 남자와 여자를 창조하시고, 하나님이 그들에게 복을 주시며 하나님이 그들에게 이르시되 생육하고 번성하여 땅에 충만하라, 땅을 정복하라, 바다의 물고기와 하늘의 새와 땅에 움직이는 모든 생물을 다스리라 하시니라(창 1:27-28)"

하나님은 다섯째 날에 창조하신 생물들 즉 바다의 고기들과 공중의 새들에게 복을 주셨습니다. 여섯째 창조하신 사람에게도 복을 주셨습니다. 이들에게 주신 복은 생육하고 번성하여 충만하게 되는 복입니다. 사람에게 주신 복이 생물들과 다른 것은 정복하고 하나님이 복을 주신 생물들을 다스리는 것입니다. 생물과 사람은 생육하고 번성하고 충만해져야 하는 사명을 받았습니다. 사람은 생물들과 달리 땅을 정복하는 사명, 하나님이 복 주신 생물을 다스리는 사명을 받았습니다.

하나님은 일곱째 날을 복되게 하셨습니다(2:3)

하나님은 자신이 계획하신 그 천지만물을 다 만드셨습니다. 하나님은 일곱째 날에 안식하셨습니다. 하나님은 그 날을 복되게 하사 거룩하게 하셨습니다. '복되게 하심'은 안식과 거룩함과 관련되어 있습니다. 출애굽 후 만나를 주시면서 여섯째 날에 이틀 분을 주시고 일곱째 날에는 아무도 그의 처소에서 나오지 말라고 명하심으로 하나님이 하시던 안식을 사람들도 누리게 하셨습니다(출 16:29-30). 성막 건축을 명하시는 과정에서 "너는 이스라엘 자손에게 말하여 이르기를 너희는 나의 안식일을 지키라 이는 나와 너희 사이에 너희 대대의 표징이니 나는 너희를 거룩하게 하는 여호와인 줄 너희가 알게 함이라(출 31:13)"라고 말씀하셔서 일곱째 날은 안식하는 시간이고, 여호와께서 안식하는 자를 거룩하게 하여 여호와를 알게 하는 날입니다. 세계사 어디에도 없는 칠일이란 시간 구분을 정하신 하나님께서 그 날에 안식일을 지키라 명하시고, 안식하는 자들을 거룩하게 하십니다.

창세기 1장의 하나님은 열심히 일하셨지만 어느 특정 대상과 관계를 맺지 않으셨습니다. 하나님은 하루하루 창조하신 피조물 전체를 동일하게 대하셨습니다.

우리는 시간 속에 호흡하며 살고 있습니다. 하나님은 시간을 창조하시고 그 속에 모든 만물을 두셨습니다. 하나님이 시간을 없애버리시면 그 모든 것은 다 없어질 것입니다. 하나님은 오늘을 살아가는 모든 사람도 시간 속에 두셨습니다. 나 또한 하나님이 창조하신 시간 속에 존재하고 있습니다.

시편 90편 기자는 "우리의 모든 날이 주의 분노 중에 지나가며 우리의 평생이 순식간에 다하였나이다. 우리의 연수가 칠십이요 강건하면 팔십이라도 그 연수의 자랑은 수고와 슬픔뿐이요 신속히 가니 우리가 날아가나이다(시 90:9-10)"라고 고백했습니다. 시편 90편 기자는 자신에게 주어진 시간을 주님의 분노 중에 보냈다고 고백합니다. 시편 기자는 자신에게 주어진 시간에 수고와 슬픔 뿐이었다고 고백합니다. 시편 90편 기자의 고백처럼 인생이란 수고와 슬픔뿐일 수 있습니다. 하나님의 분노 중에 보내는 날이 대부분일 수 있습니다. 어쩌면 죄가 지배하는 세상에서 죄의 노예가 되어 살아가는 인생들은 그렇게 밖에 고백할 수 없을 것입니다. 그러나 하나님이 일곱째 날에 안식을 요청하셨고, 안식하는 자들을 거룩하게 하십니다. 수고와 슬픔에서 회복시키는 은혜를 베풀어주십니다.

시편 100편 기자는 "온 땅이여 여호와께 즐거운 찬송을 부를지어다. 기쁨으로 여호와를 섬기며 노래하면서 그의 앞에 나아갈지어다(시 100:1-2)"라고 내가 나아갈 길을 제시합니다.

2:4-3:24 사람에게 관심을 집중하시는 여호와 하나님

하나님은 시간을 창조하시고 그 안에 모든 만물을 잘 배치시켰습니다. 2장 3절까지 언급되었던 하나님이란 호칭은 사라지고 갑자기 '여호와 하나님'이란 호칭이 사용됩니다. 하나님이란 호칭은 누구나 부를 수 있습니다. 그 하나님은 어떤 특정한 일에 집중하지 않으시고 전체적인 계획에 따라 일정한 관심을 보이시며 일을 처리하십니다.

반면에 여호와 하나님은 성경을 모르는 자들은 부를 수 없는 이름입니다. 여호와 하나님은 성경을 아는 자만이, 그와 관계를 맺은 사람만이 부를 수 있는 이름입니다. 여호와 하나님은 땅에 지대한 관심을 보이셨고, 사람에게 특별히 관심을 보이셨습니다.

여호와 하나님은 땅에만 집중합니다(2:4)

창세기 2장 1-3절은 하나님이 천지와 만물을 창조하시고 일곱째 날 안식한 말씀을 기록하고 있습니다. 4절은 천지가 창조될 때 하늘과 땅의 역사(내력)를 요약하는 것으로 시작합니다. 그러면서 '하나님'이란 호칭이 '여호와 하나님'으로 바뀝니다. 이름이 바뀌면서 1장에서 하나님이 언급하셨던 '하늘과 땅'의 순서가 '땅과 하늘'로 바뀝니다. 그것은 여호와 하나님의 관심이 하늘보다도 땅에 있다는 것을 보여줍니다.

여호와 하나님은 땅을 언급하면서 사람 창조를 내다보고 계십니다. 여기서 언급한 땅은 하나님이 지으신 모든 땅을 가리킵니다. 땅은 하나님이 지으셨습니다. 그런데 여호와 하나님이 아직 그 땅에 비를 내리지 않았습니다. 땅을 갈 사람도 없었습니다. 들에는 초목이 없었고 밭에는 채소가 나지 않았습니다. 안개만 땅에 올라와 지면을 적신 정도였습니다.[1] 여호와 하나님은

1 하나님이 셋째 날에 땅이 풀, 씨 맺는 채소, 각기 종류대로 씨가진 열매 맺는 나무를 내라 하셨고 그대로 되었다고 기록하였습니다. 여호와 하나님이 땅에 관심을 가지고 바라보셨을 때는 최소한 그 이전이란 의미로 보여집니다. 그러나 인간은 여섯째 날에 창조되기 때문에 시간적으로 맞추기는 어렵습니다.

땅의 환경을 언급하시면서 아직 사람이 그곳에 살 준비가 안 되어 있다는 사실을 강조하는 것으로 보입니다. '땅을 갈 사람이 없다'는 것은 사람 창조의 필요성을 염두에 두고 한 말씀입니다. 여호와 하나님이 땅에 관심을 가지고 있지만 그 이면에는 사람에게 관심을 두고 계심을 보여줍니다.

하늘의 반대 개념으로서 땅은 에레츠אֶרֶץ입니다. 비가 내리지 않은 땅, 갈 사람이 없는 땅(5), 안개를 피어 올린 땅은 에레츠입니다. 초목이 없는 들, 채소가 없는 밭은 사데שָׂדֶה가 사용되었습니다. 안개가 땅에서 올라와 덮은 온 지면(6)은 에레츠가 아닙니다. 여호와 하나님이 사람을 창조할 때 언급한 땅, 흙(7), 아름답고 먹기 좋은 나무를 나게 한 땅(9)도 에레츠가 아닙니다. 흙은 먼지란 의미의 아파르עָפָר를 사용했고 나머지 땅은 아다마אֲדָמָה란 명사를 사용했습니다. 사람 이름인 아담은 일반적인 사람을 지칭할 때도 씁니다. 지면, 사람 창조 때 사용한 땅, 먹기 좋은 나무를 낸 땅을 말할 때는 '에레츠'가 아닌 '아다마'를 사용했습니다. 그것은 아다마가 이제 곧 창조할 아담을 향하고 있음을 보게 됩니다. 여호와 하나님은 아다마(땅, 먹기 좋은 나무를 낸 땅)에서 먼지(아파르)를 취해서 사람을 만드셨습니다. 이것은 여호와 하나님의 전능하심을 알려주심과 동시에 사람이 미미한 존재라는 것을 말해줍니다.

여호와 하나님은 하나의 동산에 모든 것을 집중시킵니다. 하나님이 지으신 천지로서 땅은 넓습니다. 여호와 하나님은 그 땅 중에서 극히 작은 일부를 선택하셨습니다. 여호와 하나님이 선택한 땅은 동방 입니다. 여호와 하나님은 동방 땅 중에 또 일부분인 에덴을 선택하셨습니다. 그리고 에덴 중에 또 극히 일부분을 선택하셔서 동산을 조성하셨습니다. 하나님이 지으신 온 땅, 여호와 하나님이 선택한 동방 땅, 에덴, 동산입니다. 여호와 하나님은 동산을 언급하기 위해 역삼각형(▽) 형태로 넓은 천지에서 아주 작은 동산에 초점을 맞추셨습니다. 하나님이 지으신 땅들 중에서 다른 모든 것을 무대 뒤로 숨기고 오직 동산에 모든 관심을 집중시키고 있습니다.

여호와 하나님은 선택과 집중을 보여주시고 계십니다. 하나님은 땅에게 풀을 내고, 씨 맺는 채소를 내고, 씨 맺는 열매 맺는 나무를 내라고 하셨습니다(1:11). 여호와 하나님은 선택과 집중을 통해서 무대 전면으로 내세운 그 동산에 지으신 사람을 두셨습니다. 여호와 하나님은 하나님과 같이 땅에게 무엇을 내라고 명하시지 않고 직접 자신이 그 땅에 아름답고 먹기에 좋은 나무가 나게 하셨습니다. 여호와 하나님이 직접 나게 하신 나무들 중에 생명나무와 선악을 알게 하는 나무도 있었습니다(2:9). 하나님은 땅에게 명하여 풀, 씨 맺는 채소, 씨 맺는 열매 맺는 나무를 내라고 하셨을 뿐 어느 나무에도 눈길을 집중시키지 않았습니다. 그러나 여호와 하나님은 씨 맺는 열매 맺는 나무들 중에 생명나무와 선악을 알게 하는 나무에 주위를 집중시키셨습니다. 여호와 하나님이 직접 창조하셔서 동산에 두신 사람과 이 나무의 관계를 염두에 두고 계십니다.

무대 전면에 등장시킨 동산에서 흐르는 물은 온 땅으로 흘러갑니다. 강 이름은 장소를 알려주고 있으며 동시에 에덴의 동산처럼 지리적 공간에 초점을 맞추고 있습니다. 여호와 하나님은 온 땅에서 동방 땅, 동방 땅에서 에덴, 에덴에서 동산으로 점점 무대를 좁혔었습니다. 여호와 하나님은 앞서 보여주셨던 것과 정반대의 모습을 보여주십니다. 에덴에서 흐르는 물이 동산을 적셨습니다. 그 동산을 적신 물은 이제 사방으로 흐릅니다. 사방은 네 강으로 대변되고 있습니다. 하윌라 온 땅은 흐르는 금이 있는 비손 강, 구스 온 땅을 흐르는 기혼 강, 앗수르 동쪽으로 흐르는 힛데겔 강, 마지막으로 유브라데 강입니다. 에덴에서 강이 흘러나와 동산을 적시고, 동산에서 강이 네 지류로 갈라져 하나님이 창조하신 온 땅으로 흘러갔습니다. 이것은 동산이 온 땅의 근원역할을 하고 있음을 보여줍니다.

에스겔선지자는 "성전 문지방 밑에서 물이 나와 동쪽으로 흐르다가 성전 오른쪽 제단 남쪽으로 흘러내렸다(겔 47:1)"고 말하였습니다. 요한 사도는 "수정 같이 맑은 생명수의 강이 하나님과 및 어린양 보좌로부터 나와서 길 가운데로 흐른다(계 22:1-2상)"고 기록했습니다. 에덴은 성전 문지방 밑 혹은 하나님과 어린양의 보좌로 상징되는 장소인 것을 보게 됩니다. 물이 온 땅 사방으로 흘러간다는 것은 하나님이 사람에게 내린 "생육하고 번성하여 땅에 충만하고 땅을 다스리라(1:28)"는 명령과 뜻을 같이 하고 있습니다.

여호와 하나님은 사람에게 사명을 부여하셨습니다(2:7, 8, 15-17)

여호와 하나님은 땅에 관심을 가지셨습니다. 하나님이 지으신 모든 땅에 관심을 갖지 않으셨습니다. 에덴이란 지역에 관심을 두셨습니다. 에덴 중에서도 특별한 한 지역을 선택해서 동산이란 이름을 부여하시고 그곳에 특별한 관심을 두셨습니다. 에덴에서 흘러나오는 물이 동산에 도착했습니다. 여호와 하나님은 그 동산에 도착한 물을 하나님이 지으신 온 땅으로 흘러 보내셨습니다. 이제 여호와 하나님은 그 동산의 관리자가 필요했습니다. 여호와 하나님은 땅의 흙으로 사람을 지으셨습니다.[2]

2 히브리어의 강조점을 살려 표현한다면 '아다마(땅)'에서 '아파르(흙=먼지)'를 취하여 '아담(사람)'을 만드셨습니다.

여호와 하나님은 사람에게 두 가지 사명을 부여하셨습니다. 하나는 여호와 하나님이 조성한 동산에 자신이 지은 사람을 두시고(8) 그것을 경작하며 지키게 하셨습니다(15). 여호와 하나님은 동산을 지키고 경작하는 관리자로 자신이 지은 사람을 임명했습니다. 다른 하나는 선악과를 따먹지 못하도록 스스로 자신을 지켜야 하고, 다른 사람들 또한 그것을 따먹지 못하도록 지켜야 하는 사명입니다. 두 번째 사명은 여호와 하나님과 사람의 관계를 정립해주고 있습니다. 여호와 하나님은 사람에게 말씀으로 사명을 주십니다. 사람은 여호와 하나님의 말씀을 듣고 그것을 실천해야 합니다.

성도는 열심히 일해야 합니다. 학생은 열심히 공부하는 것이 일하는 것입니다. 전업주부는 가정의 모든 일을 열심히 살피고 그 필요를 채워가는 것이 일하는 것입니다. 직장인들은 맡은 일에 최선을 다해야 합니다. 놀고 먹는 것은 사람에게 주어진 사명이 아닙니다. 요즘 계획적으로 실업급여를 받으며 생활하는 사람들이 있는데, 이런 사람들은 여호와 하나님이 일하라는 사명을 거부하는 자들입니다. 타락한 후에는 엿새 동안 힘써 일해야 하고, 흙으로 돌아갈 때까지 얼굴에 땀을 흘려야 먹고 살게 됩니다(3:17, 19). 바울을 데살로니가 교회 성도들 중에 일하지 않고 먹으려는 자들이 있는 것을 알고 "…누구든지 일하기 싫어하거든 먹지도 말게 하라(살후 3:10하)"고 명했습니다.

여호와 하나님이 사람을 만드시고 동산에 두시며 '지키라'고 하신 것은 악으로 끌고 가서 선과 악을 분별하게 하는 존재가 이미 세상에 있다는 것을 보여주고 있습니다. 성도가 지켜야 할 첫 번째 것은 자신이 선악과를 따먹지 않도록 자신을 지켜야 합니다. '선악과'는 결국 죄를 의미합니다. 성도는 자신을 지켜 죄에 빠지지 않게 해야 합니다. 바울은 그리스도인들에게 악은 모양이라도 버리라고 명했습니다. 죄는 나를 파멸의 길로 몰아넣고 주변 사람들을 그리고 끌어들입니다.

사명을 감당하지 못하면 쫓겨납니다(3:22-24)

창세기 2장의 주인공은 여호와 하나님과 아담이었습니다. 창세기 3장은 이 두 주인공은 사라지고 조연인 뱀과 여자가 등장합니다. 여호와 하나님이 뱀을 만들었습니다. 뱀은 짐승에 속합니다. 뱀은 짐승들 중에 가장 간교한 짐승입니다. 뱀은 여자와만 대화했습니다. 뱀은 여호와 하나님이란 호칭을 사용하지 않았고 하나님이란 호칭을 사용했습니다. 여자는 뱀의 유혹에 넘어가 여호와 하나님이 금하신 선과 악을 분별하는 열매를 따먹었고, 자기와 함께 있는 남편에게도 주어서 먹게 했습니다. 여호와 하나님께서 맡긴 사명을 어겼습니다.

여호와 하나님은 자신의 명을 거역한 아담과 대화하고, 여자와도 대화를 했습니다. 그러나 여호와 하나님은 뱀과는 일절 말을 섞지 않았습니다. 대화하지 않았습니다. 일방적으로 "여호와 하나님이 뱀에게 이르시되 네가 이렇게 하였으니 네가 모든 가축과 들의 모든 짐승보다 더욱 저주를 받아 배로 다니고 살아 있는 동안 흙을 먹을지니라, 내가 너로 여자와 원수가 되게 하고 네 후손도 여자의 후손과 원수가 되게 하리니 여자의 후손은 네 머리를 상하게 할 것이요 너는 그의 발꿈치를 상하게 할 것이니라(3:14-15)"란 명령만 하달했습니다.

여호와 하나님은 뱀에게, 여자에게, 아담에게 죄에 대한 판결문을 선언하셨습니다. 그리고 아담과 하와가 선악을 아는 일에 우리 중 하나 같이 되었다고 진단하셨습니다(22). 여호와 하나님은 그들이 손을 뻗어 생명나무 열매를 따먹고 영생하게 해서는 안 된다고 진단하셨습니다. 여호와 하나님은 그들을 에덴 동산에서 내보내셔서 남자의 근원인 땅을 갈게 하셨습니다. 아담은 선악과를 따먹으므로 여호와 하나님과 정상적인 관계에서 이탈했습니다. 관계가 끊어졌습니다. 그 결과는 여호와 하나님이 만드신 동산에서 쫓겨나는 것입니다.

여호와께서 아브라함을 선택하시고 찾아오셔서 언약을 맺으셨습니다. 그의 후손들이 가나안 땅에 입성했습니다. 모세는 신명기 말씀을 통하여 이스라엘 백성들이 여호와의 규례와 명령을 지키면 그 땅에서 한 없이 오래 산다고 했습니다(신 4:40). 그러나 그들이 여호와의 규례와 명령을 지키지 않으면 "얻은 땅에서 속히 망하고…여러 민족 중에 흩는다(신 4:25-26)"고 하셨습니다.

아담과 하와가 여호와 하나님이 만드신 동산에 영원히 사는 길은 그분이 주신 말씀을 기억하고 준행하여 지키는 길 뿐입니다. 이스라엘 백성들이 여호와께서 주신 약속의 땅에서 오래 사는 길 또한 여호와의 명령과 규례를 지키는 것입니다. 그와 반대로 여호와의 명령과 규례와 법도를 지키지 않는다는 것은 그들이 거주하는 곳에서 쫓겨나는 것을 의미합니다.

여호와 하나님은 사람에게 관심이 많으신 분이십니다. 여호와 하나님은 사람과 관계를 맺고 그 관계가 지속적으로 유지되기를 기대합니다. 여호와 하나님은 사람이 자신이 준 말씀을 잘 지키길 원하십니다. 아담에게 주신 말씀은 동산을 경작하고 선악을 알게 하는 나무를 지키는 것입니다. 가나안 땅을 얻는 이스라엘 백성들은 여호와의 명령과 규례와 법도를 지킬 때 그곳에 오래 살게 됩니다. 말씀을 어기고 거역하면 거주하는 곳에서 쫓겨납니다.

예수님은 신앙공동체 멤버가 죄를 짓거든 가서 그 사람과만 상대하여 권고하라고 하셨습니다. 만일 안 듣거든 한 두 사람을 데리고 가서 두세 증인의 입으로 말마다 확증하라고 하셨습니다. 그래도 듣지 않으면 교회에 말하라고 하셨습니다. 교회의 말도 듣지 않거든 이방인과 세리와 같이 여기라고 하셨습니다(마 18:15-20). 우리는 각자 자신이 죄 중에 서 있지 않은가 돌아보아야 합니다. 늦기 전에 그곳에서 떠나 하나님께로 돌아오고 신앙공동체로 돌아와야 합니다.

여호와는 하나님이십니다. 이 두 이름이 서로 다르지 않지만 두 이름은 미묘한 차이를 보입니다. 하나님은 크고 넓고 포괄적이십니다. 하나님은 원대한 계획을 하시고 그것을 집행하시는 분이십니다. 반면에 여호와 혹은 여호와 하나님은 아주 구체적이고 체계적이십니다.

하나님이 창조하신 남성과 여성(1:1-31)

창세기 1장에 등장하는 인간들은 일반사람들입니다. 즉 어떤 관점에서 보아도 특정한 사람들이 아닙니다. 하나님은 "우리의 형상을 따라, 우리의 모양을 따라 우리가 사람을 만들자(26상)"고 계획하셨습니다. '사람(אָדָם 아담)'은 창세기 2장의 사람과 비교했을 때 관사가 없습니다. 즉 특정한 사람이 아니라 일반 사람이라는 뜻입니다. 하나님은 "남자와 여자(27하)"로 사람[3]을 창조하셨습니다. 개역개정역은 하나님이 창조하신 인간을 남자와 여자로 번역했습니다. 영역본들(특히 YLT)[4]은 '남자(man)'와 '여자(woman)'로 번역하지 않고 '남성(a male)'과 '여성(a female)'으로 번역했습니다. 남성과 여성은 생물학적 관점에서 보는 것입니다. 하나님이 인간을 창조하실 때 남성, 여성이라는 성(姓)별로 만드셨다는 의미입니다. 반면에 '남자'와 '여자'는 관계적인 면을 보여줍니다. 즉 부부 사이를 지칭할 때 '남자'와 '여자'로 부릅니다. 영어의 여자(woman)는 남자를 포함하고 있습니다.

하나님은 특별한 관점을 갖지 않으시고 포괄적인 측면에서 생물학적으로 '남성'과 '여성'을 창조할 것을 계획하셨습니다. 실행단계에서 정관사를 붙여 "그 사람을 창조하시되(1:27)"라고 기록하셨지만 여전히 관계적인 면에서 남자와 여자가 아닌 성별 면에서 "남성과 여성을 창조하셨다"

3 26절에서 사람을 만들자고 계획을 할 때는 관사가 없지만 27절에서 직접 사람을 창조하실 때는 정관사 하(ה)를 붙였습니다. 사람이 아니고 그 사람입니다.

4 Young's Literal Translation의 머리글자를 딴 약어입니다.

고 말씀합니다. 그 사람 안에는 남성과 여성이 존재합니다. 하나님은 남성과 여성을 서로 다르게 창조하셨다고 말하지 않았습니다. 하나님은 남성과 여성을 단순히 자기 형상 곧 하나님의 형상대로 창조하셨다고 말씀합니다.

여호와 하나님이 만드신 그 사람(2:1-25)

여호와 하나님은 땅의 흙으로 사람을 지으시고 생기를 그 코에 불어 넣으시니 사람이 생령(살아있는 생명, living life)이 되게 하셨습니다(7). 여호와 하나님이 호칭한 '사람(הָאָדָם 하아담)'은 히브리어 정관사가 붙어 있는 '그 사람'입니다. YLT는 '그 남성 the male'으로 번역하지 않고 '그 사람 the man'으로 번역했습니다. 2장 끝까지(7, 8, 15, 16, 18, 19, 20, 21, 22, 23) '그 사람 the man'으로 번역했습니다. 개역개정역과 대부분의 영역본에서 사람의 이름으로 번역한 '아담(19, 20, 21, 22, 23)' 조차도 YLT는 '그 사람'으로 통일성을 부여했습니다. 영어에서는 원래 사람 이름 앞에 관사를 붙이지 않습니다. 그러나 창세기 2장은 사람 앞에 정관사를 붙여 '그 사람'이라 부름으로써 특정한 사람인 것을 강조하고 있습니다. 하나님은 남성과 여성을 성별로 동시에 창조하신 것으로 묘사했지만, 여호와 하나님은 땅에서 흙(먼지)을 취하여 '그 사람'만 먼저 창조하셨습니다. 여호와 하나님이 '그 사람'에게서 취하신 갈빗대로 '여자 אִשָּׁה이샤'를 만드셨습니다. YLT는 '여자'를 '한 여자 a woman'라고 번역했습니다. 그리고 '남자 אִישׁ이쉬'에게서 취하였은즉 '여자 אִשָּׁה이샤'라고 부르셨습니다. 이것은 일반적인 남성과 여성이 아니라 남자와 관계 된 여자, 곧 남편과 아내를 염두에 두고 지으셨다는 의미입니다.

하나님은 사람을 창조하기 전에 하늘과 땅을 창조하시는 등 많은 일을 하셨습니다. 그러나 여호와 하나님은 사람을 만들기 전에는 아무 일도 안하셨습니다. 여호와 하나님은 동산도 사람을 만든 후에 조성하셨습니다. 창세기 1장의 하나님은 어떤 경계선도 없이 일반적인 이야기를 하고 있습니다. 그러나 창세기 2장의 여호와 하나님은 특정한 경계선 안에서 이야기를 합니다. 하나님은 일반적인 남성과 여성을 창조하셨습니다. 여호와 하나님은 특정한 '그 사람'을 빚어서 만드시고 살아 있는 사람이 되게 하셨습니다. 그에게서 '한 여자'를 만드셨습니다. 여호와 하나님은 특정한 대상을 생각하시며 여자를 만드셨습니다. 여자는 '그 사람'을 돕는 배필로서 부부입니다. 남자와 여자는 부부관계를 염두에 둔 표현입니다.

하나님이 원대한 그림을 그린 분이시라면 여호와 하나님은 특정한 부분에서 그것을 아주 구체적으로 체계화하신 분이십니다. 출애굽 시대로 날아가 생각해보면 모세는 하나님의 이미지를 닮은 지도자입니다. 반면에 여호수아는 여호와 하나님의 이미지를 닮은 지도자입니다.

아담(그 사람)과 하와가 낳은 가인(4:1-26)

하나님은 남성과 여성을 창조하셨습니다. 첫 번째 방식으로 태어난 인간입니다. 여호와 하나님은 흙으로 빚어서 그 사람을 만드셨습니다. 두 번째 방식으로 태어난 인간입니다. 그 사람(아담)과 하와가 가인을 낳았습니다. 세 번째 방식으로 태어난 인간입니다. 그 사람과 하와가 가인을 낳을 때 하나님, 여호와 하나님이란 이름은 전혀 언급되지 않았습니다. 이 말은 하나님이나 여호와 하나님이 전혀 개입하지 않았다는 의미입니다. 순전히 그 사람과 하와 둘이 알아서 낳았다는 뜻입니다. 세 번째 방식으로 낳은 가인은 창조된 사람도 아니고, 빚어서 만든 사람도 아닙니다. 그 사람(아담)과 하와가 알게 되어 태어난 사람입니다.

개역개정역 '동침하다(יָדַע, 야다)'란 번역은 번역자 개인적 견해입니다. 부부관계를 통해서 가인을 낳았다고 강조한 번역입니다. 동침하다로 번역한 히브리어 '야다'는 알다, 이해하다란 의미를 가진 용어입니다. 창세기 4장에서 태어난 가인과 아벨은 "'그 사람'이 그의 아내 하와를 알았다"는 방식으로 태어났습니다. 그 사람이 아내 하와를 지식적으로 알았다는 것만은 아닐 것입니다. 그 사람이 하나님께서 복주시며 말씀하신 생육하고 번성하라는 말씀을 안 것이고, 어떻게 생육하고 번성할 수 있는지를 알았다는 뜻으로 이해됩니다.

4장 마지막은 다시 자녀를 낳는 장면을 기록하고 있습니다. 여기에는 여호와께서 '그 사람'이라 부르지 않고 '아담'이라 불렀습니다. 2장에서 여호와 하나님이 '그 사람'을 만드신 이후 계속 '그 사람'이라고 부르다가 4장 마지막 장면에 와서 '그 사람'에게 아담이란 이름을 부여했습니다. 이것은 아마도 5장에 시작되는 계보를 염두에 두었기 때문인 것으로 보입니다. 계보에 사람 이름이 없다면 기록 자체가 불가능하기 때문입니다. 아담은 1절에서 자신이 깨달은 대로 다시 자기 아내를 알아서 셋을 낳았습니다. 아담이 아들의 이름을 지은 것이 아니라 하와가 이름을 셋이라 지었습니다. 그녀는 셋을 낳은 후 "하나님이 자신에게 가인이 죽인 아벨 대신에 다른 씨를 주셨다(25)"란 의미를 부여했습니다.

아담과 하와는 특별한 관심을 가지고 자신들을 만드신 여호와 하나님의 이름을 부르지 않았습니다. 이것은 여호와 하나님을 잘 몰랐거나 관계가 형성되지 않았다는 것을 의미합니다. 아담과 하와는 선악과를 따먹고 여호와 하나님과 대화하면서 "하나님이 주셔서 나와 함께 있게 하신 여자 그가 그 나무 열매를 내게 주므로 내가 먹었습니다(3:12)"고 말했습니다. 아담(그 사람)은 여호와 하나님이란 호칭을 사용하지 않고, 하나님이란 호칭을 사용했습니다. 셋이 아들을 낳고 그 이름을 에노스라 불렀습니다. 그때에 사람들이 비로소 여호와의 이름을 불렀습니다(4:26). 이 말은 그 이전까지는 여호와의 이름을 부르지 않았다는 뜻입니다. 1장에서 설명했듯이 하나님은 세상 사람 누구나 부를 수 있는 호칭입니다. 에노스 시대에 아무나 부를 수 없는 여호와란 호칭을 불렀다는 것은 하나님과 관계를 맺고 살았음을 보여줍니다.

하나님의 아들들과 사람의 딸들(6:1-4)

창세기 6장에는 아들과 딸이란 명칭을 사용한 사람들을 언급합니다. 그들은 '하나님의 아들들'과 '사람의 딸들'입니다. 네 번째 방식으로 태어난 사람들입니다. 지금까지 우리는 하나님이 사람을 창조하셨다는 정도로만 이해했습니다. 그러나 성경은 인간 탄생을 그렇게 단순하게 말하지 않습니다.

창세기 6장에는 하나님의 아들들과 사람의 딸들이 언급됩니다. 하나님의 아들들과 사람의 딸들이 사이에서 태어난 사람들을 '용사(4하)'라 불렀습니다. 그들을 고대에 명성 있는 사람들이었습니다. 그러나 그들은 용사라 불렸지만 이름이 없습니다. 여호와께서 "나의 영이 영원히 사람과 함께 하지 아니하리니 이는 그들이 육신이 되었기 때문이다(3)"고 말씀하여 그들은 '육신'으로 불리어졌습니다. '사람과 함께 하지 않는다'의 '사람'은 하나님이 창조하신 사람의 모습으로 태어난 자를 가리킵니다. 여호와의 영이 함께 하지 않는 사람은 '육신'입니다. '육신'은 고기 덩어리를 가리킵니다. '육신'은 '혈육 있는 자(13)', '육체(17)'로 표현됩니다. 이들은 홍수심판의 대상을 가리킵니다. 이들은 이름이 있어도 이름을 밝히지 않습니다. 이들은 하나님의 기뻐하시지 않는, 하나님의 형상을 따라 모양을 따라 태어난 존재들이 아님을 말해줍니다.

다섯 번째 인간(사 51:1)

여호와께서 의를 따르며 여호와를 찾아 구하는 자들에게 "너희를 떠낸 반석과 너희를 파낸 우묵한 구덩이를 생각하여보라"고 말씀하셨습니다. 여호와께서 이스라엘 백성들을 반석에 떠내셨고, 구덩이에서 파내셨다고 설명하고 계십니다.

우리는 사람하면 하나님이 창조한 아담만을 생각합니다. 그러나 성경은 우리가 생각하는 것처럼 사람 창조를 단순하게 설명하지 않습니다. 하나님은 남성과 여성을 창조하셨습니다. 이 남성과 여성은 생물학적으로 성을 구분하는 것 외에 다른 의미가 없습니다.

여호와 하나님은 '그 사람'을 창조하셨습니다. 그 사람이 혼자 사는 것이 좋지 않아서 돕는 배필인 여자를 창조할 때는 흙이 아닌 그 사람의 갈빗대를 사용하였습니다. 여호와 하나님이 창조하신 남자와 여자는 부부를 의미합니다. 이들은 서로 존중하는 관계입니다.

타락한 후에 아담과 하와가 서로 알게 되어 가인을 낳았습니다. 맥락에서 볼 때 여기에 숨겨진 가장 큰 의미는 타락한 후 여호와 하나님께서 남자와 여자에게 선언한 심판과 관련되어 있을 가능성이 큽니다. 여자는 남편을 통제하며 지배하려 하나 남자가 여자를 다스리게 됩니다. 하와가 가인은 낳고 남편인 아담을 배제하고 여호와께서 가인을 주셨다고 주장한 것은 남편을 무시하는 모습입니다. 존중하지 않는 부부가 낳은 아들이 동생을 존중하지 않는 모습을 보여줍니다.

하나님의 아들들은 자기 눈에 보기에 좋은 사람의 딸들을 취해서 용사들을 낳았습니다. 이들의 이름이 언급되지 않는 것은 하나님 보시기에 가치가 없다는 뜻입니다. 오히려 그들은 홍수심판의 원인을 제공했습니다.

나는 하나님에게 기쁨이 되고, 하나님의 바람을 실현하는 자입니까? 아니면 나는 하나님에게 슬픔이고 심판을 불러오는 통로입니까?

2-6장 사람이 보고, 본즉…

'보다'는 능동구문에, '보이다'는 수동태구문에 사용됩니다. 사람이 보는 대상은 물체일 때도 있고, 사람일 수도 있고, 영적 존재 혹은 하나님, 하나님의 일이 될 수도 있습니다. 사람이 무엇을 보게 되면 그것에 대해 반응을 일으킵니다. 사람이 하나님을 보게 되면 관계가 형성 됩니다.[5]

하나님은 창조사역을 통해 자신이 명령하신 대로 되어 물체가 보일 때(표현이 생략되어 있다) 기뻐하셨습니다. 창세기는 하나님과 사람이 무엇을 보았을 때 일으킨 반응을 기록하고 있습니다.

그 사람이 돕는 배필을 보고(1:22-23)

여호와 하나님이 땅의 흙(먼지)으로 '그 사람'을 만드셨습니다. 여호와 하나님이 그 사람이 혼자 사는 것을 보셨고 그것이 좋지 않게 보였습니다. 그 사람을 위하여 돕는 배필을 지으실 계획을 세우셨습니다. '돕는 배필'이란 그 사람이 혼자 살지 않고 같이 있는 것입니다. 여호와 하나님은 그 사람과 같이 흙으로 각종 들짐승과 공중의 각종 새를 지으셨습니다. 그 사람이 그것들의 이름 짓는 것을 보셨습니다. 하지만 여호와 하나님은 그 사람을 위하여 여전히 돕는 배필의 필요성을 느끼셨습니다.

여호와 하나님은 그 사람을 지으실 때와 방법을 달리하여 돕는 배필을 지으셨습니다. 여호와 하나님은 그 사람을 깊이 잠들게 한 후 그의 갈빗대 하나를 취하고 살로 그 자리를 채우신 후, 그 갈빗대로 여자를 만드시고 그 사람에게로 이끌어 왔습니다. 그 사람은 여자를 보았습니다. 그 사람은 여자를 보고 "내 뼈 중의 뼈요 살 중의 살이라, 남자에게서 취하였은즉 여자라 부르리라(2:23)"고 말했습니다.

5 창세기 28장, 야곱이 사닥다리 위에 서 계시는 여호와를 보았을 때 그분의 음성을 듣게 되고, 관계가 형성 되어 갔습니다.

그 사람은 여호와 하나님이 만드셔서 데리고 온 여자를 보고 크게 두 가지 고백을 했습니다. 하나는 뼈 중의 뼈요 살 중의 살이라는 고백입니다. 이는 그 사람이 여자를 자신과 거의 동일하다는 고백을 한 것입니다. 다른 하나는 여호와 하나님이 자신에게 데리고 온 여자의 근원이 어디인가를 잘 분별한 고백입니다. 그 사람은 자기 앞에 있는 여자가 자신에게서 취하여 만든 존재라는 것을 알았습니다. 이로 인해 그 사람은 여자에 대해 최대의 존중을 보였습니다.

바울은 빌립보교회 성도들의 분열을 치유하는 메시지를 전하며 "…오직 겸손한 마음으로 각각 자기보다 남을 낫게 여기고(빌 2:3하)"라고 외쳤습니다.

하와가 선악을 알게 하는 나무 실과를 보고(3:6)

여호와 하나님은 그 남자를 만드신 후에 에덴의 동산에 두시며 두 가지 사명을 부여했습니다. 첫째는 에덴의 동산을 경작하며 지키는 것입니다. 두 번째는 지킨다는 말에 대한 내용으로 그 사람에게 "선악을 알게 하는 나무의 실과를 먹지 말라"고 명하셨습니다. 여호와 하나님께서 그 사람에게 돕는 배필로 준 여자가 남편을 배제하고 뱀과 대화를 하기 시작했습니다. 여자는 그 사람에게서 선악을 알게 하는 나무의 실과를 먹지 말라는 이야기를 분명히 들었습니다. 그 이유는 뱀의 질문에 답하는 여자의 답변에서 알 수 있습니다. 그런데 뱀에게 질문을 받기 전에도 짧은 순간일 수 있지만 여자는 선악을 알게 하는 나무의 실과를 보았습니다. 그때에는 별다른 생각, 감정이 일어나지 않았던 것이 분명해 보입니다. 왜냐하면 여자는 지금 전혀 악에 의해 영향을 받지 않고 있었기 때문입니다. 문제는 뱀이 여자에게 "하나님이 참으로 너희에게 동산 모든 나무의 실과를 먹지 말라 하시더냐?"란 질문을 했습니다. 여자는 뱀에게 "동산 나무의 열매는 우리가 먹을 수 있으나, 동산 중앙에 있는 나무의 열매는 하나님의 말씀에 너희는 먹지도 말고 만지지도 말라 너희가 죽을까 하노라고 하셨다"고 대답했습니다. 그러자 뱀이 다시 여자에게 "너희가 결코 죽지 아니하리라 너희가 먹는 날에는 너희 눈이 밝아져 하나님과 같이 되어 선악을 알 줄 하나님이 아심이니라"고 설명했습니다. 여자가 뱀과 대화한 후에 그 나무를 보았습니다. 갑자기 그 나무는 먹음직하고 보암직하고 지혜롭게 할 만큼 탐스럽기도 한 나무로 보였습니다.

뱀과 여자의 대화에서 어떤 일이 일어났을까요? 대화 전에는 선악을 알게 하는 나무의 실과를 보았을 때 아무런 느낌이 없었습니다. 여호와 하나님이 먹지 말라고 한 나무로 보였고, 그저 과일로 보였습니다. 그런데 뱀과 대화한 후에 그 나무의 실과를 보니 감정이입이 되어 먹음직하고 보암직하고, 지혜롭게 할 만큼 탐스러운 나무로 보였습니다. 여자는 악을 모르는 상태입니다. 뱀과 대화 후에 여자의 마음 상태는 이전과 달라졌습니다. 여자는 아직 선악을 알게 하는 나무 실과를 따먹지 않은 상태이지만 뱀과의 대화만으로도 영향을 받은 것을 알 수 있습니다.

하나님의 아들들이 사람의 딸들을 보고(6:2-4)

성경은 아주 빨리 전개됩니다. 아담과 하와가 죄를 짓고 에덴동산에서 쫓겨난 후, 자녀를 낳기 시작한 4-5장은 약 1,500년의 역사를 포함하고 있습니다. 불필요한 모든 것을 과감하게 생략하고 타락 후 죄인들의 삶이 얼마나 강팍하며, 하나님의 사람(셋의 아들 대에 가서 여호와의 이름을 부름)을 찾아보기 얼마나 어려운가를 중심으로 아주 빠른 전개를 보여줍니다.

하나님의 아들들은 재판장의 아들로 번역이 가능합니다. 재판장의 아들들이란 힘이 있고 권력을 가진 자들의 자녀를 의미합니다. 요즘 말로하면 재벌 2세들이나 권력가의 2세들 정도 되겠지요. 이들은 사람의 딸들(가난한 자들)의 아름다음을 보고 좋아하는 모든 여자를 아내로 삼았습니다. 그 결과는 아주 비극적입니다. 여호와께서 자신의 영을 영원히 사람들과 함께 하시지 않겠다고 결정하셨습니다. 성경은 이들의 삶이 육신이라고 정의합니다.

그러므로 하나님의 아들들이 사람의 딸의 아름다움을 보고 좋아했다는 것은 육적인 삶을 살았다는 것을 의미합니다. 육적인 삶의 결과는 그들의 날이 백이십 년으로 정해졌습니다. 그 시대 사람들에게 주어진 시간이 그것뿐이라는 의미로 이해됩니다. 성경은 그 당시에도 네피림이란 용사들이 있었는데, 하나님의 아들들이 사람의 딸들과 결혼해서 낳은 자식들이 용사가 되었다고 말합니다. 명성이 있는 사람들이 되었는데 그들의 이름이 생략되어 있습니다. 하나님의 아들들, 사람의 딸들, 용사인 그 자녀들 모두 이름을 알려주지 않았습니다. 이것은 그들이 육적인 사람이기 때문에 기억해야 할 필요가 없다는 의미입니다.

아브라함이 눈을 들어 본즉(18:2)

아브라함이 하갈을 취해서 이스마엘을 낳았습니다(16:15). 아브라함은 십삼 년 동안 이스마엘을 보며 즐거워했습니다(16:16; 17:1). 이 기간은 아브라함과 여호와의 교제가 단절된 기간으로 보입니다. 여호와께서 십삼 년 후에 아브라함에게 나타나셔서 "나는 전능하신 하나님이라 너는 내 앞에서 행하여 완전하라(17:1하)"고 명령하신 사실에서 알 수 있습니다. 하나님은 아브라함에게 할례 언약을 제시하셨고, 사라가 낳을 아이와 언약을 세우시는데 그 언약은 영원한 언약이 될 것이며, 그 시기는 '내년 이 시기'라고 알려주신 후 하나님이 아브라함을 떠나 올라가셨습니다.

아브라함이 마므레의 상수리 나무들 아래 있을 때에 여호와께서 다시 그에게 나타나셨습니다. 이번에는 17장에서 여호와께서 일방적으로 나타나셔서 명령하신 것과 달리 아브라함이 자신에게 나타나신 여호와를 보았습니다. 아브라함이 자신에게 나타나신 여호와를 보았는데 성경은 그 장면을 "눈을 들어 본즉 사람 셋이 맞은편에 서 있는지라(18:2상)"고 묘사했습니다.

아브라함이 여호와를 사람 셋으로 볼 수 있었던 것은 특별한 영성이고 은혜입니다. 아브라함이 여호와를 사람 셋으로 보고 대접할 기회를 달라고 요청합니다. 그들은 대접을 받은 후 아브라함에게 사라가 어디 있느냐고 물었습니다. 아브라함은 장막에 있다고 대답합니다. 그 중에 한 분인 그가 아브라함에게 "내년 이맘때에 내가 반드시 네게로 돌아오리니 네 아내 사라에게 아들이 있으리라(18:10하)"고 알려주셨습니다. 아브라함은 이제 일 년 후에 그렇게 기다리던 아들을 얻게 될 것입니다.

두 사람이 소돔과 고모라로 떠나고 여호와께서 아브라함 앞에 서 계셨습니다(18:22). 아브라함이 여호와로부터 소돔과 고모라의 심판에 관한 메시지를 들은 직후였습니다(18:20-21). 아브라함은 '의인'이란 명분을 내세워 여호와께 다섯 차례 질문했습니다.

"그 성 중에 의인 오십 명(45명, 40명, 30명, 20명, 10명)**이 있을지라도 주께서 그 곳을 멸하시고 그 오십 의인을 위하여 용서하지 아니하시이리이까**(18:24)."

여호와는 아브라함이 오십 명에서 십 명까지 의인의 숫자를 낮추며 질문할 때 마지막에 "내가 십 명으로 말미암아 멸하지 아니하리라(18:32하)"고 대답하셨습니다. 여호와와 아브라함의 대화는 아브라함이 자신을 찾아오신 여호와를 사람 셋으로 분별하여 보았기 때문에 가능한 일이었습니다. 앞서 내년 이맘때에 사라가 아들을 낳으리라는 약속의 말씀 또한 마찬가지입니다.

요한사도는 자신의 뒤에서 나는 소리를 들으며 몸을 돌이켜 자신에게 말한 음성을 보려고 몸을 돌려서(계 1:12) 보좌에 계시는 주님을 보았습니다. 소아시아 일곱 교회를 향한 메시지를 들은 후에 다시 하늘에 열린 문이 있는 것을 보았습니다(계 4:1). 그곳에서 진행되고 있는 예배광경을 보았습니다. 보좌에 앉으신 이의 오른 손에 두루마리가 인봉되어 있는 것을 보았습니다(계 5:1).

요한사도는 거듭난 사람들이 하나님의 나라를 본다고 했습니다(요 3:3). 현대신학은 보고 듣는 것을 위험한 일이라 분류했습니다. 진성한 성도는 성경말씀에 기록된 것을 경험해야 할 것입니다.

야곱이 라헬을 보고(29:10, 18)

야곱은 형 에서의 생명의 위협에 길을 떠나 한 번도 가 본적이 없는 밧단아람에 도착했습니다. 외삼촌 집이 어디인지도, 그 가족들도 전혀 모릅니다. 그는 동방에 이르자 가장 먼저 우물을 보았습니다(29:1). 목자들이 있었고 양 세 떼가 우물곁에 누워있었습니다. 야곱은 그들에게 어디서부터 온 목자들인지 물었습니다. 그들은 하란에서 왔다고 대답했습니다. 야곱은 그들에게 나홀의 손자 라반을 아느냐고 물었습니다. 그들이 안다고 대답했습니다. 야곱은 그들에게 그가 평안하냐고 물었습니다. 그들이 그가 평안하다고 대답했습니다. 그들은 야곱에게 그의 딸 라헬이 지금 양떼를 몰고 오고 있다고 알려주었습니다.

야곱은 그 목자들에게 아직 해가 지려면 멀었으니 양떼들에게 물을 먹이고 풀을 뜯게 하라고 권면했습니다. 그들은 우물의 규칙을 어기면 안 된다며 야곱의 제안을 거절했습니다. 우물을 사용하는 규칙은 이미 한 번 언급되었습니다(29:3). 모든 목자들이 모이면 우물 아귀에서 돌을 옮기고 양 떼들에게 물을 먹여야 합니다. 이 규칙을 먼저 언급했다는 것은 야곱도 이 규칙을 숙지했다는 뜻입니다. 그럼에도 야곱은 그들에게 우물 아귀를 옮겨서 양 떼들에게 물을 먹이라고 요청했습니다. 이것은 야곱 자신이 하고 싶은 행동을 마음으로 표현한 것입니다. 야곱은 목자들로부터 외삼촌 라반의 딸 라헬이 양 떼를 몰고 오고 있다는 말을 들었을 때 자신이 라헬의 양 떼들에게 물을 먹이고 싶은 마음을 표현한 것입니다.

야곱은 우물 사용 규칙을 숙지했고 목자들로부터 또 한 번 들었습니다. 그러나 그것이 야곱의 마음을 가로막지 못했습니다. 야곱이 외삼촌 라반의 딸 라헬과 외삼촌의 양을 보았습니다. 그는 라헬과 양떼를 보자마자 나아갔습니다. 우물 사용 규칙을 어기고 우물 아귀의 돌을 옮겼습니다. 외삼촌 라반의 양 떼에게 물을 먹었습니다. 야곱이 양

떼들에게 물을 먹이는 동안 라헬은 의아한 채 서 있었을 것입니다. 야곱은 양떼들에게 물을 다 먹인 후 라헬에게 입 맞추고 소리 내어 울며 자신이 라반의 생질이고 리브가의 아들임을 알렸습니다.

야곱은 우물을 보았고, 라헬과 외삼촌의 양떼를 보았습니다. 야곱이 본 우물은 자신의 궁금증을 풀 수 있는 기회가 되었습니다. 우물곁에 양떼들이 있었고 목자들이 있었기 때문입니다. 야곱은 자신이 지금 제대로 왔는지, 외삼촌 라반이 무사한지 등 궁금한 점이 많았습니다. 야곱이 라헬과 외삼촌의 양 떼를 보았을 때는 자신의 목표가 이루어진 희열을 맛보는 계기가 되었습니다. 그는 브엘세바에서 밧단아람까지 불확실한 여정을 왔습니다. 그러나 우물을 보는 순간 그 불확실성이 확실성으로 바뀌는 기회가 되었습니다. 라헬을 보는 순간은 불확실성이 완전히 사라져버렸습니다.

야곱이 에서의 군대를 보니(32:1-2; 33:1)

야곱은 위험 혹은 위기의 순간을 맞이했고 그 장면을 보았습니다(31:2; 33:1). 외삼촌의 아들들이 나누는 대화에서 야곱이 자기 아버지의 소유를 다 빼앗고 재물을 모았다는 소리를 들은 것입니다. 그 후에 외삼촌의 안색을 보았는데 전과 같지 않음을 보았습니다. 그 때에 여호와께서 야곱에게 나타나셔서 밧단아람을 떠나 고향으로 돌아가라는 말씀을 전해주셨습니다.

야곱은 밧단아람을 떠나 길을 갈 때 하나님의 사자들을 만났습니다. 즉 보았습니다. 야곱은 그들을 가리켜 하나님의 군대라고 부르고 그 땅을 마하나님이라 이름 지었습니다(32:1-2). 야곱이 세일 땅 형 에서에게 가까이 이를수록 두려움이 그를 엄습했습니다. 그는 갖가지 전략을 세웠지만 두려움에서 벗어날 수 없었습니다. 야곱은 어떤 사람과 씨름하여 승리했습니다. 어떤 사람이 야곱의 허벅지 관절에 있는 둔부의 힘줄을 쳤습니다. 야곱은 부상을 당해 절룩거리며 걸었습니다. 야곱은 에서가 사백 명의 장정을 거느리고 오는 것을 보았습니다. 야곱은 전과 같이 레아와 라헬, 두 여종을 중심으로 소유를 나눴습니다. 전과 달라진 점 한 가지는 야곱이 그들 앞서 에서를 맞이하려 나갔습니다(33:3).

야곱이 외삼촌의 안색을 보고 두려움을 느꼈고, 에서가 사백 명의 군사를 끌고 자신에게로 온다는 소리를 들었을 때는 두려움을 느꼈습니다. 그러나 어떤 사람과 씨름 후에 에서가 사백 명의 장정을 데리고 오는 것을 보고는 두려움을 느끼지 않고 당당하게 나가 맞이했습니다. 야곱이 평안을 누린 것은 어떤 사람과 씨름하여 승리하면서 형 에서에 대한 부담을 떨쳐냈기 때문에 가능한 것입니다.

사람이 무엇인가를 보았을 때 일은 두 가지 방향으로 전개되었습니다. 한 방향은 긍정적인 모습입니다. 그 사람이 여자를 보았을 때는 최고의 존중의 태도가 나타났습니다. 성도는 마음과 삶의 죄에서 벗어나 성령의 통치 가운데 있으면서 항상 선이 작동하도록 해야 합니다. 인간관계에서는 항상 최고의 존중이 나타나야 합니다.

다른 한 방향은 아주 부정적인 모습입니다. 하와가 뱀의 유혹을 받고 바라본 선악을 알게 하는 나무의 실과는 먹음직하고 보암직하고 지혜롭게 할 만큼 탐스럽게 보였습니다. 그러므로 성도는 어떤 문제나 사건, 사람을 대하든지 간에 마귀의 유혹이 아닌 성령의 통치 가운데서 바라보고 판단해야 합니다. 마귀의 유혹 후에는 판단이 흐려지고 죄의 열매를 맺게 됩니다.

3:1-24 범죄한 부부를 긍휼히 여기신 여호와 하나님

여호와 하나님은 에덴동산 중앙에 생명나무와 선과 악을 알게 하는 나무를 함께 두셨습니다. 그 중에 전자는 임의로 먹을 수 있게 하셨고 후자는 금하셨습니다. 선악을 알게 하는 나무의 열매를 따먹으면 반드시 죽는다며 금하셨습니다. 아담은 이 사실을 아내 인 여자에게 알려주었습니다. 아담이 아내 여자에게 알려준 것은 뱀과 하와의 대화를 통해서 짐작할 수 있습니다. 우리는 지금까지 아담과 아내인 여자의 범죄에만 초점을 맞춰서 생각했습니다. 그것도 중요하지만 더 중요한 것은 여호와 하나님이 자신의 말씀을 어긴 아담과 여자 그리고 뱀을 어떻게 대하셨는가를 살피는 것입니다. 여호와 하나님이 두 대상을 대할 때 보이는 공통점과 차이점을 살펴보며 여호와 하나님이 어떤 분인가를 알아보겠습니다.

열린 질문으로 하와를 유혹하는 뱀(1-5)

뱀은 여자에게 총 세 차례 질문을 했습니다. 그 중에 한 번만 창의적인 질문을 했고, 나머지 두 번은 여자의 말을 듣고 보충질문을 했습니다. 성경의 기자는 뱀이 여호와 하나님이 지으신 들짐승 중에 가장 간교한 짐승이라고 정의했습니다. "간교하다(עָרוּם 아룸)"는 좋은 뜻으로는 영리하다, 나쁜 뜻으로는 교활하다는 의미입니다. 교활한 뱀은 아담에게 접근하지 않고 여자에게 접근했습니다. 교활한 뱀은 여자에게 "하나님이 참으로 너희에게 동산 모든 나무의 실과를 먹지 말라 하시더냐(3:1)?"라고 질문했습니다. 이것이 왜 교활한 질문일까요? 여호와 하나님은 동산 중앙에 생명나무와 선악을 알게 하는 나무를 함께 두었습니다. 여호와 하나님이 아담에게 먹지 말라 하신 실과는 동산 중앙에 있는 선과 악을 분별하는 나무의 실과입니다. 교활한 뱀은 여자에게 하나님이 동산 중앙에 있는 선과 악을 분별하는 나무의 실과를 먹지 말라 하시더냐고 묻지 않았습니다. 뱀이 여자에게 그렇게 물었다면 여자는 예, 아니요로 답했을 것입니다. 뱀은 여자에게 "동산 모든 나무의 열매를 먹지 말라 하더냐?"란 열린 질문으로 물었습니다.

질문에는 열린 질문과 닫힌 질문이 있습니다. 닫힌 질문은 단답형 질문입니다. 열린 질문은 대답하는 사람이 여러 가지 생각과 견해를 밝힐 수 있는 질문입니다. 마귀는 여자에게 열린 질문을 사용하여 여러 가지 생각에 얽매이게 만들었습니다. 마귀의 열린 질문에 여자는 하나님께서 주신 말씀대로 답변하지 않았습니다.

"…동산 나무의 열매는 우리가 먹을 수 있으나, 동산 중앙에 있는 나무의 열매는 하나님의 말씀에 먹지도 말고 만지지도 말라 너희가 죽을까 하노라 하셨다(2하-3)."

여자는 대답의 첫 마디부터 여호와 하나님이 주신 말씀에서 빗나갔습니다. 여호와 하나님은 동산 각종 나무의 열매라고 하셨는데 여자는 동산 나무의 열매라고 대답했습니다. 여호와 하나님은 네가 임의로 먹어도 된다고 하셨는데 여자는 먹을 수 있으나로 대답했습니다. 뱀이 닫힌 질문을 했다면 여자의 대답이 이렇게까지 빗나가지 않았을 것입니다. 뱀이 열린 질문을 했기에 여자는 여러 가지 자기 생각을 가미시킬 수 있었습니다. 그리고 여자는 계속해서 말을 덧붙이거나 빼거나 바꿔서 대답했습니다. 여호와 하나님은 선악을 알게 하는 나무의 열매라고 하셨는데 여자는 동산 중앙에 있는 나무라고 대답했습니다. 여호와 하나님은 먹지 말라고 하셨는데 여자는 먹지도 말고 만지지도 말라고 덧붙여서 대답했습니다. 여호와 하나님은 반드시 죽는다고 하셨는데 여자는 죽을까 한다고 말씀을 왜곡시켜 대답했습니다.

여자가 하나님의 말씀에 벗어난 답변을 하자 뱀은 그것을 물고 늘어져 여러 가지 거짓말을 늘어놓았습니다. 결코 안 죽을 것이고, 먹으면 오히려 눈이 밝아질 것이고, 눈이 밝아지면 하나님과 같이 될 것이라고 대답했습니다. 하나님과 같이 되면 선악을 알게 됩니다. 선악과를 따먹으면 하나님과 같이 된다는 뱀의 말에 유혹된 여자가 선과 악을 분별하는 나무의 열매를 바라보니 먹음직도 하고 보암직도 하고 지혜롭게 할 만큼 탐스럽게 보였습니다. 여자는 그것을 따먹고 자기와 함께 한 남편 아담에게도 주었습니다. 여자의 마음에는 여호와 하나님의 말씀이 남아 있지 않았습니다. 마귀가 쏟아 부은 거짓말들이 그녀의 마음을 사로잡았습니다. 여자는 여호와 하나님의 말씀은 다 잊었고, 남편 아담과 전혀 상의할 생각조차 하지 않았습니다. 여호와 하나님은 여자를 지을 때 남편 앞에서 도와주는 자로 지으셨는데 그 목적이 와해되는 순간입니다. 여자는 뱀이 연속으로 내뱉는 거짓말에 미혹되어 선과 악을 분별하는 열매를 따먹고 말았습니다. 그리고 그것을 따서 남편에게도 주어서 먹게 했습니다. 아담부부는 이렇게 여호와 하나님의 말씀을 거역했고, 그들은 뱀이 말한 대로 눈이 밝아졌습니다.

말하는 짐승 뱀(1)

여호와 하나님이 지으신 들짐승들 중에 뱀은 가장 간교하고 게다가 말을 하는 존재였습니다. 성경은 말하는 짐승들에 대해 몇 차례 언급하고 있습니다. 다니엘 선지자는 밤에 환상을 보았는데 큰 짐승 넷이 각각 다른 모양을 하고 바다에서 나왔습니다(단 7:4-8). 첫째 짐승은 사자와 같은데 독수리 날개가 있었습니다. 둘째 짐승은 곰과 같은데 몸 한 쪽을 들었고 그 입의 잇 사이에 세 갈빗대가 물려있었습니다. 셋째는 표범 같은 짐승인데 등에 새의 날개 넷, 머리 넷을 가지고 있었습니다. 넷째 짐승은 무섭고 놀라우며 매우 강한 짐승인데 쇠로 된 큰 이가 있어서 먹고 부서뜨리고 그 나머지를 발로 밟았으며 이 짐승은 전의 모든 짐승과 달랐습니다. 그 짐승은 열 개의 뿔이 있었고 뿔 사이에 작은 뿔이 나오니 먼저 있던 뿔 중에 셋이 그 뿌리까지 뽑혔습니다. 나오는 작은 뿔에 사람의 눈 같은 눈들이 있고 또 입이 있어 크게 말하는 짐승이었습니다. 이 짐승은 아주 무서운 짐승으로 그 이는 쇠고 발톱은 놋이었습니다. 이와 발톱으로 먹고 부서뜨리고 나머지는 발로 밟는 무법자입니다. 그 짐승이 가진 뿔은 성도들과 더불어 싸우는 존재였습니다. 이 넷째 짐승은 땅의 넷째 나라입니다. 다니엘 선지자가 말하는 이 넷째 나라는 말을 하는 괴이한 짐승으로 앞으로 일어날 넷째 나라를 상징하고 있습니다.

요한사도는 요한계시록 13장에 바다에서 올라오는 짐승, 땅에서 올라오는 짐승에 대해 기록했습니다. 바다에서 올라오는 짐승은 뿔이 열 개, 머리가 일곱이고, 그 뿔에는 열 왕관이 있고, 일곱 개 머리들에는 신성 모독하는 이름들이 있었습니다. 그 짐승은 표범과 비슷하고 그 발은 곰의 발 같고 그 입은 사자의 입과 같았습니다. 한 용이 그 짐승에게 자신의 능력과 보좌와 큰 권세와 신성모독을 말하는 입을 주었습니다. 땅에서 올라오는 짐승은 어린 양같이 두 뿔이 있고 용처럼 말을 했습니다. 이 짐승은 바다에서 나온 짐승과 같은 능력을 가져 큰 이적을 행하였습니다. 그 짐승은 하늘로부터 불을 내리며 땅에 거하는 자들에게 바다에서 올라온 짐승을 위하여 우상을 만들라고 했습니다. 그 짐승이 우상들에게 생기를 주어 말을 하게 했습니다.

요한사도는 천사가 무저갱의 열쇠와 큰 사슬을 가지고 하늘로부터 내려와서 용을 잡았는데(계 20:1), 그 용이 옛 뱀이고 마귀고 사탄이라고 설명했습니다.

눈이 밝아져 선악을 분별하게 된 아담부부(7-8,10)

아담부부는 여호와 하나님께서 금하신 선과 악을 분별하는 나무의 열매를 따먹고 말았습니다. 아담부부가 그 나무의 열매를 따먹자 눈이 밝아졌습니다. 여호와 하나님은 선과 악을 분별하는 나무의 열매를 따먹으면 반드시 죽는다고 하셨고, 뱀은 선과 악을 분별하는 나무의 열매를 따먹으면 눈이 밝아져 하나님과 같이 된다고 했습니다. 문자적인 표현으로만 보면 여호와 하나님보다 뱀이 훨씬 정확해 보입니다. 눈이 밝아졌다는 것은 어떤 의미일까요?

아담부부는 선과 악을 분별하기 전에 옷을 입지 않은 채 벌거벗은 모습으로 살았습니다. 그때는 두 사람이 서로를 바라보아도 부끄러운 맘이 들지 않았었는데 선과 악을 분별하는 나무의 열매를 따먹고 난 후에 눈이 밝아진 채로 두 사람이 서로 바라보니 민망함을 느끼게 되었습니다. 선과 악을 분별하기 전에는 선만 작동했기에 악한 생각이 일어나지 않았고 악한 눈으로 바라볼 수 없었고 이상한 생각을 할 수도 없었습니다. 그러나 선과 악을 구별하게 된 후로 선은 작동하지 않고 악이 작동하기 시작해서 그들은 서로를 바라보며 벗은 줄 알게 되었습니다. 그들은 서로를 바라보며 민망해서 무화과나무 잎으로 치마를 만들어 입었습니다.

눈이 밝아진 또 다른 모습이 있습니다. 선악과 열매를 따먹은 그날 바람이 불었고 아담부부는 그날 동산에 거니시는 여호와 하나님의 소리를 들었습니다. 전에는 여호와 하나님이 찾아오시길 기다렸는데, 그날은 여호와 하나님 소리를 듣고 피하여 숨었습니다. 그렇게 행동한 이유는 그 전에 여호와 하나님이 두렵지 않았는데 선악과 열매를 따먹은 후 눈이 밝아지고 나니 여호와 하나님이 거니시는 소리에 두려움이 엄습했기 때문입니다. 눈이 밝아졌다는 것은 단지 선과 악을 분별하게 된 것이 아닙니다. 그것은 아담부부가 여호와 하나님을 대할 때 악이 드러나게 되었고, 악이 드러나니 두려움을 느끼게 된 것입니다. 눈이 밝아졌다는 것은 악이 작동하고 선이 작동하지 않는다는 의미를 담고 있습니다. 아담부부가 선을 모르는 것이 아니지만 선을 따를 수 없게 된 것입니다.

요한사도는 사랑 안에는 두려움이 없고, 온전한 사랑이 두려움을 내쫓는다고 했습니다(요일 4:18). 눈이 밝아졌다는 것은 요한사도의 메시지에 따르면 사랑이 사라졌다는 것을 의미합니다. 아담부부가 여호와 하나님과 단절되니 사랑이 없어졌습니다. 우리가 예수 그리스도를 믿어 하나님과 관계가 회복된다는 것은 곧 사랑의 회복을 의미합니다.

그래서 바울은 소망으로 인해 성령께서 하나님의 사랑을 우리 마음에 부으셨다(롬 5:5)고 말했습니다.

죄를 지은 아담부부를 긍휼히 여기신 여호와 하나님(9-13)

우리는 아담과 여자의 죄에 집중한 나머지 하나님이 어떤 분이신가엔 깊은 관심을 갖지 못했습니다. 단지 하나님의 뱀에 대한 징계(13-15), 여자에 대한 징계(16), 아담에 대한 징계(17-20), 에덴동산에서 쫓아내심(22-24) 등에만 관심을 가졌습니다. 특별히 가죽옷을 지어 입힌 것에 많은 관심을 가졌습니다. 너무 많은 관심을 가진 나머지 이것을 속죄제라고까지 해석하였습니다. 가죽옷은 동물을 잡아서 입힌 것이기에 피 있는 제사로 속죄제라고 주장하기까지 합니다. 이것은 기독교 구원론의 전통적인 해석입니다. 그렇다면 속죄제를 드리고 구원을 얻은 상태에서 태어나는 아이들은 어떻게 되는 것일까요? 여호와 하나님이 아담부부를 구원하셨는데, 그 이후에 태어난 자녀들이 구원에서 낙오되거나 여전히 죄인으로 남는다면 하나님의 구원이 부족한 것 아닐까요? 고대근동 사회에서 가죽옷을 지어 입힌다는 것은 후견인이 된다는 뜻입니다. 간략하게 말하면 여호와 하나님이 죄를 지은 아담부부를 돕겠다는 뜻입니다.

여호와 하나님은 에덴동산에 오셔서 아담부부에게 "네가 어디 있느냐(9하)?"고 찾으셨습니다. 여호와 하나님이 정말 아담부부가 어디에 있는지 몰라서 물은 말일까요? 여호와 하나님이 아담부부가 자신이 두려워서 피하여 숨은 사실을 아셨는데 네가 어디 있느냐고 물으셨다면, 여호와 하나님은 어떤 마음을 가지고 있다고 느껴집니까? 자녀가 아주 나쁜 짓을 한 후 두려워 집안 어디인가 숨어있습니다. 부모가 다정하게 "아무개야, 어디 있니?"라고 부르는 소리는 부모의 어떤 마음이 담긴 소리일까요? 나쁜 짓을 향한 자녀를 대하고 있으면서도 불쌍히 여기고 함께 그것을 해결하자는 맘이 담겨 있는 것 아닐까요? 지금 선악과 열매를 먹고 눈이 밝아져 두려워하며 숨은 아담부부를 찾으시는 여호와 하나님의 음성도 바로 그런 의미일 것입니다.

아담부부는 자신들이 벗어서 숨었다고 대답했습니다. 여호와 하나님은 이 부부가 선과 악을 분별하게 된 사실을 이미 알고 계셨습니다. 그럼에도 불구하고 "누가 너의 벗었음을 네게 알렸느냐? 내가 네게 먹지 말라 명한 그 나무 열매를 네가 먹었느냐?"라고 물으셨습니다. 여호와 하나님은 이미 아담부부가 선악과나무 열매를 따먹고 그렇게 행동하고 있는 것을 알고 계셨습니다. 그런데도 누가 벗은 사실을 네게 알려 주었니, 내가 먹지 말라고 한 그 나무 열매를 따먹었느냐고 물으셨습니다. "누가 벗은 사실을 네게 알려 주었니"라고 묻는 질문에서 여호와 하나님은 아담부부에게 빠져나갈 길을 주고 계신 것을 엿보게 합니다. 가정이긴 하지만 아담부부가 "여호와 하나님 저희가 뱀의 유혹에 넘어가 여호와 하나님의 말씀을 어기고 선악과 열매를 따 먹었습니다"라고 고백하며 용서를 구했다면 어떻게 되었을까요? 여호와 하나님이 누가 벗은 것을 알려주었냐고 물으시는 것은 용서의 기회를 주시는 것이 아닐까요? 그것이 아니라 할지라도 여호와 하나님은 아담부부를 최대한 인격적으로 대하고 계신 것을 볼 수 있습니다. 여호와 하나님은 자신의 명을 어기고 죄를 지은 아담 부부를 긍휼히 여기고 계심을 느낄 수 있습니다.

죄인들을 생각하사 은혜를 베푸시는 여호와 하나님(21-24)

뱀은 하와를 유혹해 선악과나무 열매를 따먹게 했습니다. 하와는 자신이 따먹은 선악과나무 열매를 남편 아담에게 주어서 먹게 했습니다. 여호와 하나님은 뱀에게는 단호하게, 여자에게는 약간의 여지를 남기고, 아담에게는 책임을 물으셨습니다. 그리고 그대로 버려두지 않으시고 그들을 향해 두 가지 특별한 은혜를 베푸셨습니다. 하나는 여호와 하나님은 아담부부를 위해서 가죽옷을 지어 입히셨습니다. 여호와 하나님은 자신의 말을 거부하고 뱀의 말에 따라 선악과나무 열매를 따먹고 악의 지배 아래 살아가는 아담부부에게 징계를 선포한 후에 가죽옷을 지어 입히셔서 그들의 후견자가 되겠다고 약속하셨습니다.

다른 하나는 여호와 하나님은 아담부부를 에덴의 동산에서 쫓아내셨습니다. 여호와하나님은 아담과 하와가 선악을 아는 일에 자신들 중 하나와 같이 되었다고 진단하시고, 그들이 손을 들어 생명나무 열매를 따먹고 영생할까를 염려하셨습니다. 아마도 죄인인 상태로 생명나무 열매를 따먹게 되면 영원토록 죽어야 한다는 의미가 아닐까 싶습니다. 여호와 하나님이 이것을 염려하셨다는 것은 그들이 그렇게 되어서는 안 된다는 뜻입니다. 그래서 여호와 하나님은 그들을 에덴동산에서 쫓아내셨습니다. 이것이 여호와 하나님은 아담과 하와에게 베푸신 은혜입니다.

예수님 당시 종교지도자들이 율법을 기준삼아 병든 자, 부정한 자, 죄인 등을 박대했습니다. 그러나 예수님은 그들을 긍휼로 대하시고 함께 하시며 그들이 회복할 수 있도록 도우셨습니다. 그 예수님은 동일한 모습으로 나를 대하고 계십니다.

4:1-26 선은 죄와 싸워 승리하는 것입니다

여호와 하나님은 지속적인 관계 유지를 위해서 선과 악을 분별하는 나무실과를 먹지 말라고 명하셨습니다. 먹는 날에는, 그날에 반드시 죽는다고 경고하셨습니다. 그리고 여호와 하나님은 아담에게 에덴동산을 경작하고 지키라는 임무를 맡기셨습니다. 뱀은 경계태세를 느슨하게 풀고 있는 여자에게 찾아와 여호와 하나님의 말씀을 거역하도록 유혹했습니다. 여자는 그 유혹에 넘어가 여호와 하나님의 말씀을 거역하고 남편도 어기게 만들었습니다. 여호와 하나님은 자신의 말씀을 어긴 아담부부를 불쌍히 여기셔서 그들을 영원히 죽은 상태로 버려두지 않기 위해서 에덴동산에서 쫓아내셨습니다. 4장은 에덴동산에서 쫓겨난 아담부부의 가정사를 기록하고 있습니다. 4장은 에덴동산에서 쫓겨난 이후 많은 세월이 흘렀음을 알려줍니다. 4장은 살인으로 시작하여 여호와의 이름을 부르는 이야기로 끝을 맺는 독특한 구조를 가지고 있습니다.

가인과 그의 제물을 받지 않으신 여호와(5)

성경의 기자는 아담이 그의 아내와 동침하여 가인을 낳은 기사로 시작합니다. 여자는 가인을 낳을 때 남편을 배제시키고 여호와로 말미암아 득남했다고 선언했습니다. 아담부부는 가인을 낳은 후 아벨도 낳았습니다. 성경의 기자는 사건을 아주 빠르게 전개시킵니다. 그들의 성장과정을 모두 생략하고 바로 여호와와 그들의 관계를 다룹니다. 가인과 아벨이 여호와와 관계를 맺는 것은 제사로 나타났습니다.

가인은 농사하는 자였으므로 땅의 소산으로 제물을 준비해서 여호와께 드렸습니다. 형 가인이 여호와께 제물을 드리는 것처럼 아벨은 목축을 했기에 자신도 양의 첫 새끼와 그 기름으로 여호와께 드렸습니다. 그래서 성경의 기자는 "아벨은 자기도(4상)"라고 강조하고 있습니다. 여호와께서 아벨과 그의 제물은 받으셨으나 가인과 그의 제물은 받지 않았습니다. 가인과 아벨은 모두 자신의 직업과 관련해서 제물을 삼아 제사를 드렸습니다. 그런데 여호와는 아벨의 제사는 받으시고 가인의 제사는 받지 않으셨습니다.

현대신학은 여호와께서 가인의 제물을 안 받으신 것은 땅의 소산 즉 피가 없는 제사였기 때문이라고 해석합니다. 그 해석은 가인과 아벨이 드린 제사를 속죄제사라고 보았기 때문입니다. 속죄제사의 제물은 원칙적으로 피가 있어야 합니다. 그러나 하나님은 산비둘기나 집비둘기 새끼를 드릴 수 없는 가난한 사람을 위해서 고운 가루 십분의 일 에바로 속죄제물을 드릴 수 있게 하셨습니다(레 5:11). 그러므로 가인과 아벨의 제사가 후대 제정된 속죄제사에 근거해 피가 없기 때문에 여호와께서 가인의 제사를 안 받으셨다고 해석하는 것은 무리가 있습니다.

현대신학의 해석은 보다 근본적인 문제를 가지고 있습니다. 후대의 속죄제사 규례를 가인과 아벨의 제사에 적용했다면 속죄제의 대상이 동일해야 합니다. 레위기 4장에 기록된 속죄제는 출애굽기 20장의 열 가지 계명(명령) 중 "~하지 말라"는 것을 부지중에 범한 경우에 드린다고 규정하고 있습니다(레 4:2, 13, 22, 27). 레위기 5장에 기록된 속죄제는 어떤 사실을 보고 알고 있으면서 증언을 하지 않은 경우, 부정한 생물에 닿아 부정해진 경우, 부정한 사람에게 닿아 부정하게 된 경우, 함부로 맹세하여 부정해진 경우에만 드리도록 규정하고 있습니다. 이를 기준으로 볼 때 창세기 4장은 가인과 아벨이 직접 죄를 지었다는 기록을 전혀 언급하지 않았습니다. 그런데 두 사람의 제사를 출애굽 이후에 죄를 지은 사람들의 죄를 속제하기 위해 제정한 속죄제사로 단정하고 피가 없어서 안 받았다고 주장하는 것은 무리한 해석입니다.

여호와 하나님은 아담과 하와가 선과 악을 분별하는 나무 실과를 따먹은 후 그들에게 징계를 선포하셨습니다. 여호와 하나님께서 아담을 징계하실 때 "땅은 너로 말미암아 저주를 받았다(3:17하)"고 선언하셨습니다. 가인이 여호와께 제물을 드릴 때 성경의 기자가 "땅의 소산"이라고 표현한 것은 여호와 하나님이 저주하신 땅과 관련지은 것이 아닐까요? 아벨이 드린 양의 첫 새끼도 땅에서 나는 풀을 먹고 사는 가축입니다. 성경의 기자는 아벨이 드린 제물을 양의 첫 새끼라고 표현했지 땅과 어떤 연관을 짓지 않았습니다. 그러므로 가인이 땅의 소산으로 제물을 드렸다는 것은 여호와께서 저주하신 것으로 드렸다는 것을 강조하기 위함으로 보입니다. 여호와 하나님이 가인과 그의 제물을 안 받으신 것은 저주 받은 땅의 것으로 드렸기 때문이지 피가 없었기 때문이 아닙니다. 가인의 마음을 깊이 들여다보면 여호와께서 땅을 저주하신 그 사실을 경시하고 있는 마음을 보게 됩니다. 그것은 땅을 저주하신 여호와를 무시하는 것입니다. 그래서 여호와 하나님은 가인과 그의 제물을 받지 않으셨습니다.

성도는 이 말씀을 통해서 여호와께 드리는 예물에 대해 신중하게 생각해 봐야 합니다. 여호와는 아담과 그의 제물을 받으셨고, 가인과 그의 제물은 안 받으셨습니다. 여호와는 예물을 중시하시며 동시에 그 예물을 드리는 사람도 중시합니다. 성도는 각자가 먼저 여호와가 받으실 만한 향기로운 제물로 준비되어야 합니다(롬 12:1). 그리고 자신과 더불어 준비된 예물을 드려야 합니다.

선은 죄와 싸워 승리하는 것입니다(7)

여호와께서 가인과 그의 제물을 받지 않으시자 가인은 몹시 분하여 안색이 변했습니다. 여호와께서 가인에게 왜 분을 내느냐, 왜 안색이 변하느냐고 물으셨습니다. 이것은 여호와께서 몰라서 물으신 질문이 아닙니다. 이 질문은 그의 행동에 대한 경고이자 책망입니다. 이 경고 후 여호와께서 가인의 근본적인 문제를 지적하셨습니다.

"네가 선을 행하면 어찌 낯을 들지 못하겠느냐? 네가 선을 행하지 않으면 죄가 문 앞에 엎드려 있는 것이다. 죄가 너를 원하나 너는 죄를 다스리라."

오늘날 기독교계는 선을 도덕적 윤리를 잘 지키는 것 정도로 해석합니다. 물론 그것도 두말할 나위 없이 선에 속합니다. 그러나 보다 근본적으로 성경이 말하는 선의 의미를 놓치고 있습니다. 모든 성경에서 '죄'라는 용어는 창세기 4장 7절에서 가인에게 처음으로 사용되었습니다. 이전에 아담과 하와가 선과 악을 분별하는 실과를 따먹었지만 거기에는 죄란 용어가 사용되지 않았습니다.

"죄가 문 앞에 엎드려 있다"는 것은 무슨 의미일까요? 그것은 죄가 꽉 누른 용수철과 같은 상태에 있다는 뜻이고, 죄가 웅크리고 있는 맹수와 같은 상태로 있다는 뜻입니다. 그 모습은 용수철이 갑자기 튀어 올라 사람을 다치게 하든지, 맹수처럼 갑자기 달려들어 먹이 감을 채듯이 죄가 문을 드나드는 사람을 계속 유혹해서 죄를 짓게 만든다는 뜻입니다.

"선을 행하지 않으면" 어떤 일이 발생하게 될까요? 선을 행하지 않으면 죄는 용수철처럼 튀어 올라 사고를 칠 것입니다. 선을 행하지 않으면 죄는 맹수처럼 달려들어 죄를 짓게 만들 것입니다.

"죄가 너를 원하나 너는 죄를 다스리라." 죄는 항상 사람이 죄를 짓기를 바랍니다. 그렇지만 사람은 죄를 다스려야 합니다. 이것이 선을 행하는 것입니다.

그러므로 선은 단순히 도덕적 윤리적으로 착한 것이 아니라 죄를 분별하고 죄의 유혹을 알아차려서 그것과 싸워 승리하는 것입니다. 죄에게 지배당하지 않고 죄를 지배하며 죄에서 벗어나야 합니다. 그것이 성경이 말하는 선입니다. 가인은 마음속에서 일어나는 분을 분별하지 못했고 그것을 제어하지 못했습니다. 그는 분에 사로잡혀 안색이 변했습니다. 죄를 다스리지 못하고 죄에게 져서 살인하는 죄를 저질렀습니다. 선은 하나님의 마음, 하나님의 결정을 인정하고 따르는 것입니다. 그 반대가 악입니다.

아담과 하와가 선악을 알게 하는 나무의 실과를 따먹은 것은 여호와 하나님과 관련된 죄입니다. 가인이 동생 아벨을 쳐 죽인 것은 사람과 사람 사이에 일어난 죄입니다. 가인은 하나님의 방식을 인정하며 순종하지 않고 도전하고 있습니다. 가인은 하나님과 관계를 틀었고 하나님과 관계를 끊어버렸습니다. 가인은 선을 따르지 않고 악을 따라갔습니다. 신약성경에서 바울은 선과 악의 관계를 다음과 같이 정의했습니다.

"17 **아무에게도 악을 악으로 갚지 말고 모든 사람 앞에서 선한 일을 도모하라** 18 **할 수 있거든 너희로서는 모든 사람과 더불어 화목하라** 19 **내 사랑하는 자들아 너희가 친히 원수를 갚지 말고 하나님의 진노하심에 맡기라 기록되었으되 원수 갚는 것이 내게 있으니 내가 갚으리라고 주께서 말씀하시니라** 20 **네 원수가 주리거든 먹이고 목마르거든 마시게 하라 그리함으로 네가 숯불을 그 머리에 쌓아 놓으리라** 21 **악에게 지지 말고 선으로 악을 이기라**(롬 12:17-21)"

선과 악은 사람과 사람 사이의 문제입니다. 선과 악은 각 사람 앞에 있습니다. 성도는 악을 선택할 수도, 선을 선택할 수도 있습니다. 성도는 마땅히 선을 선택해야 하고 그 선을 행해야 합니다.

성경은 아담과 하와가 에덴동산에서 쫓겨난 후 하나님과 어떤 관계를 유지하고 살아가는지를 보여주려 합니다. 여호와 하나님과 정상적인 관계를 형성하고 살아가던 아벨은 하나님과 비정상적인 관계를 지속하던 가인에 의해 살해되었습니다. 성경은 에덴동산에서 쫓겨난 후에 하나님과 정상적인 관계를 맺고 살아가는 아담의 후손이 없어졌음을 말해주고 있습니다. 여호와는 교제할 대상 즉 통치할 대상을 잃어 버렸습니다.

에노스 때에 바른 관계가 회복되었습니다(25-26)

아담부부는 선과 악을 분별하는 나무 실과를 따먹고 선과 악을 분별하나 선을 따르지 못하고 악을 따르는 자들이 되었습니다. 여호와 하나님은 그들의 후견자가 되어 주신다는 약속으로 가죽옷을 지어 입히셨습니다. 여호와 하나님이 도와주실 때 그 도움을 입고 사는 자는 선을 행하며 살아야할 책임이 있습니다. 아벨은 여호와 하나님과 교제하며 좋은 관계를 맺고 산 사람이었습니다. 가인은 악의 지배를 받으며 사는 자였습니다. 악의 지배를 받으며 사는 자가 하나님의 도움을 받고 선을 따라 사는 자인 아벨을 살해했습니다. 하나님의 도움을 받고 선을 따라 살 자가 없어졌습니다. 이것은 온 세상이 악이 지배하에 들어간 것을 의미합니다.

아담과 하와는 다시 동침하였고 하와가 아들을 낳아 그 이름을 셋이라 지었습니다. 셋이란 이름은 하나님이 내게 가인이 죽인 아벨 대신에 다른 씨를 주셨다는 의미입니다. 이 사실을 보면 아담 부부는 여호와 하나님이 지어주신 가죽옷을 입은 후 선에 대한 갈망이 어느 정도 있었음을 엿볼 수 있습니다. 성경은 셋 대에 하나님과 관계가 회복되었다고 언급하지 않고 셋이 아들 에노스 때에 사람들이 비로소 여호와의 이름을 불렀다고 말합니다. 하나님과 관계를 맺고 악을 다스리고 선을 행하며 살던 대가 끊어졌었는데, 에노스 때에 다시 그 관계가 회복된 사실을 보여주고 있습니다.

오늘날 성도들 앞에 선과 악은 같이 놓여있습니다. 우리는 예수 믿으면 모든 죄를 용서받았다는 신학에 너무나 익숙한 나머지 내가 악을 선택해서 사는지 선을 선택해서 사는지 별 관심이 없는 시대에 살고 있습니다. 그러나 바울이 말한 "악을 악으로 갚지 말고, 선으로 악을 이기라(롬12:17)"는 메시지를 반드시 기억해야 합니다. 선으로 악을 이긴다는 것은 하나님과 회복된 관계를 누리며 산다는 것을 말합니다. 악에 져서 악을 행하며 사는 것은 여전히 하나님과 관계가 단절되어 있음을 알려주는 것입니다.

구약성경은 깨어진 하나님 나라의 모습과 회복되어가는 하나님 나라의 모습을 보여줍니다. 가인 때는 깨어진 하나님 나라의 모습을 보여주고 있고, 에노스 때는 회복된 하나님 나라의 모습을 보여주고 있습니다.

6:5-7:24 홍수심판에 나타난 여호와와 하나님의 모습

홍수사건에서는 하나님과 여호와가 동시에 등장을 합니다. 홍수 사건에서 하나님의 두 이름 사이에 나타나는 가장 큰 차이는 홍수시작 시기를 알려주는 것과 그렇지 않은 것, 정결하든 부정하든 암수 둘씩 방주에 들어간다는 기사와 정결한 것은 암수 일곱씩, 부정한 것은 암수 둘씩 들어간다는 기사의 차이점입니다. 두 하나님이 정확하게 동일한 메시지를 전달했으면 아무런 문제가 없겠지만, 서로 다른 내용을 전하고 있습니다. 하나님과 여호와에 대한 차이를 보여주며 우리로 하여금 하나님과 여호와에 대한 이해를 요구합니다.

홍수에 관한 복잡한 구성(6:5-7:24)

홍수사건은 말씀 구성이 복잡합니다. 여호와와 하나님이 번갈아가며 말씀하시고 성경의 기자가 중간에 자신의 생각을 해설하는 형식으로 역사를 요약하기도 합니다. 게다가 내용이 서로 다르기도 합니다. 홍수심판을 하시는 이유는 여호와가 먼저 말씀하시고(6:5-8) 이어서 하나님도 하십니다(6:13-17). 그 사이에 노아의 족보가 삽입되어있습니다(6:9-12). 방주에 들어갈 대상들은 하나님이 먼저 언급하시고(6:18-22) 다음에 여호와께서 말씀하십니다(7:1-5). 그 후에 홍수의 내력을 간략하게 언급했습니다(7:6-12). 그리고 다시 방주에 들어가는 이야기, 홍수 기간과 땅에 물이 넘친 기간을 기록하고 있습니다(7:13-24). 홍수 사건에 대한 기사가 간결하지 않고 복잡하다는 것은 여호와와 하나님의 활동이 다양하게 언급되었기 때문으로 보입니다. 이것은 하나님과 여호와를 보다 자세히 알 수 있는 기회가 될 수 있습니다.

홍수 심판 이유에 나타난 여호와(6:5-7)와 하나님(6:13)

여호와는 홍수심판을 할 수밖에 없는 이유를 자세하게 설명합니다. 사람의 죄악이 세상에 가득함을 보셨습니다. 이것은 표면적으로 드러나는 모습입니다. 여호와는 그 사람의 마음을 보셨습니다. 사람들이 마음으로 생각하는 모든 계획이 항상 악할 뿐임을 보셨습니다. 여호와는 사람의 이러한 모습을 인해 근심하시고 한탄하셨습니다. 그 최종적인 결정이 홍수심판으로 나타났습니다.

반면에 하나님은 노아에게 모든 혈육 있는 자의 포악함이 땅에 가득했고, 자신 앞에 그들의 끝 날이 이르렀기 때문에 그들을 땅과 함께 멸하신다고 통보하셨습니다. 개역개정역 "혈육 있는 자"는 잘못된 번역입니다. "모든 육체가 된 자"로 번역해야 합니다. 원래 사람에게 여호와의 영이 함께 계셨기에 "혈육 있는 자"가 되었습니다. 그러나 여호와께서 자신의 영을 사람과 함께 하시지 않겠다고 선언하신 후 사람은 '육신'이 되었습니다(6:3). 그 육신은 살덩어리를 의미하는데, 13절의 육체가 바로 그것을 의미합니다.

노아에 대한 여호와와 하나님의 태도(6:8-9,18)

여호와는 자신이 창조한 '그 사람'의 마음부터 그 후손들 마음까지 일일이 다 살펴보셨습니다. 그 사람들이 마음으로 생각하는 모든 계획이 항상 악할 뿐임을 보셨습니다. 여호와는 그 사람들의 마음을 살펴 본 결과 은혜를 베풀 형편이 못 된 것을 발견했습니다. 그러나 한 사람은 달랐습니다. 바로 노아입니다. 여호와 보시기에 노아는 당대에 의인이었고 완전한 자였습니다. 그는 하나님과 동행하는 자였습니다. 여호와는 노아에게 은혜를 베풀었습니다. 여호와는 악한 세대 중에서도 은혜 베풀 만 한 자를 찾으신 것으로 이해됩니다. 반면에 하나님은 노아에 관한 어떤 평가도 내리지 않았습니다. 하나님은 뭔가 하늘에서 땅에 툭 떨어지듯이 "내가 너와는 언약을 세운다(18)"고 약속하셨습니다.

여호와는 홍수심판을 선포하시면서도 방주에 대해서는 전혀 언급하시지 않으셨습니다. 반면에 하나님은 노아에게 홍수 심판을 선포했고, 방주를 만들라고 하셨습니다. 하나님은 방주의 크기에 대해, 창문 내는 지점에 대해, 내부 구조에 대해 자세하게 알려주셨습니다.

방주에 들어갈 대상에 대한 하나님과 여호와의 견해(6:18-20; 7:1-3)

홍수로 심판해야 하는 이유는 여호와께서 먼저 시작하시고 하나님이 뒤따르는 순서를 취했습니다. 그러나 방주에 들어갈 대상은 하나님이 먼저 말씀하시고 여호와께서 뒤 따르는 순서를 취하고 있습니다. 문제는 하나님과 여호와께서 언급하시는 방주에 들어갈 대상이 다릅니다.

하나님은 방주에 들어갈 대상으로 노아와 그의 가족들, 혈육 있는 모든 생물을 각기 암수 한 쌍씩 방주에 들어간다고 말씀하셨습니다. 반면에 여호와는 노아와 그의 가족들, 정결한 짐승은 암수 일곱 씩, 부정한 것은 암수 둘씩 방주에 들어간다고 말씀하셨습니다.

하나님은 혈육 있는 모든 생물의 보존에 초점을 맞추셨습니다. 그래서 노아에게 "암수 한 쌍씩 방주에 이끌어 들여 너와 함께 생명을 보존하게 하라(19, 20)"고 명하셨습니다. 반면에 여호와는 짐승과 공중의 새 등 그것들의 씨를 온 지면에 퍼뜨리는데 목적을 두셨습니다. '유전한다'는 퍼뜨린다로 해석하는 것이 좋습니다.

하나님은 노아의 가족이 방주에 들어가는 이유는 제시하지 않으셨습니다. 단지 노아와는 '내 언약을 세운다'고 하셨습니다. 여호와는 노아와 그의 가족들이 방주에 들어가는 이유를 밝히십니다. 이유는 노아가 여호와 앞에 의로움을 보였기 때문입니다.

대상 언급 후 서로 다른 것을 말씀하는 하나님과 여호와(6:21-22; 7:4-5)

방주에 들여야 할 대상을 언급하신 후 하나님과 여호와의 초점이 달라집니다. 하나님은 양식을 저축하여 긴 기간을 대비할 것에 초점을 맞춰 말씀하셨습니다. 하나님은 엿새 동안 창조하시고 사람과 각종 짐승들에게 먹거리를 지정해 주신바 있습니다. 노아는 하나님이 명령하신 대로 다 준행했습니다.

여호와는 언제 홍수가 시작되는지에 초점을 맞추셨습니다. 홍수는 지금부터(여호와께서 노아에게 말씀하시는 그날부터) 칠 일 후에 시작됩니다. 홍수는 사십 주야 동안 내릴 것이고 땅에 있는 모든 생물은 죽을 것입니다. 노아는 여호와께서 자신에게 명령하신 대로 다 준행했습니다.

방주로 들어가는 장면에서 하나님과 여호와(7:16)

노아의 가족들이 먼저 방주로 들어갔습니다. 뒤를 이어 들짐승들, 가축들, 땅에 기는 것들, 새들이 그 종류대로 들어갔습니다. 노아 가족 외에 들어간 생물들은 하나님이 명하신 숫자대로 둘씩 즉 한 쌍이 노아에게 나아와 방주로 들어갔습니다. 그들은 하나님이 그들에게 명령하신 대로 들어갔습니다. 하나님은 단지 그들에게 명령만 하달했고 노아의 가족과 생물들은 하나님의 명령대로 들어갔습니다. 여기까지가 하나님이 하신 일입니다. 여호와는 하나님이 명하신대로 노아와 그 가족들, 생물들을 방주에 들여보냈습니다. 그리고 방주의 문을 닫으셨습니다.

신학계에서는 하나님과 여호와의 서로 다른 모습을 문서설로 이해합니다. 성경은 J, E, D, P[6] 등 여러 문서들이 있는데, 그 문서에 서로 다른 내용이 기록되어 있어 어떤 문서에서 취했느냐 따라 내용이 다르다고 이해합니다. 하지만 하나님이 등장했을 때 하시는 역할, 여호와께서 등장했을 때 하는 역할이 다른 것으로 이해하는 것도 가능합니다.

독특하게 여호와 하나님이 등장하는 경우도 있습니다(2:4-3:24). 하나님으로 등장해서 하시는 역할, 여호와로 등장해서 하시는 역할, 여호와 하나님 혹은 하나님 여호와로 등장해서 하시는 역할이 서로 다른 것으로 이해하는 것이 좋습니다.

신약성경은 육체를 가지신 예수와 그리스도란 이름이 공존합니다. 때로는 예수의 이름이, 때로는 그리스도의 이름이 등장하여 하시는 사역을 보게 됩니다. 그리고 예수 그리스도가 함께 등장하는 모습도 있습니다.

하나님은 크고 원대한 계획을 하시는 분이시라면 여호와는 사람을 중심으로 하나님이 계획하신 일을 집행하는 일을 주로 하십니다. 다른 이름으로 나타날 때 서로 다른 일을 하게 됩니다.

6 J문서를 여호와 문서, E문서를 엘로힘문서, D문서를 신명기문서, P문서를 제사장문서라 합니다.

6:4-7:16 방주를 지켜주시는 여호와

홍수사건은 여호와와 하나님의 역할을 조금씩 다르게 기록하고 있습니다. 이것은 엇박자를 드러내는 것이 아니라 서로 다른 역할을 나타내 보여줍니다. 성경의 저자가 창세기 6-7장 안에서 서로 다른 이야기를, 엇박자를 내면서 기록했다는 것은 스스로 성경의 권위를 떨어뜨리는 일입니다. 그것을 모르지 않을 저자가 그렇게 기록한 것은 분명한 의도가 있음을 말해 줍니다.

여호와는 은혜 베풀 자를 찾고 계십니다(6:5-9)

여호와는 '그 사람'을 흙으로 빚어 만드신 후부터 그 사람에게 자신이 누구신가를 계속하여 나타내 보여주셨습니다. 동산에 보기에 아름답고 먹기에 좋은 나무들이 나게 하셨습니다. 여호와는 자신이 만드신 '그 사람'을 그곳에 두시며 그것을 경작하고 지키라는 사명을 주셨습니다. 여호와께서 단순히 그 사람에게 일하라고 명령한 것이 아닙니다. 여호와는 그 사람에게 사명을 부여하시며 자신이 누구신가를 계시하십니다. 여호와는 자신이 누구신가를 드러내시고, 그 사람은 여호와가 누구신가를 알아야 합니다.

여호와는 홍수심판 사건을 통해서도 자신이 누구인가를 알리고 계십니다. 여호와는 자신이 직접 만드신 '그 사람'부터 노아까지 계속해서 그 후손들을 살펴보신 분이십니다. 6장 5-9절을 보면 슬픈 이야기들 밖에 없습니다. 여호와께서 '그 사람'의 죄악이 세상에 가득한 것을 보셨습니다. 여기에서 '그 사람'은 여호와께서 만드신 '그 사람'부터 노아 시대까지 존재하는 그 사람의 후손들로서 지금 생존해 있는 사람들을 말합니다. 여호와는 '그 사람'을 지으신 후 약 1,000년 동안 죄를 짓고 사는 그 사람의 후손들을 살펴보셨습니다. 하나님은 이것을 가리켜 "그 끝 날이 내 앞에 이르렀다(6:13)"고 하셨습니다. 여호와는 자신이 만드신 '그 사람'과 후손들이 그 끝 날을 맞이하는 일이 없도록 돕기 위해 그들을 살펴보셨습니다. 그들은 여호와께서 전하는 메시지를 들으려 하지 않았습니다. 그들은 여호와의 도움을 거절했습니다. 그들은 여호와의 인도하심을 따르지 않았습니다. 여호와는 그럴 때마다 마음에 근심하셨습니다. 이러한 상태가 쌓이고 쌓인 결과 오늘은 자신이 사람 지으신 것을 한탄하셨습니다. 그래서 여호와는 자신이 지으신 '그 사람'들을 가축과 기는 것과 공중의 새들과 함께 지면에서 쓸어버릴 것을 결단하셨습니다. 성경은 짧은 절에서 '한탄하다'란 용어를 두 번(6하, 7하)이나 사용했습니다. 이 '한탄하다'는 분노의 마음이 가득하다는 뜻보다는 여호와께서 가진 아쉬움 가득한 마음 상태를 담고 있습니다.

여호와는 '그 사람'처럼 나를 지켜보시고 계십니다. 여호와는 '그 사람'에게 가지셨던 마음 그대로 나를 향해서도 가지고 계십니다. 여호와는 '그 사람'과 그의 후손들에게 "그 끝 날"이 이르지 않도록 도우려 했지만 그들은 끝내 여호와의 손을 뿌리치고 각자 자기 갈 길을 갔습니다. 시편기자는 "여호와께서 하늘에서 인생을 굽어살피사 지각이 있어 하나님을 찾는 자가 있는가 보려고 하신즉, 다 치우쳐 함께 더러운 자가 되고 선을 행하는 자가 없으니 하나도 없다(시 14:2-3)"라고 기록하였습니다. 여호와는 지각이 있어 하나님을 찾는 자가 있는지를 살폈습니다. 여호와는 심판하기 위해서 징계할 자를 찾는 것이 아니라, 죄악 중에도 은혜 베풀 자를 찾으신 것입니다. 그러다가 여호와는 노아라는 '그 사람'을 찾았고 그에게 은혜를 베푸셨습니다. 모든 그 사람의 마음의 생각이 악할 뿐인데 노아는 의인이었고 당대에 완전한 자였습니다. 여호와는 노아가 하나님과 동행하는 것을 봤습니다. 여호와는 세속에 물들지 않고, 세대를 거스르면서 자신을 지키며 하나님과 동행하는 노아를 찾으시고 그에게 은혜를 베푸셨습니다.

여호와는 기간을 명시하여 불확실성을 해소시켜주십니다(7:1-5)

하나님은 "그 끝 날(6:13)"을 정하신 분이십니다. 하나님은 노아에게 "너를 위하여 방주를 만들라"로 말씀하셨습니다. '너를 위하여'는 보다 정확하게 '너 스스로'입니다. 노아는 스스로 자신을 위해서 방주를 만들어야 했습니다. 하나님은 노아에게 방주의 크기, 재료, 재료 안팎에 역청을 칠하고 그 안에 칸막이 할 것을 알려주셨습니다. 창문 내는 방법도 알려주셨습니다. 그리고 노아와 그의 가족, 짐승들, 가축들, 땅에 기는 것들, 공중의 새들 모두 암수 한 쌍씩 방주로 이끌어 들여 노아와 함께 생명을 보존하게 하라고 명하셨습니다. 그러나 홍수가 언제 시작되는지는 밝히지 않으셨습니다.

반면에 여호와는 노아에게 "지금부터 칠 일"이라고 홍수 시작 날을 정확하게 명기하셨습니다. 날짜가 정해지지 않으면 불안하고 초조해질 수밖에 없습니다. 언제 홍수가 시작될지 방주 안에서 긴장하며 마음 졸이며 지내야 합니다. 날짜가 정해지지 않으면 평소보다 훨씬 심한 에너지를 소모해야 할 것입니다. 하나님은 홍수시작 날을 알려주시지 않았지만 여호와께서 홍수 시작 날을 알려주셨습니다. 여호와는 일어날 수 있는 모든 불확실성을 해소해 주셨습니다. 노아는 방주에 들어가는 날로부터 칠일 후에 홍수가 시작된다는 시간표를 받았습니다. 하나님이나 여호와께서 방주 안에 들어가서 칠일 동안 해야 할 일은 전혀 언급하지 않았습니다. 준비한 양식을 차곡차곡 정리하는 일부터 여러 가지 정돈해야 할 일들이 있었을 것입니다.

노아는 특별한 은혜를 받았습니다(7:1-5)

방주에 들어가는 대상을 보면 흥미로운 것을 발견하게 됩니다. 사람은 노아와 그의 아내, 그의 아들들과 며느리들 등이 방주에 들어갑니다. 모든 짐승, 가축, 땅에 기는 것 등은 암수 한 쌍씩(하나님의 제시 기준에 의하면)만 들어갑니다. 노아와 다른 동물들에게 한 가지 차이점이 있습니다. 모든 짐승과 가축 그리고 땅에 기는 것들의 새끼는 한 마리도 들어가지 못합니다. 그런데 노아는 자기 부인과 함께 들어갈 뿐만 아니라 아들들과 며느리들도 함께 들어갔습니다. 모든 피조물들 중에 노아가 유일하게 자녀들을 데리고 방주에 들어가는 큰 은혜를 입었습니다.

여호와는 안전을 지켜주십니다(7:16)

하나님이 노아에게 홍수를 일으켜 땅에 있는 것들이 다 죽을 것이라고 말씀합니다. 하나님은 노아에게 방주를 만들라고 명하신 후 느닷없이 노아와 언약을 세우시겠다고 말하십니다. 그 언약의 내용은 노아와 아내, 세 아들과 며느리들과 함께 방주에 들어가고, 혈육 있는 모든 생물들을 암수 한 쌍씩 방주로 이끌어 들여 노아와 함께 생명을 보존하고, 먹을 양식을 준비해서 저축하라는 것입니다(6:13-22).

하나님에 이어 여호와께서 등장하셔서 노아에게 이 세대에서 노아가 자신 앞에서 의로움을 보였다고 평가하셨습니다. 여호와는 노아와 온 집이 방주로 들어가고, 정결한 짐승은 암수 일곱씩, 부정한 것은 암수 둘씩, 공중의 새는 암수 일곱씩 데려와 그 씨를 지면에 유전할 것을 명하셨습니다. 지금부터 칠일 후면 땅에 사십 주야 비를 내려 모든 생물을 지면에서 멸하실 것이라고 말씀하셨습니다(7:1-5).

창세기 기자는 하나님과 여호와께서 홍수와 관련한 지침들은 명하신 사실을 기록한 후 다시 홍수 역사를 간략하게 기록합니다. 이때는 하나님이 말씀하신 것과 여호와께서 하신 말씀을 섞어서 기록합니다. 암수 한 쌍은 하나님이 하신 말씀을, 칠 일 후는 여호와께서 하신 말씀을 선택하여 기록했습니다. 그리고 하나님과 여호와께서 하시지 않은 말씀이지만 노아의 나이(노아가 600세 되던 해 둘째 달 17일)를 중심으로 홍수 심판의 때를 정의했습니다. 그날에 큰 깊음의 샘이 터지고 하늘이 열려서 비가 사십 주야동안 쏟아졌습니다(7:6-12).

홍수심판의 역사를 간략하게 기록할 때는 방주의 문을 어떻게 닫았는지 전혀 언급하지 않았습니다(7:6-12). 그런데 비가 40주야 쏟아졌다는 기사 직후에 기록하던 홍수 역사를 끊고(7:12) 다시 한 번 방주에 들어간 노아와 그의 가족들, 혈육 있는 모든 생물을 언급한 후(7:13-15) 방주 문을 닫는 장면을 기록하고 있습니다(7:16).

"여호와께서 그를 들여보내고 문을 닫으시니라(16하)."

그리고 끊었던 기사를 이어(7:17) 홍수심판 역사를 마무리 합니다. 성경의 기자는 여호와께서 직접 방주의 문을 닫아주신 것을 통해서 어떤 의미를 전하려는 것일까요. 홍수역사를 간략하게 서술하며 끊었던 지점의 메시지가 "40주야를 비가 땅에 쏟아졌더라(12)"입니다. 큰 깊음의 샘이 터지고 하늘이 열려서 40주야 동안 비가 땅에 쏟아졌습니다. 이는 비가 엄청나게 많이 온 상황을 말해주고 있습니다. 크고 작은 산들이 모두 비로 인한 물속에 잠겨버렸습니다. 홍수가 눈에 보이는 모든 것을 삼켜버렸습니다. 그것은 지금이 아주 위험한 상황이란 것을 알려주고 있습니다. 독자들 중 어떤 사람은 방주는 안전할까, 엄청난 홍수에 방주의 문이라도 열리지 않을까를 염려할 것입니다. 여호와는 방주 안에 있는 노아와 그 가족들이 혹시라도 하게 될 근심을 완전히 덜어주고 계십니다. 노아 자신이 방주의 문을 닫았다면 어머 어마한 파도에 문이 열리지 않을까 염려할 수도 있을 것입니다. 그러나 노아와 그 가족들은 그러한 염려를 할 필요가 없습니다. 여호와께서 직접 방주의 문을 닫아주셨기 때문입니다. 이것은 여호와께서 노아와 그의 가족들과 혈육 있는 모든 생물들을 홍수에서 지켜주신다는 확신을 갖게 할 것입니다.

여호와는 노아 가족과 혈육 있는 생물들의 안전을 지켜주시는 분이십니다. 시편기자는 자신의 자녀들을 지키시는 여호와를 노래합니다.

"1 **내가 산을 향하여 눈을 들리라 나의 도움이 어디서 올까** 2 **나의 도움은 천지를 지으신**
여호와에게서로다 3 **여호와께서 너를 실족하지 아니하게 하시며 너를 지키시는 이가 졸**
지 아니하시리로다 4 **이스라엘을 지키시는 이는 졸지도 아니하시고 주무시지도 아니하**
시리로다 5 **여호와는 너를 지키시는 이시라 여호와께서 네 오른쪽에서 네 그늘이 되시나**
니 6 **낮의 해가 너를 상하게 하지 아니하며 밤의 달도 너를 해치지 아니하리로다** 7 **여호와**
께서 너를 지켜 모든 환난을 면하게 하시며 또 네 영혼을 지키시리로다 8 **여호와께서 너**
의 출입을 지금부터 영원까지 지키시리로다(시 121:1-8)"

예수님은 오병이어로 굶주린 사람들의 양식을 공급해주셨습니다. 제자들이 배를 타고 가버나움으로 가다가 큰 바람이 불어 파도가 일어났습니다. 제자들이 노를 저어 십여 리쯤 갔습니다. 그때에 예수께서 오셔서 제자들을 풍랑에서 벗어나게 해주셨습니다. 홍수 심판에서 방주의 안전을 위해 방주의 문을 닫아주신 분은 여호와십니다. 가버나움으로 가던 풍랑을 맞이한 제자들을 그것에서 건져주신 분은 예수님이십니다. 육체를 입고 계신 예수님은 지금 우리 곁에 없습니다. 그 예수님은 우리에게 이런 말씀을 남기셨습니다.

"**너희가 내 이름으로 무엇을 구하든지 내가 행하리니…내 이름으로 무엇이든지 내게 구하면 내게 행하리라**(요 14:13-14)."

8:1-22

홍수심판 후 회복을 주관하시는 하나님

40일 동안 하늘에서 물이 떨어지고 땅에서 물이 솟았습니다. 150일 동안 물이 땅에 넘쳤습니다. 이렇게 넘쳤던 물은 어떻게 없어졌을까요? 땅에 넘쳤던 물을 없애는 일은 하나님이 전적으로 맡아서 하십니다. 하나님은 이 과정을 통해서 무엇을 말씀하고 계시는 것일까요?

하나님은 방주에 들어간 자들을 기억하십니다(1상)

하나님은 작정하신 대로 홍수심판은 결행하였습니다. 하나님은 홍수심판으로 사십 주야동안 비를 쏟아 부으신 후 방주 안에 보존의 대상들을 기억하셨습니다. 개역개정역은 하나님이 기억한 대상이 노아, 그와 함께 방주에 있는 모든 들짐승과 가축들이라고 번역했습니다(1상). 한글번역에 따르면 노아와 함께 방주에 있는 모든 들짐승과 가축들은 하나님이 기억하신 대상들인데, 노아의 아내와 아들들 그리고 세 며느리는 기억하지 않은 것이 됩니다. 한글번역 "모든 들짐승들(וְאֵת כָּל־הַחַיָּה)"은 "모든 살아 있는 것 every living thing(YLT)"으로 번역하는 것이 옳습니다. 하나님이 노아의 가족은 기억하지 않은 것이 아니라 기억은 하셨는데 특별한 방법으로 기억하신 것이 아니라 들짐승들과 같은 수준으로 기억하셨다는 의미입니다. 즉 하나님은 방주 안에 살아있는 대상을 동일하게 대하셨습니다.

하나님이 천지를 창조하신 1장에서도 사람이나 짐승에 큰 차이를 두지 않으셨습니다. 물론 사람과 짐승의 차이는 있습니다. 사람은 하나님의 형상을 따라 모양을 따라 지으셨으나 짐승은 그렇지 않습니다. 또 한 가지, 사람에게는 복을 주셨으나 짐승에게 복을 주셨다는 말은 없습니다. 그러나 하나님은 사람을 특별하게 높여 어떻게 하시지는 않았습니다. 그 하나님은 홍수심판 중에도 노아는 특별히 이름을 언급하며 기억하셨으나 그의 가족들은 살아 있는 짐승들과 같은 수준에서 대하고 있는 것을 보게 됩니다.

하나님은 땅을 조성합니다(1하, 3)

물이 줄어든 과정을 여러 가지 모습으로 상상할 수 있을 것입니다. 하나님은 우리가 생각할 수 있는 방법으로 물이 줄어들게 하지 않았습니다.

"하나님이 바람을 땅위에 불게 하시매 물이 줄어들었고(1하)"

이 표현은 쉽게 이해가 되지 않습니다. 바람은 물 위에 불어야 정상입니다. 땅이 물속에 잠겨 있는데 어떻게 바람이 땅에 위에 불 수 있을까요? '바람을 땅 위에 불게 하셨다'는 표현은 하나님이 땅에 관심이 있다는 것을 알려주려는 것으로 이해하면 좋겠습니다. 하나님이 물을 어떻게 처리하셨는지는 3절 말씀에서 다루고 있습니다.

"물이 땅에서 물러가고 점점 물러가서, 백오십 일 후에 줄어들고(3)"

"물이 땅에서 물러갔다"는 창조 때 상황을 연상시켜 줍니다. 하나님이 천지를 창조하셨을 때 지금 홍수 때처럼 물이 온 땅을 덮고 있었습니다. 하나님은 궁창을 만드신 후 궁창 위 물과 아래 물로 나누셨습니다. 하나님은 궁창 아래 물을 향해 "천하의 물은 한 곳으로 모이고 뭍은 드러나라(1:9)"고 명하셨습니다. 물이 한 곳으로 모이고 뭍이 들어났습니다. 하나님은 물을 한 곳으로 모으셔서 땅이 드러나게 하셨는데, 홍수 때도 물이 땅을 드러내기 위해서 물러가기 시작했고 점점 물러나는 것으로 표현하고 계십니다.

"점점 물러가다(הָלוֹךְ וָשׁוֹב 할로크 바숍)"는 하나님이 땅을 덮고 있는 물을 어떻게 줄이셨는가 엿보게 합니다. '점점 물러가다'는 오가다 즉 왕복하다는 의미입니다. 물이 왕복했다는 것은 무엇을 의미할까요? 40일 동안 비가 쏟아질 때 비가 출발한 곳이 있습니다. 바로 하늘과 땅입니다(6:12, 7:2). 홍수심판 때 물은 하늘에서 쏟아졌고 땅에서 솟아났습니다. 하나님은 땅에 150일 동안 땅에 넘쳤던 물을 줄이시면서 물이 왔던 곳, 즉 하늘과 땅으로 되돌려 보내는 방법을 사용하셨습니다. 물이 원래 왔던 곳으로 돌아가자 물은 점점 줄어들게 되었습니다.

하나님이 땅에 관심을 집중하는 데는 그 만한 이유가 있습니다. 아담이 하나님의 말씀을 거역하고 선악과를 따 먹은 후 그의 죄로 인해 땅이 저주를 받았습니다(3:15). 하나님은 고기 덩어리의 포악함을 보시고 그 끝 날이 자신 앞에 이른 것을 아셨습니다(6:13상). 하나님은 그 고기 덩어리 사람들을 멸하실 때 땅과 함께 멸한다고 하셨습니다(6:13하). 사람만 심판하시는 것이 아닙니다. 땅도 심판을 받아야 했습니다. 하나님이 땅에 관심을 집중하신 것은 땅의 회복을 기대하고 계심을 보여줍니다.

노아는 물이 줄어드는 것을 점검했습니다. 까마귀를 내 보냈는데 물이 땅에서 마를 때까지 날아다녔습니다. 비둘기를 세 번째 내 보냈을 때 방주로 돌아오지 않았습니다(12). 노아는 땅이 마른 것을 확인했습니다.

하나님은 회복한 땅에서 살게 합니다(13-19)

노아가 비둘기를 통해서 땅이 마른 것을 확인한 후 방주 뚜껑을 제치고 직접 눈으로 다시 확인했습니다. 노아 나이 육백 일세 둘째 달 스무 이렛날에 땅이 말랐습니다(14). 노아가 눈으로 땅이 마른 것을 확인하자 하나님은 노아에게 가족들과 함께 방주에서 나오라고 말씀하셨습니다(16). 아울러 하나님은 노아에게 새와 가축과 땅에 기는 모든 것을 다 이끌어내라고 말씀하셨습니다(17). 노아와 그의 가족은 스스로 나오지만 하나님은 노아에게 생물들을 이끌어내라고 말씀하셨습니다. 이것은 노아가 그들을 다스린다는 창조 때 말씀의 회복을 의미하는 것으로 보입니다(1:28). 실제로 하나님은 땅의 모든 짐승과 새들과 땅에 기는 것과 공중 모든 새들과 바다의 고기들이 노아와 가족들을 두려워하고 무서워할 것이라고 하셨습니다(9:2). 방주로 들어갈 때는 하나님의 명령에 따르면 정결하든 부정하든 암수 한 쌍씩 들어갔습니다. 하나님이 노아가 모든 생물들을 이끌어내라고 하실 때는 숫자를 언급하시지 않았습니다. 이것은 하나님이 명령하신대로 보존이 잘 이뤄졌음을 뜻하고 있습니다. 노아의 가족에 아무런 변화가 없었듯이(18) 각종 생물들 또한 변화가 없었다는 뜻입니다. 사람이나 짐승들 모두 방주 안에 안전하게 있다가 마른 땅 곧 회복된 땅으로 나왔습니다.

여호와께서 언약을 제시합니다(20-22)

노아와 모든 생물들이 홍수심판 후부터 방주에서 땅에 나오는 일까지는 하나님이 모든 것을 주관하셨습니다. 그런데 노아는 여호와께 제단을 쌓고 모든 정결한 가축과 새 중에서 제물을 취해 번제를 드렸습니다. 가인과 아벨도 여호와께 제사를 드렸습니다. 제사를 받으시는 분은 하나님이 아니라 여호와이십니다. 여호와께서 노아가 드린 번제의 향기를 받으셨습니다. 여호와는 크게 세 가지 언약을 주십니다.

첫째, 다시는 사람으로 인해 땅을 저주하지 않는다.

둘째, 전에 행한 것과 같이 다시는 홍수로 모든 생물을 멸하지 않겠다.

셋째, 땅이 있을 동안에는 심음과 거둠과 추위와 더위와 여름과 겨울과 낮과 밤이 쉬지 않을 것이다.

다시는 땅을 저주하지 않는다는 것은 아담과 하와의 범죄로 받았던 땅의 저주가 홍수심판으로 인해 풀렸다는 것을 의미합니다. 노아는 그 회복된 땅에서 농사를 포도나무를 심어 처음으로 농사를 시작했습니다(9:20). 40주야 비가 내릴 때 노아의 가족들과 각종 짐승들이 방주 안에 있습니다. 150일 동안 물이 창일하여 방주가 울렁이며 떠다녔습니다. 이것을 겪은 사람들은 얼마나 두려웠을까. 여호와는 홍수심판이 끝난 후 이들이 드린 번제를 받으셨습니다. 여호와는 그들의 마음 상태를 잘 아시고 그들의 두려움을 제거해주십니다. 다시 홍수로 모든 생물을 멸하지 않겠다는 것은 하나님이 베푸신 자비로운 은혜입니다.

심판은 짧지만 회복은 아주 깁니다

홍수는 밤낮 40일 동안 하늘에서 비가 쏟아지고 땅에 물이 솟아났습니다. 150일 동안 물이 땅에 넘쳤습니다. 150일 지난 후부터 물이 줄어들기 시작했습니다. 노아 나이 육백세 일곱째 달 십칠일에 방주는 아라랏 산에 머물렀습니다. '머무르다'는 휴식한다는 뜻입니다. 물이 창일하던 150일 동안 방주는 쉬지 못했습니다. 물결 따라 쉼 없이 움직였습니다. 그때는 쉼이 없었습니다. 노아 나이 육백세 열째 달 초하룻날에 산들의 봉우리가 보였습니다. 그리고 노아 나이 육백 일세 첫째 달 초하룻날에 땅위에서 물이 걷히고 둘째 달 스무 이렛날에 땅이 말랐습니다. 심판의 기간에 비하면 회복의 기간은 훨씬 깁니다.

아담과 하와가 여호와 하나님의 선악을 알게 하는 나무의 열매를 먹지 말라고 하신 말씀을 거역했습니다. 여호와 하나님은 그것으로 인해 땅을 저주하셨습니다. 홍수 심판 후에 저주받았던 그 땅은 회복되었습니다. 대략 1,500년이 걸렸습니다. 죄를 짓는 것은 한 순간이지만 회복은 아주 오랜 기간이 걸렸습니다.

홍수심판을 위해 비가 내린 기간은 40일입니다. 물이 150일 동안 창일하다가 줄어들기 시작했습니다. 물이 줄어들고 땅이 드러나기까지 180일이 걸렸습니다. 심판을 위해 비를 쏟아 붓는 기간은 짧지만 그 쏟아 부은 물을 다시 되돌려 보내는 데는 180일이 걸렸습니다. 즉 심판의 기간은 짧지만 회복의 기간은 심판의 기간보다 4배 이상 길었습니다.

우리는 예수 그리스도의 십자가 은혜를 죄를 용서받았다는 교리에 너무나 익숙해서 죄 짓기를 너무 가볍게 여깁니다. 죄를 짓는 것은 한 순간입니다. 그러나 그것이 반복되어 쌓이고 쌓이면 하나님의 심판을 불러옵니다. 히브리서 기자는 징계가 없으면 사생자라고 했습니다. 그러므로 죄에 대해서 반드시 하나님의 징계가 따릅니다. 우리가 꼭 기억해야 할 것은 주님께 회개하고 돌아오면 용서를 받겠지만 그 회복이 쉽지 않다는 것입니다. 이 사실을 꼭 기억하여 우리 모두가 피 흘리기까지 죄와 싸워 승리하는 성도가 되기를 소망합니다. 그리고 죄를 지었을 경우 속히 회개하고 돌이키는 복을 누리길 소망합니다.

9:1-22 하나님이 사명을 주시고 언약을 체결합니다

홍수심판이 끝났습니다. 노아는 여호와께 정결한 새를 제물 삼아 번제를 드렸습니다. 여호와께서 그 향기를 받으시고 노아에게 세 가지 언약을 주셨습니다. 이것을 약속하신 분은 여호와십니다. 그리고 다시 하나님이 노아에게 말씀하십니다.

하나님은 사명을 확인시켜 주십니다(1-7)

하나님은 자기 형상을 따라 모양을 따라 사람을 창조하시되 남성과 여성을 창조하신 후 그들에게 복을 주셨습니다(1:27-28상). 땅이 부패하였고 땅에 사는 모든 혈육 있는 존재들도 부패했습니다. 하나님은 그들을 홍수로 심판했습니다. 심판 후에, 하나님은 창조 때에 땅을 드러내듯이 물을 치워 땅을 드러내셨습니다. 하나님은 노아와 그의 가족들, 혈육 있는 모든 생물들을 방주에서 그 땅으로 내 보내 살게 하셨습니다.

하나님은 가장 먼저 사람에 복을 주시고 사명을 각인시켜 주셨습니다(1). 하나님은 창조 때에 가장 늦게 자신의 형상을 따라, 모양을 따라 사람을 창조하신 후 그들에게 복을 주시며 "생육하고 번성하여 땅에 충만하라 땅을 정복하라…(1:28)"고 말씀하셨습니다. 하나님은 홍수심판 후 땅을 회복시키시고 그곳에 사람을 두신 후 다시 복을 주시며 생육하고 번성하여 땅에 충만해야 한다는 사명을 일깨워주십니다. 뒤에서 다시 한 번 그 말씀을 강조하셨습니다(7). 하나님은 창조 때에 특별한 일에 관심을 집중하는 모습을 보여주지 않았습니다. 물 흐르듯 자연스럽게 창조의 과정을 진행하셨습니다. 홍수심판 후에는 땅의 회복과 사람의 사명에 집중하는 모습을 보여줍니다. 그 만큼 땅의 회복이 중요하고, 창조 때 하나님이 사람에게 맡기신 사명이 중요한 것임을 보여줍니다.

사람이 생육하고 번성하여 땅에 충만해야 하는 이 사명은 신약성경에서 새로운 모습으로 나타납니다. 예수님은 부활승천 직전에 제자들에게 "그러므로 너희는 가서 모든 민족을 제자로 삼아 아버지와 아들과 성령의 이름으로 세례를 베풀고, 내가 너희에게 분부한 모든 것을 가르쳐 지키게 하라 볼지어다 내가 세상 끝 날까지 너희와 항상 함께 있으리라 하시니라(마 28:19-20)"라고 명령하셨습니다. 예수님의 명령에는 땅이 직접적으로 등장하지 않습니다. 그러나 '모든 민족'은 그들이 사는 모든 땅을 포함하고 있습니다. 부활하신 예수님이 승천하시기 직전에 또 제자들에게 "오직 성령이 너희에게 임하시면 너희가 권능을 받고 예루살렘과 온 유대와 사마리아와 땅 끝까지 이르러 내 증인이 되리라 하시니라(행 1:8)"라고 명령하셨습니다. 성령강림 후 제자들은 땅 끝까지 가서 예수님의 증인이 되어야 합니다. 창세기 1장과 9장의 "땅에 충만하라"는 사명은 하나님이 창조하신 모든 피조물을 다스리기 위함입니다. 그러나 신약성경의 땅 끝까지 가야할 사명에서는 구체적으로 '복음'을 위해서 가야함이 명시되어 있습니다. 하나님의 사명에 충실한 성도는 예수 그리스도의 증인이 되어 온 땅에 회복의 메시지를 전하는 사람들입니다.

다음에 혈육 있는 모든 생물들과의 관계를 정립하셨습니다(2). 하나님은 사람에게 "…모든 생물들을 다스리라(1:28)"고 명하셨습니다. 사람이 지은 죄는 이 기능을 말살시켜버렸습니다. 사람이 짐승과 새, 큰 물고기들을 두려워하고 오히려 그것들에게 잡혀먹는 처지로 전락했습니다. 하나님이 창조 때에 정하신 사람과 생물의 질서가 완전히 파괴되었습니다. 하나님은 홍수심판 후 저주 받은 땅을 회복시킴과 동시에 죄로 인해 깨어진 사람과 생물의 관계들도 회복시키십니다. 사람이 짐승을 두려워하는 것이 아니라 짐승이 사람을 두려워해야 홍수심판 후 진정한 회복이 이루어지는 것입니다. 노아 때까지 사람들은 짐승과 큰 바다 고기들에게 위협당하여 두려움을 느끼며 살았을 것입니다. 이것은 죄가 가져온 결과입니다. 홍수심판은 죄에 대한 심판이면서 동시에 회복에 대한 것이기도 합니다. 진정한 회복은 하나님의 창조 목적에 부합한 일이 일어나야 합니다. 그중에 중요한 일은 모든 생물들이 사람의 다스림 안에 있어야 하는 것입니다. 홍수심판으로 죄가 사람에게서 완전히 떠난 것이 아니므로 사람이 모든 생물을 온전히 다스리는 일을 천국에 가서야 가능할 것입니다. 그러나 하나님이 말씀하신 것처럼 사람이 짐승과 큰 바다 고기를 두려워하는 것이 아니라 그것들이 사람을 두려워하는 회복이 절대적으로 필요한 것입니다. 하나님은 노아와 그의 후손들에게 그 복을 주셨습니다.

하나님은 사람에게 새로운 먹거리를 주십니다(3). 하나님은 창조사역 엿새째 사람을 지으신 후 사람에게 온 지면의 씨 맺는 모든 채소와 씨가진 열매 맺는 모든 나무를 먹거리로 주셨습니다(1:29). 땅의 짐승과 하늘의 모든 새와 생명이 있어 땅에 기는 모든 것에게는 모든 푸른 풀을 먹거리로 주셨습니다(1:30). 하나님은 홍수심판 후에 사람에게 산 동물을 채소처럼 먹을 수 있는 권리를 주셨습니다. 단 피 채로 먹어서는 안 됩니다. 하나님은 창조 과정에서 설명하지 않으셨던 특별한 사실 한 가지를 알려주셨습니다. 피가 생명이 된다는 것입니다. 홍수심판 직후에는 동물들을 먹거리로 주시면서 제한하지 않으셨습니다. 그러나 출애굽 후 주시는 레위기서 말씀을 통해서 동물 중에서도 먹을 것과 먹지 않아야 할 것을 구분해 주셨습니다.

사람을 제외한 생물들의 먹거리에 대해 언급하지 않으신 것은 아마도 그들의 먹거리는 창조 때 말씀하신 그대로 일 것으로 보입니다.

하나님은 노와와 그 후손들, 모든 생물들과 언약을 맺습니다(10-17)

하나님은 노와와 그 가족들, 모든 생물들과 언약을 맺으셨습니다(9, 11). 언약의 내용은 다시는 모든 생물을 홍수로 멸하지 않는다는 약속입니다. 땅을 멸할 홍수는 다시 없을 것입니다. 하나님께서 언약의 증거로 무지개를 구름 속에 두십니다. 구름 속에서 무지개가 나타나면 노와와 가족들, 그리고 모든 생물들은 하나님이 다시는 홍수로 자신들과 후손들을 멸하지 않겠다고 하신 언약을 생각하면 됩니다. 이것은 영원한 언약으로서 새 언약입니다.

홍수심판 후에 하나님이 맺으시는 언약의 특징은 두 가지로 나타납니다. 하나는 노아의 후손들이 언약의 대상에 들어간 사실입니다. 다른 하나는 노와와 함께 한 모든 생물들 곧 새, 가축, 땅의 모든 생물이 언약의 대상에 들어갔습니다. 언약의 대상에 모든 생물이 포함된 것은 다시는 홍수로 멸하지 않겠다는 언약의 내용 때문인 것으로 보여 집니다. 그리고 하나님이 홍수 직후에 언약을 제안한 것은 홍수심판으로 노아와 그의 가족들, 모든 생물들이 두려움에 사로잡혀 있을 가능성도 염두에 둔 것으로 이해됩니다. 죄는 안 지을 수 없을 것입니다. 노아가 아들 함 대신 그의 아들 가나안을 저주하는 행위는 얼마 지나지 않아서 일어납니다. 그때마다 홍수심판의 두려움에 시달릴 수 있습니다. 홍수심판 후에는 언약을 보다 자세하게 설명하시며 그들이 두려움에 사로잡혀 살지 않도록 도우시고 위로하시는 모습을 보게 됩니다.

노아가 회복된 땅에서 농사를 시작했습니다(18-29)

방주에서 나온 노아의 아들들은 셈과 함과 야벳입니다. 방주에 들어간 사람은 노아와 그의 아내, 그의 아들들, 그리고 며느리들뿐입니다. 그런데 독특한 것은 함의 아들이 가나안이라고 언급합니다. 물론 함의 아들 가나안을 언급하는 것은 이어질 사건에 대한 근거 마련을 위해서입니다. 함이 포도주에 취한 아버지 노아의 하체를 보고 소문을 냈습니다. 함의 말을 들은 셈과 야벳은 옷을 가져다가 자신들의 어깨에 메고 뒷걸음쳐 아버지의 하체를 덮었습니다. 노아는 이 사실을 뒤 늦게 알았습니다. 함이 자신의 하체를 보고 퍼트린 소문을 들었습니다. 그런데 함을 저주 할 수는 없었습니다. 왜냐하면 하나님이 노아의 세 아들들에게 복을 주셨기 때문입니다. 하나님이 복 주신 자(9:1)를 사람이 저주할 수 없습니다. 함 대신 누군가에게 벌을 내려야 하는데 그 근거를 마련하기 위해 가나안이 함의 아들인 것을 말하고 있습니다.

중요한 것은 노아가 농사를 시작해서 포도나무를 심었다는 것입니다. 이것은 단순히 포도나무를 심어 농사를 시작했다는 의미가 아닙니다. 땅이 사람들로 말미암아 저주를 받았고 홍수 때 심판을 받았습니다. 땅의 저주가 풀린 것을 의미합니다. 노아는 저주가 풀린 땅에서 처음 포도나무를 심어 경작을 시작했습니다. 창세기 2장에서 여호와 하나님이 그 사람을 창조하시고 경작하는 사명을 부여했습니다. 사명을 받은 그 사람이 경작한 기록이 없습니다. 하와가 여호와 하나님의 명령을 어겼고 에덴 동산에서 쫓겨났습니다. 그들은 저주 받은 땅에서 땀을 흘리며 경작했습니다. 홍수심판은 땅의 저주를 풀었습니다. 노아는 저주에서 회복 된 땅에서 처음 경작한 사람입니다.

하나님은 8장에서 땅을 드러내는데 집중하셨습니다. 40일 동안 홍수가 내렸고 150일 동안 그 홍수가 창일하여 모든 땅을 삼켰습니다. 하나님은 190일 후부터 185일 동안 물을 땅에서 몰아내시며 회복의 기간으로 삼으셨습니다. 하나님은 노아를 비롯해 방주에 들어간 모든 생물들을 땅으로 이끌어 내셨습니다. 노아는 땅에 나온 후 제단을 마련하고 정결한 새를 번제물로 여호와께 드렸습니다.

하나님은 노아와 그의 자녀들에게 복을 주셨습니다. 가장 중요한 복은 생육하고 번성하여 땅에 충만한 복이고 다음이 모든 생물을 다스리는 것입니다. 이 말씀은 구약성경에서 끝나는 것이 아닙니다. 앞에서 살펴 본 것처럼 신약성경은 각도를 달리했지만 여전히 이 말씀을 충성된 제자들에게 하고 있습니다(마 28:19-20: 행 1:8).

구약성경은 복음 전도가 없습니다. 그러나 신약성경은 창조와 노아 홍수 때 하나님의 사람들에게 부여된 사명이 복음전도를 목적으로 온 땅에 충만해야 함을 메시지 합니다. 나는 이 사명을 잘 감당하고 있습니까?

죄를 회개하고 용서받음으로 개인의 건강이 회복되고, 영성이 회복되고, 가정이 회복되고, 일터가 회복되어야 합니다. 예수를 그리스도로 믿는데 아무런 회복이 없다면 그것은 이상한 것입니다. 요한사도는 요한삼서에서 이렇게 메시지 했습니다.

"사랑하는 자여 네 영혼이 잘됨 같이 네가 범사에 잘되고 강건하기를 내가 간구하노라(2)"

9:25; 10:1-20 노아의 저주를 활용하시는 여호와

여호와는 그 사람의 마음으로 생각하는 모든 계획이 항상 악할 뿐임을 보시고 땅위에 사람 지으셨음을 한탄하시며 마음에 근심하셨던 분입니다. 여호와는 자신이 창조한 사람과 함께 가축과 기는 것과 공중의 새까지 쓸어버리기로 결정하셨습니다. 하나님은 모든 혈육 있는 자의 포악함이 땅에 가득하므로 그 끝 날이 자신 앞에 이르렀기에 그들을 땅과 함께 멸할 것을 작정하셨습니다. 홍수심판은 사람만 대상이 아니라 저주 받은 땅도 그 대상이었습니다. 땅은 홍수심판으로 저주에서 풀렸습니다. 노아는 그 땅에 포도나무를 심어 수확했습니다. 그것이 여호와의 미래 계획과 연관성을 갖게 됩니다.

노아가 가나안을 저주했습니다(9:25)

여호와 하나님은 아담이 선악과를 따 먹자 땅을 저주하셨습니다(3:17하). 아담이 땀을 흘려야 먹고살 수 있는 것과 관련이 있을 것입니다. 하나님은 홍수심판을 하면서 모든 혈육 있는 자들을 땅과 함께 멸하셨습니다(6:13). 그 후에 하나님은 "땅을 멸할 홍수는 다시 없다(9:11하)"고 선언하셨습니다. 이것은 저주 받은 땅이 회복된 것을 의미합니다.

노아는 그 회복 된 땅에서 농사를 시작했습니다. 그는 포도나무를 심었고 수확했습니다. 그는 포도주를 마시고 취해서 벌거벗었습니다. 아담과 하와는 에덴동산에서 벌거벗고 지냈습니다. 아담과 하와는 선악과를 따먹기 전에는 자신들의 벌거벗었음 인지하지 못하고 살았습니다. 포도주를 마시고 취한 의인 노아, 당대 완전한 자로서 노아, 하나님과 동행한 노아(6:9)는 선악과를 먹기 전 벌거벗고 지낸 아담부부를 연상시켜 줍니다. 여자(타락 후 하와)가 선악과를 따먹고 함께 있는 남편에게 주어 그도 먹게 했습니다. 즉 죄를 지었습니다. 노아도 술에서 깬 후에 함의 아들 가나안을 저주했습니다. 사람이 사람을 저주한 첫 경우입니다.

"가나안은 저주를 받아 그의 형제의 종들의 종이 되기를 원하노라"

노아에게는 셈, 함, 야벳이란 세 아들이 있습니다. 하나님은 노아와 그의 아들들에게 복을 주셨습니다(9:1). 하나님이 복 주신 자를 노아가 저주할 수 없어서 함을 저주하지 않고 그의 아들을 저주했습니다. 저주받은 가나안의 후손들은 어떻게 될까요?

함의 자손에게서 세상에 첫 용사가 나왔습니다(8-9). 함은 네 명의 아들 곧 구스와 미스라임과 붓과 가나안을 낳았습니다. 구스가 여섯 명의 아들을 낳았는데 그 중에 '니므롯'은 세상에서 첫 용사라 불리어졌습니다. 그는 여호와 앞에서 용감한 사냥꾼이 되었습니다.

창세기 6장은 당시에 땅에 네피림(장부)이 있었고, 그 후에도 하나님의 아들들이 사람의 딸들을 취해서 자식을 낳았는데 그들은 용사였습니다(6:4). 니므롯이 '첫 용사'라는 의미는 두 가지 의미로 해석이 가능합니다. 하나는 홍수심판 후에 나타난 첫 용사라는 의미로 이해됩니다. 다른 하나는 홍수전에 하나님의 아들들과 사람의 딸들 사이에서 용사가 태어났는데, 그들을 제외하고 니므롯을 첫 용사라고 한다면 홍수 전 용사는 인정하지 않는다는 의미를 담고 있습니다. 성경의 기자는 니므롯을 첫 용사로 인정한다는 뜻입니다.

저주는 무서운 형벌입니다(15-19). 창세기 10장의 저자는 가나안이 낳은 시돈과 헷을 제외한 다른 아들에게 '족속'이란 민족명을 붙였습니다. 10장에 70개 나라는 통칭해서 족속과 언어와 지방과 나라로 불렀습니다. 그런데 유독 가나안의 자손 아홉 명에게만 족속이란 이름을 붙였습니다(여부스 족속, 아모리 족속, 기르가스 족속, 히위 족속, 알가 족속, 신 족속, 아르왓 족속, 스말 족속, 하맛 족속 등). 노아가 함대신 가나안을 저주했는데 그 저주는 무서운 형태로 나타날 것임을 보여주는 신호입니다.

그들 중에 최소한 다섯 족속은 여호와께서 아브라함과 언약을 맺을 때 주시기로 한 멸망의 대상에 속합니다(여부스 족속, 아모리 족속, 기르가스 족속, 히위 족속, 헷 족속 등). 그들의 거주지는 소돔과 고모라를 포함하고 있습니다. 하나님이 소돔과 고모라를 심판하실 때 가나안의 후손들 중에 일부는 가나안 땅 정복으로 멸망당하기 훨씬 이전에 저주를 받아 멸망당했습니다.

고대 근동사회, 특히 성경의 족장들에게는 축복권과 저주권이 있음을 보게 됩니다. 이삭은 쌍둥이 형제 에서와 야곱을 낳았습니다. 이삭이 야곱을 축복하면서 "…너를 저주하는 자는 저주를 받고 너를 축복하는 자는 복을 받기를 원한다(창 27:29하)"고 말했습니다. 야곱은 열 두 아들의 후일에 당할 일을 말하며 축복도 하고 저주도했습니다(창 49장). 노아는 저주의 무서움을 알고 함의 아들 가나안을 저주했는지 모르겠지만, 사람으로서 최초에 사람을 저주한 사람으로 이름을 올렸습니다. 그의 저주를 받은 가나안의 아들들은 하나님의 심판의 대상으로 비참한 인생을 살았습니다.

가나안의 후손들을 강조합니다(10:15-18)

노아가 가나안을 저주한 후에 노아의 아들들의 족보가 언급됩니다(10:1-32). 노아의 세 아들 셈과 함과 야벳의 순서가 먼저 언급됩니다. 그러나 정작 족보의 시작은 반전을 이루어 막내인 야벳의 족보부터 언급합니다(10:2-5). 맏형인 셈의 족보가 가장 마지막에 언급됩니다(10:21-32).

가장 정상적인 족보 기록방법은 누가 누구를 낳았다는 형태입니다(10:2-14). 야벳과 함의 족보에 두 가지 특징이 나타나있습니다. 하나는 "이들로부터 여러 나라 백성으로 나뉘어서 각기 언어와 종족과 나라대로 바닷가의 땅에 머물렀더라(5)"이고, 다른 하나는 "구스가 또 니므롯을 낳았으니 그는 세상에 첫 용사라, 그가 여호와 앞에서 용감한 사냥꾼이 되었으므로…(8-9상)"입니다. 이 두 가지 특이사항은 누가 누구를 낳았다는 족보의 정상적인 언급 형태를 깨뜨리지는 않고 정상적인 족보 기록 형태를 유지하면서 설명을 덧 붙였을 뿐입니다. 그러나 족보의 정상적인 형태를 깨뜨리는 표현이 나타납니다.

"가나안은 장자 시돈과 헷을 낳고, 또 여부스 족속과 아모리 족속과 기르가스 족속과, 히위 족속과 알가 족속과 신 족속과, 아르왓 족속과 스말 족속과 하맛 족속을 낳았더니 이후로 가나안 자손의 족속이 흩어져 나아갔더라(15-18)"

가나안의 족보를 기록하면서 정상적인 족보 기록방법인 누가 누구를 낳았다가 아니라 누가 어떤 족속을 낳았다고 기록하고 있습니다. 가나안이 낳은 장자 시돈과 헷은 이름만 언급되었습니다. 그 두 사람 이후부터 아홉 아들에게는 이름에 '족속'이란 특이 사항에 붙어있습니다. 10장뿐만 아니라 이어지는 11장 족보기록에도 이런 형태의 언급은 찾아 볼 수가 없습니다. '족속'을 언급하는 것은 분명히 이유가 있을 것입니다. 가나안은 아버지 함 대신에 할아버지 노아로부터 저주를 받았기 때문에 족보 기록방법부터 돌출되어 있습니다.

여호와와 아브라함 언약 속에 등장하는 족속(15:19-21)

노아의 아들 셈의 족보는 10장 말미에 일부 기록되어 있습니다(10:21-32). 여기서 셈을 특별하게 소개합니다. 셈은 에벨 온 자손의 조상이고 야벳의 형입니다. 에벨의 이름을 언급한 것은 그의 아들 때에 세상이 나뉘게 됨을 강조하기 위함입니다. 본격적인 족보는 바벨탑 사건을 언급한 직후에 기록되어 있습니다(11:10-26). 이 족보에 이어서 데라의 족보가 언급됩니다(11:27-32). 데라의 족보는 여호와께서 언약을 맺게 될 아브람(이후부터 아브라함으로 표기합니다)이 누구인가를 소개하기 위함입니다.

여호와는 아브라함을 찾아가 언약을 제시하고 맺었습니다(12:1-4). 아브라함은 약 10년 후에 여호와께 여호와께서 주신다는 땅을 자신이 소유로 받을 것을 어떻게 알 수 있냐고 질문했습니다(15:8). 여호와께서 제물을 준비할 것을 명하셨습니다. 그 제물을 태우시기 전에 아브라함에게 400년 후에 땅을 주신다고 알려주십니다. 그리고 제물을 태우신 후 주실 땅의 경계선을 제시하셨습니다(15:18). 그 경계선 안에 사는 족속들의 이름을 제시하셨습니다.

"곧 겐 족속과 그니스 족속과 갓몬 족속과 헷 족속과 브리스 족속과 르바 족속과 아모리 족속과 가나안 족속과 기르가스 족속과 여부스 족속의 땅이니라 하셨더라(15:19-21)"

가나안의 족보와 여호와께서 아브라함에게 주시겠다고 말씀하신 족속의 이름을 비교해 보겠습니다.

가나안의 족보 (10:15–18)	여호와께서 멸할 족속 (15:19–21)
여부스 족속	여부스 족속
아모리 족속	아모리 족속
기르가스 족속	기르가스 족속
히위 족속	히위 족속(수 9:1)
알가 족속	

신 족속	
아르왓 족속	
스말 족속	
하맛 족속	
	겐 족속
	그니스 족속
	갓몬 족속
장자 시돈과 헷	헷 족속
	브리스 족속
	르바 족속
	가나안 족속

10장 가나안의 족보를 기록하며 족보 기록의 정형을 깨뜨린 것은 노아로부터 저주받은 가나안의 후손들이 후일에 셈 족속의 후예들에 의해 멸망될 족속임을 보여주기 위해서 '족속'이란 이름을 미리 붙인 것으로 이해됩니다.

가장이 갖는 권한들

구약성경에서 한 가정의 가장은 아버지로서 자녀들을 축복하거나 저주할 권한을 가지고 있습니다. 야곱은 열 두 아들들에게 축복과 저주를 했습니다(창 49:1-27). 우리는 신명기 28장을 주로 축복의 장이라고 부릅니다. 그러나 실제 내용은 저주가 축복보다 네 배가량 많습니다. 신명기 27장에는 저주받아야할 삶들이 많이 나옵니다. 그런데 모세는 그 저주의 말씀을 아멘으로 받으라고 명령합니다. 가나안이 노아의 저주를 아멘으로 받았을 경우 하나님으로부터 받은 징계는 받고, 빨리 그 저주에서 풀려날 기회를 얻었을 가능성을 엿보게 됩니다.

야고보서 기자는 말의 부정적 기능에 대해 아주 심각한 면을 밝힙니다. 말은 쉬지 않는 악이고 죽이는 독이 가득한 것입니다(약 3:8). 반면에 말에 실수가 없으면 온전한 사람으로 인정받습니다(약 3:2). 선한 말은 꿀송이 같아서 마음에 달고 뼈에 양약이 됩니다(잠 16:24).

예수님은 예루살렘 입성을 하시다가 너무나 시장해서 잎사귀가 무성한 무화과나무에 아무런 열매가 달리지 않은 것을 보고 "이제부터 영원토록 네가 열매를 맺지 못하리라(마 21:하)"고 저주하셨습니다. 무화과나무는 이내 말라버렸습니다. 예수님께서 믿음으로 선포한 저주의 말씀이 그대로 이루어진 것입니다.

10:1-11:9 사명 감당과 사명 대적

홍수심판 후 하나님은 노아와 그의 아들들에게 복을 주셨습니다. 그 복은 생육하고 번성하여 땅에 충만하는 것입니다. 자녀를 많이 낳아야 하고, 낳은 자녀들은 온 땅에 퍼져나가 하나님이 지으신 피조물들을 다스리며 사는 자들이 되어야 합니다.

10-11장은 노아 홍수 후 아브라함을 부르시기까지 약 360여년의 기간을 단 두 장에 요약한 것입니다. 그 기간 동안 많은 일들이 있었을 것인데, 성경의 기자는 두 가지 사건에 초점을 맞춰서 성경을 기록하고 있습니다. 그 두 사건 속에는 미래를 향한 복선도 깔려 있습니다.

하나님이 주신 사명을 잘 감당하고 있습니다(10:1-32)

하나님은 방주에서 땅으로 나온 노아와 그의 아들들에게 복을 주시며 "생육하고 번성하여 땅에 충만하라(9:2상)"고 명령하셨습니다. 홍수 후에 노아와 세 아들, 즉 총 네 가정이 존재했습니다. 노아는 더 이상 자녀를 낳지 않은 것으로 보입니다. 세 가정 셈과 함과 야벳은 '생육하고 번성하라'는 하나님이 주신 사명을 잘 감당했습니다. 그리고 '땅에 충만하라'는 사명도 잘 감당했습니다. 그 결과, 70개의 나라[7]로 확장되었습니다.

민족의 나뉨은 사명을 잘 감당한 것입니다(5상, 32). 성경의 기자는 이 사명을 뒷받침 하는 기사로 "이들로부터 여러 나라 백성으로 나뉘어서(5상), 홍수 후에 이들에게서 그 땅의 백성들이 나뉘었더라(32)"라고 기록하고 있습니다. '나뉘다 נִפְרְדוּ 니페르두'는 니팔 완료형으로 사용되어, 하나님의 역사이긴 하지만 하나님의 직

7 야벳, 고멜, 마곡, 마대, 야완, 두발, 메섹, 디라스, 아스그나스, 리밧, 도갈마, 엘리사, 달시스, 깃딤, 도다님, 함, 구스, 미스라임, 붓, 가나안, 스바, 하윌라, 삽다, 라아마, 삽드가, 스바, 도단, 루딤, 아나밈, 하빔, 납두힘, 바드루심, 사슬루힘, 블레셋, 갑도림, 시돈, 헷, 여부스, 아모리, 기르가스, 히위, 알가, 신, 아르왓, 스말, 하맛, 니므롯, 엘람, 앗수르, 룻, 아람, 우스, 훌, 게델, 마스, 벨렉, 욕단, 알모닷, 셀렙, 하살마, 예라, 히도람, 우살, 디글라, 오발, 아비마엘, 스바, 오빌, 하윌라, 요밥

접적인 개입이 없이 나눠진 것을 의미합니다. 즉 자녀를 낳고 그 자녀들이 땅을 정복하기 위해 나눠진 것은 하나님이 주신 사명을 잘 감당한 것입니다. 이것은 하나님이 주신 사명이므로 하나님의 역사입니다. 하나님이 사명을 주신 후 사람이 그것을 스스로 실천하도록 도우셨지 직접 개입하지는 않으셨습니다. 이 의미는 5절과 32절에서 동일하게 사용되었습니다.

야벳의 자손들(5), 함의 자손들(20), 셈의 자손들(31) 등 노아의 세 자녀는 하나님이 주신 이 사명을 잘 감당했습니다. 하나님은 이것을 최종적으로 '홍수 후에 이들에게서 그 땅의 백성들이 나뉘었더라(32)'고 결론 지으셨습니다.

구약성경은 생육하고 번성하여 땅에 충만하고 땅을 정복하는 것으로 충분했습니다. 그러나 신약성경은 단순히 땅 끝까지 흩어지는 것만으로는 부족합니다. 복음전파가 반드시 뒷받침 되어야 했습니다.

셈의 족보는 사명 감당(=나뉨)의 시기를 위해 언급되었습니다(21-31). 셈은 노아의 세 아들 중 맏형입니다. 보통 족보는 맏형을 가장 먼저 언급하는 것이 상례입니다. 그러나 창세기 10장의 기자는 막내인 야벳, 함, 맏형인 셈의 순서로 족보를 언급합니다. 셈이 맏형이지만 맨 나중에 족보를 언급하면서 정상적인 족보 기록형태가 아닌 특이한 형태로 언급합니다.

"셈은 에벨 온 자손의 조상이요 야벳의 형이라(21)**"**

야벳은 막내입니다. 셈은 야벳의 형입니다. 그런데 셈의 족보를 소개하며 '에벨 온 자손의 조상이다'라고 정의하고 있습니다. 이것은 셈의 족보를 언급하는 목적이 특별한 곳에 있음을 말해주고 있습니다.

에벨은 셈의 4세손입니다. 에벨은 두 아들 벨렉과 욕단을 낳았습니다. '벨렉'이란 이름 자체가 '나뉨'이란 의미입니다. 바로 벨렉 때에 세상이 나뉘어졌습니다. "나뉘어졌다 נִפְלְגָה 니프레가" 역시 니팔 완료형이 쓰여서, 하나님의 섭리에 의한 것이긴 하지만 하나님의 개입으로 강제로 나뉜 것이 아니라 그들 자신의 결정에 따라 자발적으로 나뉘어 졌다는 의미입니다.

셈의 5세손 벨렉 때에 세상이 나뉘어졌습니다. 이것에 의하면 그동안 노아의 후손들은 모여서 군락을 이루며 살았던 것으로 보입니다. 벨렉 이전에도 조금씩 나뉘어졌는데 그의 때에 와서 본격적으로 나뉘어졌다고 볼 수 있습니다. 32절은 이 민족들의 나뉨이 인위적이거나 물리적인 힘에 의한 것이 아니란 뉘앙스를 풍기고 있습니다.

"이들은 그 백성들의 족보에 따르면 노아 자손의 족속들이요, 홍수 후에 이들에게서 그 땅의 백성들이 나뉘었더라(32)"

여호와의 사명을 거역한 족속이 있습니다(11:1-9)

10장의 언어와 종족과 나라(지방)대로 나뉜 것과 11장 바벨탑 사건으로 온 지면에 흩어짐을 당한 사건은 그 의도와 목적이 전혀 다릅니다. '바벨'은 '신의 문'이란 의미입니다. 10장이 자발적으로 하나님의 사명 감당을 위한 나뉨이라면 11장은 하나님의 사명을 대적하는 행위입니다. 성경은 바벨탑 사건의 목적을 "성읍과 탑을 건설하여…우리 이름을 내고 온 지면에 흩어짐을 면하자(4하)"라고 말해줍니다. '흩어짐을 면하자'가 바벨탑을 쌓은 목적입니다. 이것은 하나님에게 도전하는 행위입니다. 10장은 이미 언어와 종족이 나뉘어져서 나라로 나뉜 순서입니다. 그러나 11장 바벨탑 사건은 언어가 하나요 말이 하나인 상태에서 여호와께서 언어를 혼잡하게 하시고 그들을 온 지면에 흩으신 것입니다.

노아 홍수 후에 하나님께서는 노아와 그의 아들들에게 복은 주시며 사명을 회복시켜 주셨습니다. 사명은 "생육하여 번성하여 땅에 충만하라(9:1하)"입니다. 하나님이 주신 사명을 감당하기 위해서는 10장처럼 끊임없이 언어와 종족과 나라가 나뉘어져야 합니다. 그러나 11장 초반의 바벨탑 사건은 한 곳에 모여 살겠다는 것으로 하나님이 주신 사명을 대적하는 행위입니다.

11장 바벨탑 사건은 10장에 각 나라로 나뉜 70족속 사건과는 별개의 것입니다. 70족속들이 자발적으로 흩어지는 중에 그 흩어짐을 거부한 한 족속이 있었습니다. 그 족속은 셈 족속 중 한 족속일 가능이 큽니다. 왜냐하면 셈의 족보(10:21-31)와 다시 시작하는 셈의 족보(11:10-26) 사이에 이 사건이 존재하고 있기 때문입니다.

바벨탑 사건은 아브라함의 떠남과 나홀이 하란 땅에 남은 사건에 대한 설명을 가능하게 합니다. 야곱이 밧단아람 생활을 마무리하고 떠날 때 외삼촌 라반을 지칭하며 '아람 사람 라반(31:20)'에게 알리지 않았고, 하나님이 추격하는 라반을 부를 때에도 '아람 사람 라반(31:24)'이라고 불렀습니다. 야곱과 라반이 언약을 맺으면서 돌무더기를 쌓았는데 라반은 아람말로 그것을 '여갈사하두다'라 불렀고, 야곱은 히브리말로 '갈르엣'이라고 불렀습니다(31:47). 아브라함과 나홀은 데라의 두 아들인데 한 명은 히브리 사람, 한 명은 아람 사람이 되었습니다. 바벨탑 사건은 이들의 나뉨에 근거가 될 수 있는 말씀입니다.[8]

오늘날 그리스도인들은 예수를 믿는 목적이 복을 받는데 거의 한정되어 있습니다. 건강의 복, 부의 복, 출세의 복, 권력의 복, 명예의 복 등 온갖 복을 누리는 것이 예수 그리스도를 믿는 목적입니다.

신약성경이 그리스도인들에게 주신 사명은 그러한 복이 아닙니다. 그리스도인들은 먼저 그의 나라와 그의 의를 구하는 삶을 살아야 합니다. 이것을 기초로 예수님께서 제자들에게 말씀하신 가서 모든 족속을 제자삼고 삼위 하나님의 이름으로 세례를 주고, 예수께서 명한 바를 가르쳐 지키게 하는 것(마 28:19-20)이 예수 그리스도를 믿는 목적입니다. 복음전파가 모든 그리스도인들에게 주어진 사명입니다.

나는 하나님의 사명을 잘 감당하고 있는 자입니까. 내가 지금까지 누구를 전도했는지 살펴보면 알 수 있습니다. 지금 누구를 전도하기 위해 기도하며 준비하고 있는지, 복음전도의 사명을 감당하지 않고 있다면 어쩌면 내가 바벨탑을 쌓고 있을 수 있습니다.

8 다음 장에서 구체적으로 살펴보겠습니다.

II부

바벨탑 사건에서 아브라함의 언약이 씨에게 계승되기까지

11:1-32 바벨탑 사건은 아브라함에 대한 복선

"셈은 에벨 온 자손의 조상이요 야벳의 형이라 그에게도 자녀가 출생하였으니…(10:21-32)"와 "셈의 족보는 이러하니라 셈은 백 세 곧 홍수 후 이년에 아르박삿을 낳았고(11:10)" 사이에 바벨탑 사건(11:1-9)이 끼어 있습니다. 10장에서 셈의 족보를 기록한 것은 세상이 나뉘었던 때를 말하기 위해서입니다. 그래서 셈의 족보는 세상이 나눠진 시기에 살았던 벨렉과 그의 아우 욕단의 족보에서 끝이 납니다. 바벨탑 사건 언급 후에 다시 셈의 족보가 기록되며 아브라함까지 이어집니다. 성경의 기자가 어떤 의도를 가지지 않고서 이렇게 족보를 기록할 이유가 전혀 없습니다. 성경의 맥락 속에서 그 의도를 찾아보도록 하겠습니다.

세상은 셈의 증손자인 벨렉 때에 나뉘어졌습니다(10:25; 참조 5, 20, 31)

오늘날 기독교계는 바벨탑 사건을 세계 언어 나뉨의 기원으로 이해하고 있습니다. 그렇게 이해하려면 두 가지 문제를 풀어야 합니다. 하나는 셈의 족보(10:21-32)와 셈의 족보(11:10-26) 사이에 왜 바벨탑 사건이 위치해 있는가 하는 점입니다. 다른 하나는 전세계 언어 나뉨의 기원을 말하려면 10장 1절 앞에 위치를 시켜야지 셈의 족보 사이에 위치시킨 당위성이 설명되어야 합니다. 바벨탑 사건이 세계 언어 나뉨의 기원이라고 해석한다면 이 두 가지 문제는 전혀 풀 수 없는 미궁으로 빠져들게 됩니다.

세계 언어의 나뉨은 노아의 아들들의 족보에서 이미 말하고 있습니다. 10장은 "노아의 아들 셈과 함과 야벳의 족보는 이러하니라…(1상)"으로 시작합니다. 시작은 장남에서 막내 순으로 언급되지만 족보 기록은 막내에서 시작하여 장남 순으로 기록되고 있습니다. 이것은 성경 기록자가 뭔가를 의도하고 있음을 보여줍니다. 성경은 장자를 매우 귀중하게 생각합니다. 그런데 장자의 족보를 먼저 언급하지 않고 막내의 족보를 먼저 언급한다는 것은 분명 의도를 가지고 있는 것입니다. 야벳의 족보 말미에 "이들로부터 여러 나라 백성으로 나뉘어서 각기 언어와 종족과 나라대로 바닷가의 땅에 머물렀더라(5)"라고 기록하여 바벨탑 사건 이전에 이미 언어가 나뉘었고 종족과 나라가 나뉘었다고 말합니다.

막내 야벳의 족보를 먼저 다룬 후 둘째 함의 족보를 다룹니다(6-20). 그 족보 마지막에 "이들은 함의 자손이라 각기 족속과 언어와 지방과 나라대로였더라(20)"고 기록하여 역시 언어와 종족과 나라가 이미 나뉘어져 있음을 말해주고 있습니다.

노아의 세 아들 중 장자인 셈의 족보를 가장 나중에 언급합니다. 그것도 특이하게 시작합니다. 셈의 족보는 셈이 누구를 낳았다로 시작하지 않고, "셈은 에벨 온 자손의 조상이요 야벳의 형이라 그에게도 자녀가 출생하였으니(10)"로 시작됩니다. 이 족보는 "셈이 에벨을 낳았다"는 정상적인 형태가 아닙니다. '에벨'이란 사람의 온 자손의 조상임을 강조하고 있습니다. 에벨은 셈의 증손자입니다. 셈의 아들 중 아르박삿이 셀라를 낳고 셀라가 에벨을 낳았습니다(22-25상). 에벨을 강조하는 것은 그가 낳은 아들 벨렉 때에 세상이 나뉘어졌기 때문입니다(25하). 10장에서 언급하는 셈의 족보는 족보를 기록하기 위한 족보가 아니라 세상이 나눠진 때를 알려주기 위한 기록입니다. 벨렉 때에 세상이 나뉘어졌다는 것은 그 때에 이미 언어도 나눠진 것을 의미합니다.

10장과 11장의 내용배열이 정 반대입니다(10:1-11:32)

10장은 "노아의 아들 셈과 함과 야벳의 족보(1)"로 시작합니다. 11장은 "셈의 족보(10-26), 데라의 족보(27-32)"로 내용이 마무리합니다. 10장은 "세 아들의 족보를 기록하며 세상에 첫 용사인 니므롯(9), 벨렉 때 세상이 나뉨(25)" 등으로 내용을 전개합니다. 11장은 "시날 평지 거류(2), 벽돌 굽기와 역청으로 진흙을 대신함(3), 성읍(도시)과 탑 건설(4), 흩어짐을 면하자(4하)"로 내용이 전개됩니다. 10장은 "언어, 종족, 나라(5, 20, 31)로 나뉨"으로 내용이 마무리 됩니다. 11장은 "온 땅의 언어가 하나요 말이 하나였더라(1)"로 시작합니다. 도표로 살펴보겠습니다.

10장	11장
노아의 아들 셈과 함과 야벳의 족보(1)	온 땅의 언어가 하나요 말이 하나였더라(1)

세상에 첫 용사인 니므롯(9), 벨렉 때 세상이 나뉨 (25)	시날 평지 거류(2), 벽돌 굽기와 역청으로 진흙을 대신함(3), 성읍과 탑 건설(4), 흩어짐을 면하자(4하)
언어, 종족, 나라(5, 20, 31)로 나뉨	셈의 족보(10–26), 데라의 족보(27–32)

10장은 막내인 야벳의 족보로 시작해서 함, 셈의 족보로 내용을 전개합니다. 그리고 야벳의 족보 끝에, 함의 족보 끝에, 셈의 족보 끝에 "언어와 종족과 나라의 나뉨"을 배치했습니다. 그 언어와 종족과 나라는 바벨탑 사건의 시작인 11장의 언어, 흩어짐으로 자연스럽게 이어집니다.

이와 같은 글의 배치는 한 가지 궁금증을 자아냅니다. 노아의 세 아들의 족보가 끝날 때마다 "언어, 종족, 나라가 나뉘었다"고 이미 세 차례나 반복해서 언급했는데, 바벨탑 사건으로 언어의 나뉨을 왜 또 언급하는가하는 점입니다. 이에 대해 지금까지 바벨탑 사건은 언어의 나뉨을 먼저 언급하고 왜 그렇게 되었는가를 후에 설명해주는 것이라 이해해왔습니다. 이 해석으로 부족하다고 느끼는 것은 다음 세 가지 때문입니다.

첫째, 야벳과 함의 족보는 전체를 이어서 기록했습니다. 그러나 셈의 족보는 셈, 아르박삿, 셀라, 에벨, 벨렉과 그의 아우 욕단에서 중단되고 바벨탑 사건이 언급됩니다. 그리고 다시 셈의 족보는 언급했던 이름들을 포함해서 아브람과 나홀과 하란까지 언급됩니다. 바벨탑 사건이 언어의 나뉨을 증언하기 위함인데, 성경의 저자가 셈의 일부 족보와 셈의 전체 족보(앞의 일부 족보를 포함한) 사이에 바벨탑 사건을 위치시켜야 했을까요.

둘째, 데라가 칠십 세에 아브라함과 나홀과 하란을 낳았습니다(26). 하란은 롯, 밀가, 이스가를 낳고 갈대아인의 우르에서 죽었습니다. 나홀은 하란의 딸인 밀가와 결혼을 했습니다. 아브라함은 사래와 결혼을 했습니다. 데라가 갈대인의 우르를 떠날 때 아브라함과 그의 아내 사래, 조카 롯을 데리고 떠났다고 말합니다. 나홀은 분명히 아버지 데라와 동행했습니다(나홀의 후손들이 밧단아람에 살고 있다). 성경이 함께 간 나홀을 빼버린 이유는 무엇 때문일까요(31).

셋째, 창세기 저자가 아브라함을 '히브리 사람(14:13)'이라 부르고, 나홀의 손자 라반을 '아람 사람(31:20, 24)'이라고 부르고 있는데, 아브라함과 나홀은 한 아버지 데라의 자손입니다. 한 아버지에게서 태어난 아들과 그 후손들을 서로 다른 민족이라고 부르는데, 그렇게 된 원인은 무엇일까요.

성경의 기자는 노아의 세 아들의 족보에서 셈의 족보로, 셈의 족보에서 데라가 낳은 세 아들로, 데라의 족보에서 데라의 죽음으로, 이어서 여호와께서 아브라함 부르심에 모든 초점에 맞추고 있습니다. 바벨탑 사건은 사명을 감당하지 않는 자들을 심판하여 흩은 사건과 그 이후 아브라함의 부르심에 대한 복선을 깔고 있는 것으로 보입니다.

족보는 아브라함에게로 초점이 맞춰집니다(10:1-11:32)

바벨탑 사건은 언어가 하나요 말이 하나였다로 시작해서 언어를 혼잡하게 하였고 여호와께서 그들을 온 지면에 흩으셨다는 말씀으로 끝납니다. 노아의 세 아들 셈과 함과 야벳의 족보를 언급하며 막내인 야벳, 함, 셈의 순으로 족보기록 순서를 뒤집고 장남인 셈의 족보를 맨 마지막에 배치시킨 후 데라가 칠십 세에 아브람과 나홀과 하란을 낳는 것으로 끝납니다.

이어서 데라의 족보가 시작됩니다. 데라의 족보는 전통적인 기록법을 파괴하고 가족사를 기록하고 있습니다. 데라가 세 아들을 낳았는데 하란이 아버지 데라보다 먼저 고향 갈대인의 우르에서 죽었습니다. 하란은 1남 2녀 곧 롯과 밀가 그리고 이스가를 낳았습니다. 아브라함의 아내는 사래인데 불임이고, 나홀의 아내는 하란의 딸 밀가입니다. 이것은 족보라기보다는 가족사입니다.

데라가 아브라함과 그의 아내 사래와 손자 롯을 데리고 갈대인의 우르를 떠나 가나안 땅으로 가고자 하더니 하란 땅에 이르러 거주했습니다. 데라의 족보는 그가 205세에 죽은 사실로 끝을 맺습니다.

데라의 족보는 한 가지 숨겨진 메시지를 담고 있습니다. 여호와께서 아브라함을 찾아오셔서 본토, 고향, 아버지의 집을 떠나라고 명령하실 말씀에 대한 사전 정지작업 의미가 숨겨져 있습니다. 데라가 갈대인의 우르에서 떠날 때 나홀을 데리고 떠났다는 말을 생략했습니다. 아브라함이 아버지의 집을 떠날 때를 대비하고 있습니다. 아브라함이 하란을 떠날 때 아버지 데라는 살아 있었습니다. 그런데 데라가 205세에 죽었다는 사실로 그의 족보를 마무리한 것은 아브라함이 아버지의 집을 떠날 때를 염두에 두고 있습니다. 즉 데라가 살아 있지만 그가 죽었다고 표현한 것은 아브라함이 아버지의 집을 떠나는 상황과 대조를 이루고 있습니다.

바벨탑 사건은 데라의 두 아들의 나뉨을 설명해줍니다(12:1-5; 31:20-24, 47)

셈의 족보에서 데라가 칠십 세에 아브람과 나홀과 하란을 낳았다(11:26)고 마무리 했습니다. 족보를 더 기록하려면 세 아들이 누구를 낳았다고 이어가면 됩니다. 그런데 성경의 기자는 데라가 낳은 세 아들에서 족보를 중단하고, 데라의 족보를 다시 기록하였습니다

(11:27-32). 데라의 족보라기보다는 가족사에 가깝습니다. 성경의 기자는 왜 데라의 족보를 독립시켰을까요.

바벨탑 사건은 시날평지라는 한 장소에서 흩어짐을 면하자는 목적을 가지고 성읍을 건설하기 시작했습니다. 한 장소, 한 성읍 건설은 한 족속에 대한 이야기가 분명합니다. 데라가 고향땅인 갈대아 우르를 왜 떠났을까요? 시날 평지의 위치가 정확하지는 않지만 갈대인의 우르 근처인 것은 분명해 보입니다. 바벨탑 사건은 데라가 고향을 떠나게 되는 근거를 제시해줍니다. 그렇지 않다면 당시 최대의 문명지에 살고 있던 데라가 가족을 이끌고 그곳을 떠나야 할 이유가 분명하지 않기 때문입니다.

데라가 나홀과 함께 갈대인의 우르를 떠난 것은 분명합니다. 나홀은 여덟 형제를 낳았습니다. 그 중에 막내아들이 브두엘로 보입니다. 그의 아들이 라반이고, 그의 동생이 이삭의 아내가 된 리브가입니다(22:20-24). 그들은 하란 땅에 살고 있습니다. 이것은 데라가 나홀 가족을 데리고 떠났다는 뜻입니다. 그런데 성경은 데라가 나홀 가족을 데리고 떠났다는 이야기를 빼버렸습니다. 데라의 족보를 기록하며 가족사를 자세하게 기록했는데 나홀을 뺀 것은 무엇인가를 숨기고 있는 것입니다.

후일 야곱이 형에서의 생명의 위협에 쫓겨 브엘세바를 떠나 밧단아람으로 갑니다. 야곱이 이십여 년을 외삼촌 라반의 집에서 노동하며 네 아내와 열한 아들 그리고 많은 소유를 얻었습니다. 앞에서 살펴보았듯이 야곱은 그곳을 떠날 때 외삼촌 라반을 가리켜 '아람 사람'이라 부릅니다. 하나님이 야곱을 추격하는 라반에게 나타나셨을 때도 그를 '아람 사람'이라 부릅니다(31:20, 24). 야곱과 라반이 돌무더기를 쌓고 언약을 맺을 때 라반은 그것을 아람말로 '여갈사하두다'라 부르고 야곱을 그것을 히브리말로 '갈르엣'이라 불렀는데, 이것은 완전히 다른 민족임을 뜻합니다.

바벨탑 사건은 데라가 갈대아인의 우르를 떠난 것에 대한 근거를 제공합니다. 데라가 나홀을 데리고 떠났으면서도 그와 그의 가족을 언급하지 않는 사실에 대한 근거도 제공합니다. 성경은 그것을 바탕으로 여호와께서 아브라함을 부르시는 장면으로 이어집니다.

여호와 하나님이 아담과 하와에게 생육하고 번성하여 땅에 충만하라 땅을 정복하라는 사명을 주셨습니다. 홍수 후에 하나님은 노아와 그의 아들들에게 복을 주시면 생육하고 번성하여 땅에 충만하라고 하셨습니다(9:1). 노아의 세 아들로부터 사람들이 온 땅에 퍼졌습니다(9:19). 칠십 개의 나라와 언어와 종족으로 나뉘어졌습니다(10:1-32, 11:10-26). 그런데 하나님이 주신 사명을 거역하고 흩어짐을 면하자는 목적 아래 한 곳에 모여 성읍을 건설하는 족속이 있었습니다(11:1-9). 하나님이 주신 사명을 거역하는 사람은 반드시 그에 대한 보응을 받습니다.

아담과 하와는 에덴 동산에서 쫓겨났습니다. 그들로 인해 땅이 저주를 받았습니다. 그들에게 저주가 임하니 아내가 남편을 지배하려하고, 남편은 그러한 아내를 다스립니다. 여호와 하나님이 남편과 아내 사이에 세운 존중과 배려는 완전히 깨어졌습니다.

바벨탑을 쌓으며 '흩어짐을 면하자'고 외친 민족은 하나님이 주신 사명인 '생육하고 번성하라'는 사명을 대적한 것입니다. 여호와께서는 그들이 같은 말을 하고 있기 때문에 그런 짓을 하는 것으로 파악하셨습니다. 여호와는 그들이 그 일을 더 진행하지 못하도록 언어를 혼잡하게 하셨습니다. 그들은 하루아침에 말이 통하지 않았습니다. 여호와께서 그들을 흩으셨습니다. 하나님의 사명을 받은 사람들은 그 사명 실천에 전력을 다해야 합니다. 예수님은 이렇게 말씀하셨습니다.

"그러므로 누구든지 나의 이 말을 듣고 행하는 자는 그 집을 반석 위에 지은 지혜로운 사람 같으리니, 비가 내리고 창수가 나고 바람이 불어 그 집에 부딪치되 무너지지 아니하나니 이는 주추를 반석 위에 놓은 까닭이요, 나의 이 말을 듣고 행하지 아니하는 자는 그 집을 모래 위에 지은 어리석은 사람 같으리니, 비가 내리고 창수가 나고 바람이 불어 그 집에 부딪치매 무너져 그 무너짐이 심하니라(마 7:24-27)"

요한사도는 이렇게 말씀합니다.

"이 예언의 말씀을 읽는 자와 듣는 자와 그 가운데에 기록한 것을 지키는 자는 복이 있나니 때가 가까움이라(계 1:3)"

바울은 데살로니가 사람들이 특별하게 말씀을 받은 자들이라고 소개합니다.

"이러므로 우리가 하나님께 끊임없이 감사함은 너희가 우리에게 들은 바 하나님의 말씀을 받을 때에 사람의 말로 받지 아니하고 하나님의 말씀으로 받음이니 진실로 그러하도다 이 말씀이 또한 너희 믿는 자 가운데에서 역사하느니라(살전 2:13)"

하나님의 말씀은 성도가 살아가는데 있어서 유일한 근거요 기준입니다. 예수님은 말씀을 지키는 사람이 자신을 사랑하는 사람이라고 정의하셨습니다(요 14:21). 말씀을 지킬 때 어려움을 당하겠지만 결국은 최종 승리자가 됩니다.

12:1-7 아브라함을 통해 큰 나라를 만드시는 여호와

창세기 10-11장은 아브라함에게로 모든 초점이 맞춰져 있습니다. 10장의 70종족으로 나뉨은 생육하고 번성하여 땅에 충만하라고 명령하신 하나님이 주신 사명을 잘 실천한 결과입니다. 11장 전반의 바벨탑 사건은 표면적으로는 하나님이 주신 땅에 충만하라는 사명을 거부하는 자들에게 대한 심판을 보여줍니다. 바벨탑 사건은 후대에 있을 어떤 일에 대한 근거를 숨기고 있습니다. 문학이나 드라마로 말하면 복선을 깔고 있습니다. 셈의 족보는 아브라함을 향하고 있습니다. 그것은 여호와께서 아브라함을 통해 하실 일이 있음을 보여주고 있습니다.

큰 나라를 만듭니다(12:2)

창세기 1-2장에서 하나님은 원근법으로 우주(천지와 만물), 동방의 에덴, 동산 이란 공간을 보여주셨습니다. 넓은 장소에서 점점 좁아지는 형태를 보여주셨습니다. 노아와 세 아들은 반대로 방주, 아라랏 산, 온 땅이란 공간으로 좁은 곳에서 점점 넓어지는 모습을 띠고 있습니다. 여호와께서 아브라함을 찾아오시는 모습은 홍수사건과 정 반대의 모습을 보입니다. 노아와 세 아들의 족보로 시작하여, 셈의 족보, 데라의 족보, 데라의 죽음을 언급합니다. 이어서 여호와께서 아브라함을 찾아오셔서 조건과 더불어 특별한 계획을 제안하십니다. 여호와께서 아브라함에게 제시하는 계획에 앞선 조건은 고향, 친척, 아버지의 집을 떠나는 것입니다. 이 조건을 충족시킬 때 이루실 세 가지 약속을 주십니다.

첫째, 내가 너로 큰 민족을 이루겠다.

둘째, 네게 복을 주어 네 이름을 창대하게 하겠다.

셋째, 너는 복이 된다.

첫 번째 약속은 "내가 너로 큰 민족을 이루고 וְאֶעֶשְׂךָ לְגוֹי גָּדוֹל"입니다. 히브리어 성경은 개역개정역과 두 가지 다른 내용을 말합니다. 하나는 '민족'이라는 번역입니다. 이 민족이란 단어는 창세기 10장 5, 20, 31절에서 이미 '나라'로 번역된 단어입니다. 그런데 12장 2절에서 나라로 번역하지 않고 민족으로 번역했습니다. 10장에서 '나라'로 번역한 것은 종족대로 언어대로 나눠지니까 한 국가로 보고 그렇게 번역했을 가능성이 있습니다. 12장에서 아브라함은 개인이기 때문에 나라가 아닌 '민족'으로 번역해야 한다고 본 듯하나 그것은 여호와께서 아브라함을 통해서 이루고자 하시는 계획을 제한하고 있습니다. 여호와의 계획은 아브라함을 통해 큰 민족이 아닌 큰 나라를 계획하고 계십니다.

다른 하나는 '이루고'입니다. '이루고'는 '만들고'라고 번역해야 합니다. 이 단어는 아사(עָשָׂה)로서 하나님이 궁창을 만드사(1:7), 하나님이 두 큰 광명체를 만드사(1;16), 하나님이 땅의 짐승을…가축을…땅에 기는 모든 것을 만드시니(1:25), 하나님이 이르시되…우리가 사람을 만들고(1:26), 하나님이 지으신 모든 것(1:31), 하나님이 그가 하시던 모든 일을(2:2), 하나님이 그 창조하시며 만드시던 모든 일을(2:3), 하나님이 땅과 하늘을 만드시던 날에(2:4), 여호와 하나님이 이르시되…내가 그를 위하여 돕는 배필을 지으리라(2:18), 여호와 하나님이 지으신 들짐승 중에(3:1), 여호와 하나님이…가죽옷을 지어 입히시니(3:21) 등에 사용되었습니다. '이루고'로 번역된 아사는 창세기 초반에 '만들다' 혹은 '짓다'로 번역되었습니다. 이 용어는 하나님 혹은 여호와 혹은 여호와 하나님이 창조하실 때 사용하신 용어입니다.

여호와께서 아브라함에게 "내가 너로 큰 나라를 만든다"는 제안은 큰 나라를 창조한다는 의미를 담고 있습니다. 이 일은 여호와가 아니면 어느 누구도 할 수 없습니다. 여호와만이 한 가족을 큰 나라로 만들 수 있습니다.

여호와께서 만드시는 나라에 들어가려면…(12:1, 4)

'나라'는 세 요소를 구비해야 합니다. 주권, 백성, 영토 등이 그것입니다. 주권은 여호와께 있습니다. 여호와께서 만드실 나라의 백성은 아브라함과 그의 아내 사라뿐입니다. 영토는 12장 7절에서 주신다고 약속합니다. 영토는 세겜 땅에서 시작하여 점점 가나안 땅 전역으로 확장되어 갑니다. 여호와께서 아브라함에게 큰 나라를 만들어 주신다고 언약하시면서 조건을 제시하셨습니다.

먼저 모든 관련 공간에서 떠나야 합니다(12:1). 여호와는 아브라함을 통해 새로운 일을 계획하고 있습니다. 이 계획 성취를 위해서는 아브라함이 먼저 해야 할 일이 있는데 바로 공간 이동입니다. 공간 이동을 위해서는 버려야 할 것 혹은 포기해야 할 것이 있고 다시 취해야 할 것이 있습니다.

여호와는 아브라함에게 "너의 고향과 친척[9]과 아버지의 집"을 떠나라고 했습니다. '너의 고향'은 '너의 본토'로 '메소포타미아'입니다. '친척'은 11장 28절에서 고향으로 번역했습니다. 그런데 개정개역이 본 절에 와서는 그 단어를 친척이라고 번역했습니다. '친척' 곧 고향은 출생지로서 갈대인의 우르를 가리킵니다. 그러므로 "너의 고향과 친척과 아버지의 집"은 "너의 본토와 고향(출생지)과 아버지의 집"으로 이해해야 합니다. 아브라함은 본토인 메소포타미아란 국적을 버리고 갈대인의 우르 출신이란 고향도 버리고 아버지의 집도 버려야 했습니다. 아브라함은 이전에 자신이 살던 모든 공간을 버려야 했습니다. 여호와께서 아브라함에게 과거를 떠나라는 것은 새로운 공간을 주신다는 것입니다. 그 새로운 공간은 큰 나라의 영토가 됩니다.

옛 공간을 떠나 새 공간으로 가야합니다(12:1하). 내가 속해 있는 나라를, 내가 태어난 장소를, 나의 부모가 살고 있는 집과 가족들을 떠나야 합니다. 아브라함은 기존의 모든 공간에서 완전히 떠나 새로운 공간으로 가야합니다. 아브라함이 살던 옛 공간은 세계 제일의 문명지입니다. 아브라함은 메소포타미아, 이집트, 인더스, 황하 문명지 중에서도 가장 잘 발달된 곳인 메소포타미아 문명지에서 살았습니다. 아브라함은 여러모로 편리하고 문화혜택을 누릴 수 있는 곳에서 떠나야 합니다. 아브라함은 자신이 살던 곳만 무작정 떠나면 되는 것이 아니었습니다.

"내가 네게 보여 줄 땅으로 가라(1하)**"**

'보여 줄'은 '나타나 보여 줄'로 해석이 가능합니다. 아브라함은 여호와께서 나타나실 때까지 그는 무작정 가야 했습니다. 아브라함은 단지 한 가지 여호와께서 언제 어디서 나타나실 것인가에만 집중하면 되었습니다. 여호와께서 나타나시면 아브라함이 머무는 그곳이 바로 여호와께서 보여주시는 땅이 될 것입니다.

'가라'는 떠나라는 의미입니다. 옛 공간과 분리되라는 의미입니다. 아브라함이 가나안 땅 세겜에 도착했을 때 여호와께서 나타나셨습니다. 그곳에는 이미 가나안 사람들이 살고 있었습니다. 여호와는 아브라함에게 그 땅을 주신다

9 개역개정역은 11장 28절에서 מוֹלַדְתְּךָ몰라트카(=출생지)를 '고향'이라 번역했습니다. 그런데 12장 1절에서는 이 단어를 갑자기 '친척'이라고 번역했습니다. 번역자가 맥락을 살피지 못한 결과입니다.

고 말씀하시지 않고 그의 후손(=씨)에게 주시겠다고 말씀하십니다. 이것은 아브라함이 세겜 땅에 머물러 살지 말고 이동해야 한다는 뜻을 내포하고 있습니다.

말씀을 붙잡고 가야합니다(4). 아브라함은 여호와께서 제시하신 세 가지 조건을 들었고, 세 가지 약속의 내용도 들었습니다. 여호와께서 제시한 세 가지 조건은 "너의 나라, 너의 고향, 아버지의 집"을 떠나는 것입니다. 세 가지 약속은 "내가 너로 큰 나라를 만들겠다, 아브라함에게 복을 주셔서 아브라함의 이름을 창대하게 하겠다, 너는 복이다"입니다. 그리고 여호와는 아브라함에게 주신 복과 다른 사람의 관계까지 말씀해 주셨습니다.

아브라함은 여호와의 제안을 듣고 순종하기로 결정했습니다. 성경은 그가 여호와의 말을 듣고 결단하여 떠날 때 "여호와의 말씀을 따라갔다(4)"고 기록했습니다. '말씀'[10]은 처음 등장하는 용어입니다. 그러나 이 말씀은 명사형이 아니라 동사형으로 보아야 합니다. 여호와께서 아브라함에게 하신 말씀(12:1-3)을 의미합니다. 아브라함은 여호와께서 자신에게 하신 세 가지 조건과 내용을 따라 갔다는 것을 의미합니다.

큰 나라 백성은 아무나 될 수 없습니다(7). 여호와께서 아브라함에게 큰 나라를 만들어주신다고 약속하셨습니다. 큰 나라가 되려면 영토와 백성이 있어야 합니다. 영토는 아브라함이 가나안 땅에 들어와 일부지역을 지나 세겜에 이르렀을 때 여호와께서 네 씨에게 주신다고 하셨습니다. 앞으로 말씀이 전개되면서 그 땅은 점점 구체화 됩니다. 문제는 그 나라를 이루게 될 백성입니다. 아브라함과 아내 사라에게는 아들이 없습니다. 성경은 큰 나라 구성원이 될 백성 문제로 복잡하게 전개됩니다. 아브라함은 단순히 자신의 후사, 상속자를 생각했을 수 있습니다. 그러나 여호와는 아브라함의 단순 후사가 아닌 큰 나라의 구성원으로서 백성을 계획하고 계십니다.

아브라함은 여호와께서 주신 말씀을 잘 못 해석해서 큰 나라 백성 문제를 더 꼬이게 만듭니다. "…네 몸에서 날 자가 네 상속자가 되리라(15:4하)." 아브라함은 이 말을 아내 사라에게 전했습니다. 사라는 남편의 말을 듣고 인간의 번뜩이는 지혜를 발휘했습니다. 사라는 자신의 몸종을 첩으로 주어 아브라함의 씨를 받아 아들을 얻기로 결심하고 실행에 옮겼습니다. 여호와께서는 아브라함의 씨와 사라의 밭에서 태어난 자를 큰 나라 백성의 구성원을 삼으려 하셨으나, 여호와의 말씀을 이해하지 못한 사라의 행동으로 이스마엘이 태어났고 십삼 년이란 시간을 낭비했습니다(16:15-16). 시간만 낭비한 것이 아니라 아브라함과 사라의 마음도 이스마엘에게 다 빼앗겼습니다(17:18). 여호와 하나님은

10 '디베르'는 '다바르'의 피엘·완료·남성·단수형이 사용되었습니다. 이때에 '다바르'는 동사형으로 to speak(말하다)로 보아야 합니다.

이 문제를 타개하기 위해서 할례제도를 제안하시고 아들 이삭이 태어날 시기 등을 아브라함 부부에게 알려주시며(18:10) 그들의 마음에 여호와께서 창조하실 나라를 다시 회복시키려 하십니다. 종국에는 이삭이 탄생하고 이스마엘을 내 쫓음으로 큰 나라를 이룰 구성원 문제가 정리되었습니다. 아브라함을 통해서 이룰 큰 나라의 구성원이 될 백성과 영토 문제는 분리된 것이 아니라 연결되어 있습니다. 아브라함과 사라가 큰 나라의 첫 백성이 되겠지만, 그들 이후에 큰 나라의 백성이 될 자격은 아브라함의 씨, 사라의 밭에서 태어난 자라야 합니다.

아브라함의 씨가 큰 나라의 영토를 받습니다(12:7). 여호와께서 아브라함에게 나타나셔서 "내가 이 땅을 네 자손에게 주리라(12:7)"고 약속하셨습니다. 지금 아브라함에게는 아들이 없습니다. 여호와는 '네 자손'이라고 칭하실 때 아들이나 후손의 개념을 사용하지 않았습니다. 창세기 11장까지 노아의 아들, 야벳의 아들, 함의 아들, 셈의 아들 할 때는 '아들 בֵּן 벤'이란 용어를 사용했습니다. 그러나 여호와께서 아브라함에게 땅을 주신다며 '네 자손'이라고 언급 할 때는 '씨 זֶרַע 제라'라는 용어를 사용하셨습니다. 혈통적인 자손이나 후손을 말한다면 아브라함이 낳는 모든 자녀들이 여호와께서 아브라함을 통해 이루실 큰 나라의 백성이 되어야 할 것입니다. 그러나 여호와께서 '네 씨'라고 밝히심으로 큰 나라 백성이 되는데 제한 된 조건이 설정되었습니다.

여호와께서 아브라함에게 제시하신 '네 씨' 개념 이전과 이후에 한 가지 특별한 차이가 나타납니다. 씨 개념 직전까지는 아담의 계보를 적은 책(5:1), 노아의 족보(6:9), 노아의 아들 셈과 함과 야벳의 족보(10:1), 셈의 족보(11:10), 데라의 족보(11:27) 등에서 누가 누구를 낳았다는 형태로 족보가 기록되었습니다. 그러나 씨 개념 제시 후에 아브라함의 아들인 이스마엘의 족보(25:12), 이삭의 족보(25:19)는 언급이 되지만 아브라함의 족보는 기록하지 않았습니다. 그것은 아마도 아브라함이 자녀를 낳지 않았다는 것을 강조하려는 것으로 보입니다.[11] 최소한 아브라함이 주도권을 잡고서 자녀를 낳지 않았음을 보여주려 하고 있습니다. 신약성경에서 예수님은 이 씨를 말씀이라고 해석하셨습니다(눅 8:11).

이삭은 언약에 근거하여 말씀대로 태어났습니다(17:16; 18:10; 21:1-2). 창세기 11장까지 사람은 다양한 모습으로 존재하게 되었습니다. 하나님이 언급하신 첫 사람은 남성과 여성입니다. 하나님의 모양대로 형상대로 만든 존재들입니다. 아담은 흙에서 먼지를 취해 빚어서 만든 존재입니다. 하

11 이삭이 잉태되고 태어나는 과정을 보면 아브라함이 한 역할은 없습니다. "여호와께서 말씀하신 대로 사라를 돌보셨고 여호와께서 말씀하신 대로 사라에게 행하셨으므로, 사라가 임신하고 하나님이 말씀하신 시기가 되어 노년의 아브라함에게 아들을 낳으니(21:1–2)"

와는 아담의 갈빗대로 만든 존재입니다. 가인과 아벨과 셈은 아담과 하와가 서로 알아서 태어난 존재입니다. 하나님의 아들들이 사람의 딸들에게 들어가 낳은 자식인 용사도 있습니다. 노아의 홍수 이후에 그의 아들 셈과 함께 야벳 대에 와서야 비로소 '낳다'란 의미를 사용합니다. 사람이 사람을 낳는다는 표현을 쓰기까지 아주 오랜 세월이 걸렸습니다.

그런데 씨라는 개념 아래 말씀을 따라 태어나는 자녀가 등장합니다. 성경은 사라가 임신하는 과정에 아브라함이 전혀 개입하지 않았다고 말합니다.

"여호와께서 말씀하신 대로 사라를 돌보셨고, 여호와께서 말씀하신 대로 사라에게 행하셨으므로, 사라가 임신하고…(21:1-2상)."

이 말씀은 여호와께서 아브라함에게 "내가 그에게(사라) 복을 부어 그가 네게 아들을 낳아 주게 하며…(17:16)", "그가(여호와) 이르시되 내년 이맘때 내가 반드시 네게로 돌아오리니 네 아내 사라에게 아들이 있으리라(18:10)"고 하신 말씀의 실천입니다. 성경은 사라가 잉태한 사실에 대해 여호와께서 아브라함에게 말씀하셨고 그 말씀하신 대로 이루셨음을 강조하고 있습니다. 아브라함의 아들이지만 그가 한 일은 아무 것도 없음을 알려주고 있습니다.

아브라함을 통해 이루실 나라는 복을 동반한 나라입니다(12:3). 창조 때에 하나님은 사람에게 직접 복을 주셨습니다. "하나님이 그들에게 복을 주시며 하나님이 그들에게 이르시되(1:28)", 하나님이 사람에게 주신 복은 생육하고 번성하여 땅에 충만하고, 정복하고 다스리는 것입니다. 홍수심판 후에도 하나님은 노아와 그의 아들들에게 복을 주셨습니다. 그 복 또한 생육하고 번성하여 땅에 충만 하는 것입니다. 창조 때나 노아 홍수 때는 하나님이 사람에게 직접 복을 주셨습니다. 그 복은 자녀를 낳고 그 자녀들이 땅에 퍼져나가는 것이었습니다.

그러나 여호와께서 아브라함에게 "너는 복이 된다"고 말씀하신 복은 생육하고 번성하는 복에 제한되지 않습니다. 그리고 복을 주시는 방법 또한 달라집니다. 아브라함은 복입니다. 사람들이 그를 어떻게 대하느냐에 따라 복을 받을 수도 있고 복을 차버릴 수도 있습니다. 사람이 아브라함을 축복하면 여호와께서 그에게 복을 내리십니다. 사람이 아브라함을 저주하면 여호와께서 그에게 저주를 내리십니다. 이 법칙은 땅의 모든 족속에게 동일하게 적용됩니다.

이 원리는 신약성경의 예수님 제자들에게서 찾아보게 됩니다. 예수님은 사역 초기를 마치고 제자들에게 더러운 귀신을 쫓아내며 모든 병과 모든 약한 것을 고치는 권능을 주셨습니다(마 10:1). 반면에 전대에 금이나 은이나 동을 가지고 가서는 안 됩니다. 여행을 위해서 두 벌 옷이나 신이나 지팡이를 가져서도 안 됩니다. 제자들이 집을 선택했을 때 그 집 사람들이 제자들을 영접하면 그 가정을 위해서 평안을 빌면 그것이 그 가정에 임합니다. 그러나 제자들을 영접하지 않거나 말을 듣지 않으면 그 집이나 성에서 나가 발에 먼지를 떨어버리면 됩니다. 이러한 가정이나 성에는 소돔과 고모라보다 더 무서운 심판이 내려집니다(마 10:2-15).

여호와는 아브라함을 통해서 새로운 나라를 창조하십니다. 아브라함은 그가 살던 옛 공간을 떠나 새 공간으로 가야 했습니다. 오늘날 옛 공간은 과거의 삶이 될 것입니다. 오늘날 새 공간은 하나님의 나라가 될 것입니다. 옛 삶을 떠나지 않고 하나님의 나라에 속한 삶을 맛보고 누리지 못할 것입니다.

새로운 공간은 씨인 백성들이 되어야 합니다. 신약시대는 우리의 마음에 말씀의 씨가 뿌려집니다. 그 말씀이 우리를 새롭게 태어나게 합니다. 바울을 로마에 보내는 편지에서 말씀했습니다.

"그러므로 믿음은 들음에서 나며 들음은 그리스도의 말씀으로 말미암았느니라(롬 10:17)"

그리스도의 말씀을 들으면 믿음이 생기고 새롭게 태어나게 됩니다. 또한 말씀을 들으면 믿음이 자라고 말씀에 대해 확신을 갖게 합니다. 말씀은 씨이기 때문에 사람의 마음 밭에 뿌려지면 싹이 나고 자라게 됩니다.

12:1-2

큰 나라는 완전히 버리고 떠날 때 만들어집니다

창세기 11장까지는 "생육하고 번성하라"는 하나님의 명령 수행에 초점이 맞춰져 있습니다. 그 명령을 수행할 자들은 바다의 고기와 공중의 새들, 땅의 사람들입니다. 홍수심판 후 노아와 세 아들에게도 동일한 사명이 주어졌습니다.

이 기간에 나타나는 사람의 특징은 '낳다'와 '죽다'입니다. 이것은 사람이나 바다와 공중의 생물, 땅의 짐승들과 별반 다를 바 없습니다. 사람에게 특별한 것이 있다면 각 개인에게 이름이 있다는 점뿐입니다.

창세기 12장에 들어오면 여호와께서 아브라함을 통해 "큰 나라"를 만들고자 하십니다. 이것은 창세기 1-2장의 창조사역에 해당합니다. 하나님이 창조사역에 사용했던 아사(עָשָׂה)란 용어를 '큰 나라를 만들어주겠다'에 사용하셨습니다. 노아 홍수 후 회복의 과정에서는 이 용어를 사용하지 않으셨습니다. 여호와께서 큰 나라를 만드시는데 아브라함이 해야 할 일이 있습니다.

큰 나라를 만들기 위해 버리고 떠나야 합니다(12:1)

여호와는 큰 나라를 만들기 위해서 아브라함에게 "너의 고향과 친척[12]과 아버지의 집"을 떠나라고 했습니다. '너의 고향(מֵאַרְצְךָ)'은 너의 본토 곧 메소포타미아로 국가를 가리킵니다. '친척(וּמִמּוֹלַדְתְּךָ)'은 11장 28절에서 고향으로 번역했습니다. 그런데 본 절에 와서는 그 단어를 고향이 아닌 친척이라고 번역했습니다. 친척은 출생지로서 갈대인의 우르를 가리킵니다. 그러므로 "너의 고향과 친척과 아버지의 집"은 "너의 본토와 고향(출생지)과 아버지의 집"으로 이해해야 합니다. 아브라함은 본토인 메소포타미아란 국적을 버리고, 고향인 갈대인의 우르도 버리고, 아버지의 집도 버리고

12 개역개정역은 11장 28절에서 몰레데트(מוֹלֶדֶת)를 '고향'이라 번역했습니다. 그런데 12장 1절에서는 이 단어를 갑자기 '친척'이라고 번역했습니다. 번역자가 맥락을 살피지 못한 결과입니다.

떠나야 했습니다. '아버지의 집'이 어느 범주까지 포함하는지는 다시 정의해야 합니다. 아버지의 집은 아버지만을 의미하는 것은 아닙니다. 아버지와 관련된 모든 가족들을 포함합니다.

아브라함은 살던 모든 공간을 떠나야 했습니다. 그리고 아버지의 집과 관련된 가족들에게서 떠나야 했습니다. 아브라함은 이전에 자신이 살던 모든 공간을 버리고 떠났습니다. 아브라함은 아버지를 떠났고, 형제인 나홀과 그의 가족들로부터도 떠났습니다. 그런데 조카 롯이 아브라함과 함께 갔습니다. 아브라함이 롯을 권유해서 데리고 간 것은 아닌 것 같은 어감입니다. 조카 롯은 아버지의 집에 속하는 혈연입니다. 아브라함이 여호와의 말씀을 따라갔지만 조카 롯을 떠나지는 못했습니다. 이것은 앞으로 아브라함이 조카 롯을 떠나야한다는 것을 암시하고 있습니다.

아브라함은 왜 자신이 속한 국가, 태어난 출생지인 고향, 아버지의 집인 모든 혈연을 떠나야 할까요? 나라는 통치자, 백성, 땅으로 구성됩니다. 통치자는 여호와십니다. 여호와의 통치를 받을 백성인 아브라함이 지금 시점에서 가장 중요한 초점입니다. 그가 공간과 혈연을 모두 떠나야 하는 것은 큰 나라를 만들어 주시겠다는 여호와만 바라보고, 전적으로 그를 의지하고 순종하며 따라야 할 신앙을 확립해야하기 때문입니다. 간략하게 설명하면 통치자를 공경하고 경외해야하기 때문입니다.

아브라함은 롯과 헤어져 아버지의 집을 완전히 떠났습니다(12:11-12)

아브라함은 아버지 데라와 함께 메소포타미아의 갈대아인의 우르를 떠나 하란 땅에 이르렀습니다. 그는 여호와의 명령을 따라 하란 땅도 떠났습니다(12:4). 그는 조카 롯과 함께 가나안 땅에 도착했습니다. 그 땅에 기근이 들어서 먹고 살기위해서 애굽으로 내려갔습니다. 아브라함이 가나안 땅으로 돌아올 때 가축과 은과 금이 풍부했습니다(13:2). 롯도 양과 소와 장막이 있었습니다(13:5). 또 그곳에는 가나안 사람과 브리스 사람도 거주했습니다(13:7하). 가나안 사람과 브리스 사람들이란 기득권자들 사이에 두 사람이 거주하기엔 소유에 비해 땅이 비좁았습니다. 두 사람의 목자들이 서로 다투었습니다. 아브라함은 롯에게 "우리는 한 친족이다(13:8중)"는 전제를 제시하고 해결책을 제안했습니다. 주변에 땅이 있으니 롯이 먼저 거주할 곳을 정하면 그 다음에 자신이 정하겠다고 말했습니다. 롯은 자신의 거주지를 찾아 떠났습니다.

아브라함과 롯이 헤어지는 과정에 하나님이나 여호와는 전혀 등장하지 않습니다. 아브라함이 주도적으로 롯과 헤어짐을 주도했습니다. 이것은 아브라함이 하란 땅을 떠날 때 롯을 데리고 떠나지 말았어야 함을 보여줍니다. 어떻게 보면 아브라함이 '아버지의 집'을 정확하게 해석하지 못했음을 의미합니다.

아브라함은 본토인 메소포타미아, 고향인 갈대아인의 우르, 잠시 머물던 하란, 아버지의 집인 아버지, 형제 나홀과 조카 롯을 완전히 떠났습니다. 이제 아브라함은 아내 외에 어떤 혈육도 없습니다. 아브라함은 여호와께서 큰 나라를 창조하기 위해서 제시한 조건을 완전히 실천했습니다.

히브리 사람 아브라함은 본토·고향과 완전히 단절했습니다(14:1-16)

시날, 엘라살, 엘람, 고임 등은 아브라함이 살았던 갈대인의 우르 주변 지역에 존재하던 나라들입니다. 이들은 소돔, 고모라, 아드마, 스보임, 소알 등 가나안 땅에 있던 나라들로부터 십 이년 동안 조공을 받았습니다. 그런데 가나안 땅에 있던 나라들이 십삼 년째 해에 조공을 보내지 않고 메소포타미아에 속한 나라들을 배반했습니다. 메소포타미아에 속한 나라들은 동맹군을 꾸려 가나안 땅을 점령했습니다. 가나안 땅에 속한 나라들을 다 정복했습니다. 소돔에 거주하던 아브라함의 조카 롯도 사로잡혔고 그의 재물도 모두 약탈당했습니다.

도망한 자가 아브라함에 달려왔습니다. 성경은 이때에 아브라함을 가리켜 '히브리 사람'이라고 칭했습니다. 여호와께서 아브라함을 통해서 큰 나라를 만드시는데 그 큰 나라에 속할 사람은 히브리인입니다. 아브라함은 히브리인이란 민족의 이름으로 자신이 살았던 본국 메소포타미아에 속한 나라들을 다 무찔렀습니다. 아브라함은 조카 롯과 그의 재물과 부녀와 친척을 다 찾아왔습니다. 성경은 히브리인 아브라함이 자신의 옛 본국인 메소포타미아에 속한 국가들을 대적하여 승리했다고 기록합니다. 이것은 히브리인 아브라함이 자신의 옛 본국과 완전히 단절했음을 보여줍니다. 히브리인 아브라함과 메소포타미아에 속한 국가들은 원수가 되었습니다.

제자들은 부모와 직업을 버렸습니다(마 4:18-22)

여호와께서 아브라함을 통해 큰 나라를 만드시려는 계획은 예수께서 하나님의 나라를 만드시려는 계획을 떠올리게 합니다.

예수님은 갈릴리 해변에 다니시다가 베드로라 하는 시몬과 그의 형제 안드레가 바다에 그물을 던지는 것을 보시고 "나를 따라오라 내가 너희로 사람을 낚는 어부가 되게 하리라(마 4:19)"고 말씀하셨습니다. 그들은 그물을 버려두고 예수님을 따랐습니다. 또 예수님은 야고보와 그의 형제 요한이 그의 아버지 세베대와 함께 배에서 그물 깁는 것을 보시고 부르셨습니다. 야고보와 요한은 배와 아버지를 버려 두고 예수님을 따랐습니다(마 4:22). 예수님은 네 제자를 부르시며 직접 배나 그물, 아버지를 버리고 자신을 따르라고는 말씀하지 않았습니다. 그러나 예수님을 따르려니 배도 그물도 아버지도 버려야 했습니다. 그것뿐만 아니라 예수를 따라 가려다보니 바닷가를 떠나야 했습니다. 갈릴리 주변을 다닐 때는 고향 땅에 있었습니다. 예루살렘을 갈 때는 고향 땅을 떠나기도 했습니다.

예수께서 부자청년과 대화를 끝내고 제자들에게 부자는 천국에 들어가기가 어렵다고 말씀하셨습니다. 부자가 천국에 들어가는 것이 얼마나 어려운지 낙타가 바늘귀로 들어가는 것이 부자가 하나님의 나라에 들어가는 것보다 쉽다는 예수님의 설명을 듣고 제자들은 예수님께 부자 중 누가 구원받을 사람이 있을까를 질문했습니다. 예수님께서 사람은 할 수 없지만 하나님은 할 수 있다고 대답하셨습니다. 그러자 베드로가 불쑥 예수님께 "우리는 모든 것을 버리고 좇았는데 무엇을 얻을까요?"라고 질문했습니다. 베드로의 표현에 의하면 제자들은 모든 것을 버리고 예수님을 따랐습니다. 예수님을 믿고 따르면서 무엇을 버렸습니까? 버려야 할 것이 무엇인지 살펴보십시오.

모든 것을 버릴 때 영생을 상속합니다(마 19:29)

아브라함은 본토와 고향과 아버지의 집을 완전히 떠났습니다. 자신이 살던 옛 공간도 완전히 떠났습니다. 아브라함은 다른 모든 약속들에 대해서는 자유 한 모습을 보입니다. 그러나 아브라함은 후사 곧 자녀에 대해서는 집착합니다. 그는 이십 오년이란 긴 세월이 지나서야 아들을 얻었고(창 21:1-7) 그 아들을 자신의 마음으로 버리는 경지에 이르렀습니다(창 22:1-12). 아브라함은 여호와를 경외하는 성숙한 신앙에 이르렀습니다. 즉 여호와께서 세우실 큰 나라의 기초가 되기 위해서는 여호와만 경외하는 신앙을 가져야합니다. 아브라함은 이 신앙을 갖는데 평생이 걸렸습니다.

예수님은 "내 이름을 위하여 집이나 형제나 자매나 부모나 자식이나 전토를 버린 자마다 여러 배를 받고 또 영생을 상속하리라(마 19:29)"라고 말씀하셨습니다.

신앙생활을 하면서 세상의 다른 것에 관심을 가지고 있다는 것은 아직 그 분야는 주님의 통치 안에 있지 않다는 뜻입니다. 그것만큼은 내가 주인이라는 뜻이지요. 주님보다도 그것을 더 사랑하고 귀하게 여긴다는 뜻입니다.

우리는 예수를 믿으면 구원받고, 천국가고, 모든 죄를 용서받았다고 믿습니다. 기존의 교리에 반하는 입장을 취하는 말씀도 많이 있습니다. 그것이 중요하지만 더 중요한 것이 있습니다. 무엇보다도 내가 떠나지 못한 생각, 마음, 관심, 행동은 나를 주님에게서 멀어지게 만듭니다.

사울 왕은 욕심과 백성들에 대한 두려움 때문에 사무엘선지자로부터 하나님의 심판을 전해 들었습니다. 엘리제사장의 두 아들은 탐욕과 음행 때문에 하나님의 심판으로 전쟁터에서 죽었습니다. 제자들은 주님을 따르면서도 명예와 목숨에 대한 두려움 때문에 성숙한 신앙을 가지지 못했습니다. 바울이 서신에서 하나님 나라를 유업으로 받을 수 없다고 제시하는 목록들(갈 5:19-21)은 모두 우리를 하나님으로부터 점점 멀어지게 만드는 것들입니다.

주님 앞에서 버리고 떠나지 못한 생각, 마음, 관심, 행동에 어떤 것이 있습니까? 이번 한 주간 동안 주의 깊게 살펴봅시다. 그리고 기도하며 그것으로부터 벗어날 전략을 세워봅시다.

11:31-19:29 아브라함과 롯의 동행, 결별, 도움

여호와께서 100년 동안(75세~175세) 아브라함에게 스물여덟 번 나타나셔서 언약의 말씀을 주셨습니다. 여호와께서 본토, 고향(태어난 출생지), 아버지의 집을 떠나라고 했습니다. 롯은 아버지의 집에 해당합니다. 언약의 말씀에 의하면 롯은 아브라함이 떠나야할 대상입니다. 떠나야 할 대상과 동행한다는 것은 결별을 전제하고 있습니다. 여호와는 아브라함이 롯과 결별 후에 어떤 관계를 유지하며 살아야 하는가를 제시합니다. 이는 예수 그리스도를 믿는 과정에서 성도들이 가족과 친척과 소원해진 후 그들을 어떻게 대해야 하는지 방향을 제시합니다. 롯과 아브라함의 관계는 세 가지 동행의 기간, 결별의 때 그리고 계속 되는 도움 등으로 정리할 수 있습니다.

아브라함과 롯의 동행(11-12장)

데라가 갈대인의 우르 땅을 떠난 것은 바벨탑 사건 때문일 가능성이 큽니다. "온 땅(11:1)"은 시날평지를 가리킵니다. 왜냐하면 앞 10장에서 노아의 세 아들의 후손들이 이미 각기 족속과 언어와 지방과 나라대로 나뉘었기 때문입니다(10:5, 20, 31). 그들 중 한 족속이 시날평지에서 성읍을 건축하려 했습니다. 성읍은 단수명사입니다. 이것은 한 족속임을 증거 해주고 있습니다. 여러 족속이라면 여러 성읍을 건설해야 정상입니다. 언어가 같은 한 종족이 시날평지에 이르러 하나님이 명하신 "생육하고 번성하여 땅에 충만하라(9:1)"는 말씀을 거역하고 더 이상 흩어지지 않으려고 결의했습니다. 여호와께서 그것을 확인하고 언어를 혼잡하게 하셨습니다. 서로 알아들 수 없게 하셨습니다. 그러자 그들은 흩어지게 되었습니다. 말씀의 맥락에서 보면 흩어지게 된 족속은 바로 셈족속입니다.[13] 데라의 이동, 아브라함의 이동은 바벨탑 사건의 결과로 보입니다. 데라는 가나안 땅에 가고자 갈대인의 우르를 떠났지만 도중에 하란 땅에 머물렀습니다.

가족으로서 동행. 롯과 아브라함의 첫 동행은 데라가 갈대인의 우르 땅을 떠나는 장면에서 나타납니다. 성경은 데라가 "그 아들 아브라함과 손자 롯과 그 며느리 사래를 데리고 갈대인의 우르를 떠나 가나안 땅으로 가고자 했다(11:31)"고 기록했습니다. 첫 동행은 롯과 아브라함의 관계가 아니라 데라와 아브라함, 데라와 롯의 관계에서 가족 구성원의 일원으로 두 사람의 동행을 언급하고 있습니다.

아브라함을 따라 나선 동행. 실제적인 아브라함과 롯의 동행은 여호와께서 아브라함을 찾아오셔서 "본토, 고향, 아버지의 집을 떠나 내가 네게 보여줄 그 땅으로 가라(12:1)"[14]고 명하신 때입니다. 아브라함은 여호와께서 하신 말씀을 따라 갔습니다. 아버지 데라, 형제 나홀의 가족은 아무도 아브라함을 따라 나서지 않았습니다. 아마도 아브라함이 아버지의 집을 떠나야 함에 그 이유가 있을 것입니다.

개역개정역은 "롯도 그와 함께 갔으며(4하)"라고 번역했습니다. 롯이 아브라함과 함께 간 것이 자발적인지, 아브라함의 권면으로 인한 것인지 명확하지 않습니다. 그러나 히브리어 원문은 롯이 자발적으로 아브라함을 따라 나섰다는 뜻입니다. 롯이 따라 나선 것을 아브라함이 제어하지 못한 것은 '아버지의 집'에 대한 이해가 충분하지 못했기 때문이거나, 아버지가 안 계신 조카에 대한 인간적인 정 때문에 거절하지 못했기 때문 일 가능성이 큽니다.

애굽 땅으로 동행. 아브라함은 가나안 땅에서 애굽으로 내려갈 때도 조카 롯과 동행했습니다. 물론 아브라함이 애굽으로 내려갈 때 조카 롯과 동행했다는 표현은 없습니다. 그러나 아브라함이 애굽에서 가나안 땅으로 올라올 때 성경은 "아브라함이 애굽에서 그와 그의 아내와 모든 소유와 롯과 함께 네게브로 올라갔다(13:1)"고 말하고 있어, 아브라함이 애굽으로 내려 갈 때 조카 롯과 동행했음을 알 수 있습니다.

아브라함은 아버지의 집을 떠나야 했기 때문에 롯과 동행해서는 안 됩니다. 아브라함이 롯의 제안을 거절하지 못해서 그를 데리고 하란 땅을 떠났을지라도, 아브라함과 롯의 결별은 이미 동행 속에 내포되어 있습니다. 아브라함이 스스로 결정하지 못할 때 여호와께서는 특별한 전략을 사용하십니다. 여호와께서는 아브라함이 맞이하는 상황을 결별을 위한 전략으로 사용하십니다.

아브라함은 가나안 땅에서 기근을 맞았습니다. 그는 먹고 살기위해서 가나안을 떠나 애굽으로 내려갔습

13 바벨탑 사건은 셈의 족보(5세손까지)와 셈의 족보(10세손까지) 사이에 기록되어 있습니다. 이미 10장에서 70개국으로 나뉘어졌습니다. 이것은 셈의 5세손 벨릭 때에 일어난 사건입니다. 바벨탑 사건은 70개국으로 나눠진 상황을 설명하는 것이 아닙니다. 셈 족속 안에서 일어난 일을 설명하고 있는 것입니다.

14 여호와께서 아브라함을 찾아오신 것은 그가 하란 땅에 머물 때였습니다. 그러나 창세기 15장 7절에서는 여호와께서 아브라함을 갈대인의 우르 땅에서 이끌어 낸 것으로 묘사했습니다. 성경이 상황을 재해석한 것으로 이해하면 좋겠습니다.

니다. 아브라함은 아내 사라를 누이 동생이라고 속여 거짓말 했습니다. 애굽의 바로 왕이 사라를 데려가면서 아브라함을 후대하여 양과 소와 노비와 암수 나귀와 낙타를 주었습니다. 여호와의 간섭으로 바로 왕은 사라를 돌려보냈습니다. 바로 왕은 애굽 사람들에게 자신의 일을 알리며 아브라함과 그의 아내와 그의 모든 소유를 보냈습니다(12:16-20). 아브라함의 소유는 엄청나게 증가되었습니다.

아브라함과 롯의 결별(13장)

아브라함과 롯의 일행은 애굽을 떠나 가나안 땅 네게브로 올라갔습니다(1). 그곳을 떠나 전에 장막을 쳤었던 곳, 아브라함이 처음으로 제단을 쌓았던 곳인 벧엘과 아이 사이에 장막을 치고 그곳에서 여호와의 이름을 불렀습니다(4). 아브라함이 네게브에 올라왔을 때 성경은 "아브라함에게 가축과 은과 금이 풍부하였더라(2)"고 묘사했습니다. 또 성경은 "아브라함의 일행 롯도 양과 소와 장막이 있었다(5)"고 밝힙니다. 성경이 아브라함과 롯의 소유가 많다고 주장하는 것은 그들의 결별을 예고하고 있는 것입니다.

아브라함과 롯이 애굽을 내려갔다가 올라오는 동안 변한 것과 변하지 않은 것이 있습니다. 그들이 가지고 있던 소유는 변했습니다. 그러나 벧엘과 아이 사이의 땅은 전혀 변하지 않았습니다. 그곳에는 가나안 사람과 브리스 사람도 살고 있었습니다. 아브라함과 롯은 소유가 많고 땅은 비좁아 함께 동거할 수 없게 되었습니다. 동거할 수 없는 환경은 아브라함의 목자와 롯의 목자의 다툼을 유발시켰습니다.

아브라함은 문제 해결에 나섰습니다. 그는 롯에게 "우리는 한 친족이라(8)"고 말했습니다. 개역개정역은 한 친족인 것을 강조하는 것 같은 뉘앙스를 풍깁니다. 그러나 히브리어 원문은 "우리들은 형제 사람들이다"란 의미로 아주 상투적인 표현입니다. 아브라함은 롯 앞에 온 땅이 있으니 선택해서 "나를 떠나가라(9)"고 말했습니다. 롯이 우하면 자신은 좌하고, 롯이 좌하면 자신은 우하겠다고 했습니다. 롯은 여호와의 동산 같고 애굽 땅과 같은 소돔과 고모라 땅을 선택해 떠났습니다.

여호와는 아브라함이 기근으로 애굽에 내려갔을 때 아브라함의 소유를 풍부하게 했습니다. 여호와께서 아브라함과 롯의 결별을 기획하셨다고 볼 수 있습니다. 여호와께서 기획하시고 아브라함이 집행했습니다. 아브라함이 집행했다는 것은 그가 롯에게 "나를 떠나라"고 했기 때문입니다. 가나안 땅도 하나님의 심판의 계획 속에 들어가 있는 땅입니다. 롯이 선택해서 떠난 지역인 소돔 사람은 여호와 앞에서 악하며 큰 죄인이었습니다. 이는 이중적인 의미가 함축되어 있습니다. 여호와는 그 죄로 인해 소돔과 고모를 심판하게 되시고, 아브라함은 심판의 땅에 살고 있는 롯을 돕게 될 것입니다.

아브라함이 롯을 도움(14장, 18-19장)

사람과 사람 사이에서 결별은 관계가 깨어진 것을 의미합니다. 아브라함은 롯과 결별한 후 두 차례에 걸쳐서 롯을 돕습니다. 첫 번째 도움은 아브라함이 어떤 민족인가를 알려주기 위함입니다. 아브라함은 노아의 세 아들 중 셈족속의 후예입니다. 그러나 어떤 사람, 어느 민족이라 불린 적이 없습니다.

도움1(14장). 시날 왕, 엘라살 왕, 엘람 왕, 고임 왕 등은 메소포타미아에 있는 각 지역의 나라들입니다. 아브라함의 본토에 속한 고향 땅 주변 국가들입니다. 그들이 동맹을 이루어 가나안 땅을 침략해 왔습니다. 침략 이유는 가나안 땅 국가들이 이들을 섬기다가 배반했기 때문입니다(14:4). 이들의 공격에 소돔 왕, 고모라 왕, 아드마 왕, 스보임 왕, 소알 왕이 연합군을 형성해 대항했지만 참패했습니다. 메소포타미아 지역 네 왕이 소돔과 고모라의 모든 재물과 양식을 빼앗아 갔습니다. 이때에 롯도 사로잡혀가고 재물까지 약탈당했습니다. 소돔에서 도망한 자가 와서 아브라함에게 이 사실을 알렸습니다. 성경은 도망한 자가 벧엘과 아이 사이에 거하는 아브라함에 와서 그 소식을 전하며 '히브리 사람 아브라함'이라고 말했습니다. 아브라함이 히브리사람인 것을 밝힙니다. 아브라함은 본토인 메소포타미아, 고향 땅인 갈대아인의 우르를 떠나 가나안 땅에 왔습니다. 아브라함은 갈대아 우르 사람이라 불리어야 정상입니다. 그러나 성경은 그곳에서 온 동맹군과 맞설 아브라함은 갈대아 우르 사람이 아니라 히브리사람이라고 정의합니다.

히브리 사람 아브라함은 마므레와 동맹을 맺고 있었습니다(14:13하). 아브라함이 집에서 길리고 훈련된 자 318명을 데리고 뒤쫓아 갔습니다. 이 318명은 아브라함과 동맹을 맺은 마므레 형제들의 군사들이 포함된 숫자입니다. 아브라함이 전쟁에서 승리하고 되찾아 온 재물을 마므레와 그의 형제들에게 분깃을 나눠준 것에서 알 수 있습니다(14:24).

아브라함은 롯과 결별했지만 그가 위험에 처하자 물불을 가리지 않고 도와 구출했습니다. 아브라함이 아버지의 집을 떠났지만 그 집 사람들에 대해 어떤 마음과 삶의 태도를 가졌는가를 보여줍니다. 예수님은 복음이 전해지고 하나님 나라가 그 집에 전파되는 과정에서 일어나는 일을 언급하셨습니다.

"이 후부터 한 집에 다섯 사람이 있어 분쟁하되 셋이 둘과, 둘이 셋과 하리니, 아버지가 아들과, 아들이 아버지와, 어머니가 딸과, 딸이 어머니와, 시어머니가 며느리와, 며느리가 시어머니와 분쟁하리라 하시니라(눅 12:52-53)"

복음을 받아들이고 하나님의 나라에 들어가려는데 반대하는 아버지 집 사람들은 나의 원수입니다. 그들과는 싸워야 합니다. 그러나 내가 복음을 믿고 하나님 나라의 일원이 된 후에는 아브라함과 같은 자세를 가져야 합니다. 바울은 이렇게 말했습니다.

"누구든지 자기 친족 특히 자기 가족을 돌보지 아니하면 믿음을 배반한 자요 불신자보다 더 악한 자니라(딤전 5:8)"

디모데전서 5장은 교회 공동체 안에서 성도 서로가 어떻게 대할 것인가를 다뤄주고 있습니다. 그러므로 가장 먼저는 믿음 안에 있는 가족을 돌아봐야 합니다. 더 나아가서 모든 친족을 돌아보아야 합니다.

도움2(18-19장). 여호와께서 두 가지 목적을 가지고 아브라함을 찾아오셨습니다. 아브라함의 눈에는 여호와가 사람 셋으로 보였습니다(18:1). 여호와는 아브라함에게 사라가 내년 이맘때에 아들을 낳을 것이라는 메시지를 전했습니다. 그리고 소돔과 고모라의 죄악상을 살펴보고 심판 할 것을 알려주었습니다(18:16-21). 아브라함의 눈에 보인 세 사람 중에 두 사람은 소돔으로 떠났습니다. 한 사람이 남았는데 성경은 그 분을 여호와라고 알려줍니다(18:22). 아브라함은 자신 곁에 남으신 여호와께 질문하기 시작했습니다. 아브라함은 여호와께 질문하기 위해 '의인'이란 명분을 내세웠습니다.

"아브라함이 가까이 나아가 이르되 주께서 의인을 악인과 함께 멸하려 하시나이까, 그 성 중에 의인 오십 명이 있을지라도 주께서 그 곳을 멸하시고 그 오십 의인을 위하여 용서하지 아니하시리이까(18:23-24)"

아브라함은 이 기준으로 45명, 40명, 30명, 20명, 10명까지 제안하며 의인을 악인과 함께 멸하실 거냐고 여호와께 질문했습니다. 여호와의 대답은 '안 한다'입니다. 소돔과 고모라에 의인 10명이 없기 때문에 심판할 수밖에 없었습니다. 아브라함은 더 이상 여호와께 질문하지 않았습니다. 아마도 그 많은 사람 중에 의인 10명이 없다는 것은 아브라함으로 하여금 더 이상 질문을 못하게 막은 것으로 보입니다.

여호와께서 아브라함에게 소돔과 고모라 심판을 말씀하실 때, 아브라함은 처음부터 롯의 가정 구원을 염두에 두고 여호와께서 의인과 심판을 말했을 것입니다. 아브라함이 여호와께 제안한 기준의 의인이 없었기 때문에 여호와께서 소돔과 고모라를 심판할 수밖에 없었습니다. 아브라함은 여호와께서 10명의 의인이 있으면 소돔과 고모라를 심판하지 않겠다고 답하셨을 때, 롯의 가정 구출을 체념했을 가능성이 큽니다. 그러나 하나님은 아브라함이 의인과 심판을 제안할 때 이미 롯의 가정 구출을 염두에 두셨을 가능성이 있습니다. 결과적으로 하나님은 소돔과 고모라를 유황불로 심판하는 중에 아브라함을 생각하사 롯을 그 엎으시는 중에 내보내셨습니다(19:29). 이것에 기초해서 보았을 때 아브라함의 간구는 실패가 아니라고 해석해야 합니다. 결과적으로 아브라함은 롯과 결별 후 두 번이나 돕게 되었습니다.

아브라함이 롯의 가정 구출을 염두에 두고 여호와께 의인과 심판의 상관관계를 질문했다고 하더라도, 그를 통해서 오늘 성도들이 세상을 어떤 자세로 대해야 할 것인가를 배우게 됩니다. 여호와께서는 소돔과 고모라의 죄악을 오랜 역사동안 보아오셨습니다. 여호와께서는 그곳의 죄악이 가득 찰 때까지 기다리셨고 긍휼을 베푸셨습니다. 아브라함은 여호와께로부터 그 이야기를 들었지만, 그래도 그곳에 살고 있는 의인들을 생각해서 심판을 거두어주면 안 되겠느냐고 여호와께 간구했습니다. 오늘날 성도들도 심판 받을 세상 사람들을 위해서 이러한 마음의 자세가 필요합니다.

예수님은 모든 도시와 마을에 두루 다니시며 회당에서 가르치시고, 천국 복음을 전파하시고, 모든 병과 모든 약한 것을 고치셨습니다. 무리를 보시고 불쌍히 여기셨습니다. 이유는 그들이 목자 없는 양과 같이 고생하며 기진하였기 때문입니다(마 9:35-36).

바울은 "내가 모든 사람에게서 자유로우나 스스로 모든 사람에게 종이 된 것은 더 많은 사람을 얻고자 함이라, 유대인들에게 내가 유대인과 같이 된 것은 유대인들을 얻고자 함이요 율법 아래에 있는 자들에게는 내가 율법 아래에 있지 아니하나 율법 아래에 있는 자 같이 된 것은 율법 아래에 있는 자들을 얻고자 함이요, 율법 없는 자에게는 내가 하나님께는 율법 없는 자가 아니요 도리어 그리스도의 율법 아래에 있는 자이나 율법 없는 자와 같이 된 것은 율법 없는 자들을 얻고자 함이라, 약한 자들에게 내가 약한 자와 같이 된 것은 약한 자들을 얻고자 함이요 내가 여러 사람에게 여러 모습이 된 것은 아무쪼록 몇 사람이라도 구원하고자 함이니, 내가 복음을 위하여 모든 것을 행함은 복음에 참여하고자 함이라(고전 9:19-23)"라고 했습니다.

나는 안 믿는 이웃, 직장의 동료, 가까이 있는 일가친척을 대하며 그들의 영혼을 불쌍히 여기는 마음이 있습니까?

창 14:17-20; 시 110:4; 히 5-7장

멜기세덱은 주인공이 아닙니다

멜기세덱은 베일에 싸인 수수께끼 인물로 취급됩니다. 멜기세덱이 등장하는 본문이 많지 않고, 그나마 그 본문을 깊이 연구하지 않은 결과 때문입니다. 우리가 듣고 배워 이해하고 있는 멜기세덱에 관한 정보는 수정이 필요합니다. 히브리어나 헬라어 원문을 깊이 연구하지 않고 한글표현을 바탕으로 한 해석에 의존했기 때문에 오늘 이 시대는 멜기세덱에 대해 잘못된 정보를 너무 많이 가지고 있습니다. 멜기세덱에 관한 말씀이 크게 세 성경에 기록되어 있습니다. 그 성경을 자세히 연구해보면 각 성경은 멜기세덱을 강조하고 있지 않습니다. 그와 관련되어 등장하는 인물을 강조하고 있습니다.

창 14:17–20	살렘 왕, 지극히 높으신 하나님의 제사장
시 110:4	영원한 멜기세덱
히 5:10–11	멜기세덱의 반차, 대제사장이다
히 6:20	멜기세덱의 반차, 영원히 대제사장이다
히 7:1–3	살렘 왕, 지극히 높으신 하나님의 제사장
	의의 왕, 평강의 왕
	부모가 없다, 족보도 없다, 밑도 끝도 없다
	하나님의 아들을 닮았다
	항상 제사장이다

창세기와 시편의 설명어들은 멜기세덱을 수식하고 있습니다. 그러나 신약성경 히브리서는 멜기세덱 자체를 설명하기보다는 예수 그리스도를 설명하는 표현들입니다. 창세

기는 멜기세덱을 가리켜서 살렘 왕, 지극히 높으신 하나님의 제사장이라고 묘사했습니다. 구약 성경의 제사장은 레위지파 출신이어야 한다. 그러나 창세기의 멜기세덱은 어디 출신인지 언급하고 있지 않습니다. 시편도 멜기세덱의 출신지를 언급하지 않고 그가 영원하다고 말합니다.

"반차"는 '서열'이 아니라 '부분part 혹은 그룹'입니다

개역개정역은 시편 110편 4절을 "멜기세덱의 서열을 따라 עַל־דִּבְרָתִי מַלְכִּי־צֶדֶק(알 띠브라티 말키 체덱)"라고 번역했습니다. '멜기세덱의 서열'이란 표현에는 높고 낮다는 의미가 포함되어 있습니다. '서열(띠브라티)'은 영어의 오더(order)를 번역한 것인데, 영역본들이 이렇게 번역한 것은 칠십인역(LXX)의 영향 때문입니다. 그러나 '서열'은 '비교하여'란 뜻이지 높낮이를 가리키는 용어가 아닙니다. 시편 110편은 메시아를 다루는 장입니다. 개역개정역이 "멜기세덱의 서열을 따라 영원한 제사장이다"라고 번역했지만 히브리어 뜻을 살려서 번역하면 "멜기세덱과 비교된(to be compared with) 영원한 제사장이다"란 의미입니다.

멜기세덱은 대제사장과 어떤 관련성을 가지고 있을까요? 누가복음 2장은 제사장 사가랴가 "그 반열의 차례를 따라 하나님 앞에서 제사장 직무를 행했다(눅 1:8)"고 기록하고 있습니다. "그 반열의 차례를 따라"는 역대상 24장에 기록된 24 제사장 반차에서 온 말입니다. '반열 מַחֲלֹקֶת(마할케트)'은 '반차' 혹은 '계열' 등으로 번역되는 말로서 부분 혹은 그룹이란 의미입니다. 시편 110편의 반차와 다른 히브리어인 것을 알아야 합니다. 사가랴가 그 반열의 차례를 따랐다는 것은 그도 제사장으로 24 그룹으로 나눠진 한 부분에 속해있는데, 그 해가 사가랴 그룹이 제사장직을 감당하는 차례란 뜻입니다. 그때 사용 된 '반열'은 멜기세덱에 사용된 '반차'란 말과는 전혀 다른 용어입니다. 전자는 부분 혹은 그룹을 의미하고 있으나 후자는 '비교한' 혹은 '비교된'이란 의미를 가지고 있습니다. 그러므로 반차와 서열이란 의미에서 높낮이 뜻을 부여한 의미를 빨리 지워야 합니다. 뿐만 아니라 멜기세덱을 강조하고 있는 것이 아니라 멜기세덱과 비교된 아브라함, 예수 그리스도를 강조하고 있음을 알아야 합니다. 단지 그가 레위지파에 소속되지 않았다는 점은 예수 그리스도께서 레위지파가 아닌 유다지파 소속으로 대제사장 되심을 이해하는 데 큰 도움을 줍니다.

멜기세덱이 아닌 아브라함을 들어냄(창 14:17-20)

우리는 지금까지 아브라함이 멜기세덱에게 십일조를 드렸다는 데 초점을 맞춰 본문을 멜기세덱 중심으로 이해했습니다. 그러나 창세기는 두 가지 측면에서 아브라함을 높이 드러내고 있습니다. 하나는 아브라함이 그돌라오멜 동맹군을 격파하고 돌아올 때 소돔 왕베라(14:2)가 샤웨 골짜기로 나와서 그를 맞이했습니다. 또 살렘 왕 멜기세덱은 떡과 포도주를 가지고 아브라함을 맞이하러 왔습니다. 두 왕은 그돌라오멜 동맹군을 물리치고 오는 아브라함을 맞이하기 위해서 나왔습니다. 아브라함이 그들과 신분에 차이가 있고 왕이란 명칭이 주어진 것과 비교하였을 때 큰 차이가 있어 보이는 것은 사실이지만 그 두 왕이 주인공이 아니라 개선장군인 아브라함이 주인공입니다.

다른 하나는 하나님을 호칭할 때 멜기세덱과 아브람에게서 차이를 보입니다. 멜기세덱은 지극히 높으신 하나님의 제사장이었기에 아브람에게 축복했습니다. 멜기세덱은 아브람에게 축복하며 "천지의 주재시여, 지극히 높으신 하나님이여, 아브람에게 복을 주옵소서"라는 호칭을 사용했습니다. 멜기세덱은 아브람에게 대적을 네 손에 붙이신 '지극히 높으신 하나님'을 찬송하라고 권면했습니다. 정리하면 멜기세덱은 "천지의 주재시요 지극히 높으신 하나님"이란 호칭을 사용했지만, 아브라함은 "천지의 주재시요 지극히 높으신 하나님 여호와"란 호칭을 사용했습니다. 멜기세덱은 '지극히 높으신 하나님'을 알았으나 아브라함은 '지극히 높으신 하나님 여호와'를 알았습니다. 멜기세덱은 세상 누구든지 부를 수 있는 하나님이란 호칭을 사용했습니다. 반면에 아브라함은 직접 관계를 맺지 않고는 부를 수 없는 하나님 여호와란 호칭을 사용했습니다. 아브라함은 여호와의 선택을 받고 언약을 받아 직접 교제를 하며 사는 사람임을 강조해주고 있습니다.

창세기 14장은 멜기세덱의 높음을 말하려는 본문이 아니라 아브람을 드러내기 위한 본문입니다. 개선장군으로서의 아브람, 하나님을 여호와로 아는 영적 깊이를 가진 아브라함을 드러내고 있습니다.

메시아의 영원성을 드러내는 시편(시 110:4)

시편 110편은 신약성경에도 많이 인용된 메시아를 소개한 말씀입니다.

"여호와께서 내 주에게 말씀하시기를…", "너는 내 오른쪽에 앉아 있으라", "주의 오른쪽에 계신 주께서…뭇 나라를 심판하여…여러 나라의 머리를 쳐서 깨뜨리시며…(시 110:1, 5)"

위 말씀에서 '내 주', '너는', '오른 쪽에 계신 주' 등은 모두 메시아를 가리키고 있는 단어들입니다. 메시아를 소개하는 말씀 중에 "…너는 멜기세덱의 서열을 따라 영원한 제사장이라"고 번역했습니다. "멜기세덱의 서열"은 칠십인 역의 영향을 받은 영역본들을 참고한 결과일 뿐입니다. "멜기세덱의 서열을 따라"는 "멜기세덱과 비교된 to be compared with"의 의미인 것을 이미 살펴보았습니다. 즉 메시아는 멜기세덱과 비교된 영원한 제사장이란 뜻입니다. 예수 그리스도와 시편의 멜기세덱은 관련성이 없습니다. 이미 살펴보았지만 대제사장은 레위지파 아론의 계열만 할 수 있습니다. 시편에 등장하는 멜기세덱은 어디 출신인지 알 수 없습니다. 단지 그가 아브라함을 맞이하러 나왔고, 아브라함을 축복했고, 아브라함이 그에게 십일조를 바쳤다는 점에서 그는 특별한 존재일 뿐입니다. 그는 신비에 쌓인 인물이어서 더욱 특별한 존재로 취급되지만 성경은 그를 강조하려는 것이 아닙니다. 그와 비교되는 메시아를 강조하며 그가 하실 일을 설명하고 있습니다.

메시아의 특별함을 드러내는 히브리서(히 5:6-11; 6:20; 7:1-2)

히브리서 5장은 시편 110편을 인용하여 메시아가 "영원히 멜기세덱의 반차를 따르는 제사장이다(5:6)"라고 소개하고, "멜기세덱의 반차를 따른 제사장이라 칭함을 받았다(5:10)"는 사실을 강조했습니다. 그러면서 "멜기세덱에 관하여는 우리가 할 말이 많으나…(5:11)"라고 표현했습니다. '할 말이 많다'는 것은 '해석할 말이 많다'는 뜻입니다. 멜기세덱에 말씀의 초점이 있는 것이 아니라 메시아에 초점이 있습니다.

히브리서 6장 또한 멜기세덱을 언급하고 있지만 그가 주 대상이 아니라 휘장 안으로 들어가신 메시아를 소개하고 있습니다. 예수께서 그리로 앞서 가셨는데 "멜기세덱의 반차를 따라 영원히 대제사장이 되어 우리를 위하여 들어가셨다(6:20)"고 기록했습니다.

히브리서 7장은 6장에 언급한 멜기세덱에 관하여 다양한 해석을 했습니다. 그는 살렘 왕이고, 지극히 높으신 하나님의 제사장이고, 아브라함을 만나 복을 빈자라고 소개했습니다. 그리고 그 이름을 해석하면 의의 왕이고, 살렘 왕 곧 평강의 왕입니다. 그는 아버지도 없고 어머니도 없으시고 족보도 없고 시작한 날도 없고 생명의 끝도 없으신 분으로서 하나님의 아들을 닮아서 항상 제사장으로 있는 분이십니다. 히브리서 기자는 멜기세덱을 다양하게 해석하면서 마지막에 '하나님의 아들을 닮았다'고 소개했습니다. 예수께서 멜기세덱을 닮은 것이 아니라 멜기세덱이 하나님의 아들인 예수를 닮았습니다.

히브리서 기자가 멜기세덱을 끌어온 것은 그가 아브라함과 관련되어 있고, 시편 110편과 관련되어 있기 때문입니다. 아브라함, 시편 110편과 관련된 멜기세덱은 특정 지파에 속하지 않았습니다. 메시아 예수 그리스도는 혈통으로는 유다지파 소속이지만 대제사장으로는 그 어느 지파에도 속하지 않은 분이심을 강조하고 있는 것입니다. 예수 그리스도가 대제사장으로서 소속되었다면 그는 하나님께 속했을 뿐입니다.

성경은 멜기세덱 자체를 드러내거나 강조하고 있지 않습니다. 멜기세덱이 전쟁의 개선장군으로 돌아오는 아브라함을 맞이한 자라는 측면에서 아브라함을 강조하고 있습니다. 그는 여호와를 '지극히 높으신 하나님'이라고 표현했지만 아브라함은 '지극히 높으신 하나님 여호와'라고 고백해 그보다 더 잘, 더 깊이 여호와 하나님을 아는 자임을 드러내고 있습니다. 시편 110편 또한 멜기세덱을 드러내고 있지 않습니다. 멜기세덱의 영원성을 강조하면서 그와 비교된 메시아 그리스도의 영원성을 강조하고 있습니다. 히브리서는 멜기세덱이 특정 계파에 속하지 않은 제사장으로서 하나님의 아들을 닮은 존재임을 강조하면서 메시아는 하나님의 아들이심을 강조하여 드러내고 있습니다. 멜기세덱은 하나님의 아들 메시아를 닮은 존재일 뿐입니다.

그 땅으로 가라는 명령과 더불어 주신 약속

창세기 12-25장은 여호와께서 아브라함을 부른 때(75세)로부터 그의 죽음(175세)까지 100년의 역사를 다루고 있습니다. 이 기간 동안 여호와께서 아브라함에 28회 나타나셔서 언약의 말씀을 주셨습니다. 성경은 아브라함을 다룬 열네 개 장 중에 일곱 개 장(12,13,15,17,18,21,22)에서 스물여덟 번 약속의 말씀을 기록했습니다. 이 언약의 말씀들을 다섯 부분으로 나눠서 묵상하겠습니다.

"그 땅으로 가라"(12:1하)

여호와께서 아브라함에게 "내가 네게 보여줄 땅으로 가라(12:1하)"고 명하셨습니다. 히브리어성경은 불특정 땅이 아니라 "내가 네게 보여줄 그 땅으로 가라"는 것은 이미 여호와께서 주실 땅을 정해놓으셨다는 뜻입니다. 여호와께서 아브라함에게 나타나셔서 언약을 맺으면서 주신 명령의 말씀입니다. 여호와는 이 명령과 더불어 먼저 "네 본토, 고향, 아버지의 집을 떠나라"는 조건을 제시하셨습니다. 여호와는 그 조건에 이어 세 가지 약속을 말씀하셨습니다. 첫째는 "내가 너로 큰 나라를 만들고"입니다. 둘째는 "내가 네게 복을 주어 네 이름을 창대하게 하리니"입니다. 셋째는 "너는 복이다"입니다. 그 세 가지는 한 가지로 집중합니다. 앞 두 가지는 세 번째 복으로 집약시킬 수 있습니다. 즉 여호와께서 아브라함을 통해 큰 나라를 만드시는 목적이 복과 관련되어 있다는 뜻입니다. 아브라함을 통해서 천하 만민이 복을 누리는 것입니다. 여호와께서 아브라함에게 그 땅으로 가라는 명령과 더불어 다섯 가지 약속의 말씀을 주셨습니다.

첫번째 약속은 "복"에 관한 것입니다(12:2-3). 여호와께서 아브라함이란 사람 자체를 복으로 세우셨습니다. "너는 복이 될지라"는 "너는 복이다"라고 번역해야 합니다. 아브라함이 걸어간다는 것은 복이 걸어간다는 것이고, 아브라함이 내 옆에서 산다는 것은 복이 내 옆에 산다는 뜻입니다. 여호와께서 아브라함에게 주신 복을 내가 같이 누리는 방법은 간단합니다. 내가 아브라함을 축복하면 그 복은 나의 것이 됩니다. 내가 아브라함을 축복하면 여호와께서 내게 복을 주십니다. 이 말씀은 14장을 참고하시고, 스물여덟 번째 약속의 말씀에서 보다 구체적으로 살펴보겠습니다.

두번째 약속은 "이 땅을 네 자손에게 주리라(12:7)" 입니다. 아브라함은 여호와의 말씀을 따라 갔습니다. 아브라함은 가나안으로 목적지를 정하고 떠나 가나안 땅으로 들어갔습니다. 아브라함은 그 땅을 지나 세겜 땅 상수리나무에 이르렀습니다. 여호와께서 아브라함에게 나타나셔서 그 땅을 받을 대상을 정해주셨습니다.

"내가 이 땅을 네 자손(씨)에게 주리라(12:7)"

여호와께서 아브라함에게 하신 첫 약속은 "그 땅으로 가라"입니다. 두 번째 약속의 말씀에서 '이 땅'을 아브라함이 아닌 그의 자손에게 준다고 하셨습니다. '자손'은 히브리어 원문에 '씨'입니다. 그러므로 여호와께서 아브라함의 씨에게 이 땅을 주신다고 약속했습니다. 아브라함은 여호와께서 가라고 하신 가나안 땅에 들어와서 그 땅의 일부를 지났습니다. 아브라함은 지금 세겜 땅에 도착했습니다. 그러므로 '이 땅'은 세겜 땅을 말합니다. 이것은 아브라함이 세겜에 머물러 있으면 안 된다는 뜻이기도 합니다. 아브라함은 그곳에서 벧엘 동쪽 산으로 옮겨 장막을 쳤고 다시 점점 남방으로 옮겨갔습니다.

첫 번째 약속의 말씀에서, 여호와는 아브라함에게 '그 땅으로 가라'고 하셨습니다. 두 번째 언약의 말씀에서, 세겜 땅에 도착해 있는 사람은 첫 번째 언약의 말씀을 받은 아브라함입니다. 그런데 여호와는 아브라함에게 세겜 땅을 주시는 것이 아니라 그의 씨에게 주신다고 말씀하셨습니다. 아브라함은 여호와로부터 자신의 씨에 관한 이야기를 들었지만 아직 그것을 제대로 이해하지 못했습니다. 이는 앞으로 아브라함이 그것과 관련하여 많은 문제를 일으킬 것임을 암시하고 있습니다.

세번째 약속은 "보이는 땅을 너와 네 자손에게 주리니 영원히 이를 것이다(13:14-15)" 입니다. 아브라함은 조카 롯과 더불어 애굽 땅에 내려갔다가 네게브로 올라와 전에 장막을 쳤던(12:8) 벧엘과 아이 사이에 머물렀습니다. 두 사람의 소유가 많아 함께 머물기 어려웠습니다. 롯이 여호와의 동산 같고 애굽 땅 같은 소알 땅을 선택해서 떠났습니다. 그 후에 여호와께서 아브라함에게 나타나셔서 세 번째 약속의 말씀을 주셨습니다.

"보이는 땅을 내가 너와 네 자손(씨)에게 주리라(13:15)"

'보이는 땅'은 벧엘과 아이 사이에서 바라 본 동서남북을 포함합니다. 벧엘과 아이 사이 땅은 아브라함과 롯이 함께 거주하기에 비좁은 땅이었습니다. 롯이 떠났으니 아브라함 홀로 거주하기엔 넓은 땅일 수 있습니다. 그러나 여호와께서는 아브라함에게 동서남북 땅들을 바라보라고 명하셨습니다. 여호와께서 세겜 땅은 아브라함의 씨에게 주신다고 하셨습니다. 롯과 헤어진 후에는 여호와께서 아브라함에게 동서남북으로 바라보라고 하신 땅은 '너와 네 씨', 곧 아브라함과 그의 씨에게 주십니다. 여호와께서 아브라함에게 하신 세 번째 약속의 말씀은 아브라함과 그의 씨가 벧엘과 아이 사이에서 동서남북으로 바라본 땅을 얻는 것입니다.

네번째 약속의 말씀은 "자손(씨)을 땅의 티끌 같게 하신다(13:16)"입니다. 여호와께서 아브라함이 정신을 못 차릴 만큼 극적인 이야기들을 지속적으로 전해주십니다.

"내가 네 자손이(씨가) 땅의 티끌 같게 할 것이다(13:16상)"

여호와께서 아브라함에게 주시는 네 번째 말씀은 씨의 규모가 어느 정도인지 말씀해주십니다. 아브라함은 지금 아무런 씨도 없습니다. 그는 아내 사래가 불임인 것을 알고 있습니다. 그런데 여호와께서는 아랑곳 하지 않고 계속 씨 이야기를 하시고 급기야는 씨의 규모까지 비유적으로 말씀하십니다. 아브라함의 씨는 땅의 티끌 같이 많습니다. 여호와께서 네 번째 언약의 말씀을 통하여 아브라함에게 씨에 대한 큰 소망을 불러일으켰습니다. 그리고 여호와께서 아브라함에게 다섯 번째 말씀을 주십니다.

다섯 번째 약속의 말씀은 "그 땅을 종과 횡으로 두루 다녀 보라 내가 그것을 네게 주리라(13:17)"입니다. 여호와께서 아브라함에게 벧엘과 아이 사이에서 바라 본 땅을 그와 그의 씨에게 주신다고 약속하셨습니다. 그리고서 여호와께서 아브람에게 나타나셔서 다섯 번째 약속의 말씀을 주십니다.

"너는 일어나 그 땅을 종과 횡으로 두루 다녀보라(13:17)."

여호와께서 네 번째 말씀에서 아브라함이 동서남북으로 바라본 그 땅들을 그와 그의 씨에게 주셨습니다. 여호와께서 다섯 번째 약속의 말씀에서 "그 땅을 종과 횡으로 두루 다녀보라"고 말씀하셨습니다. 이 말씀은 아브라함이 지금의 자리에 머물며 안주해서는 안 된다는 뜻입니다. 아브라함이 그 땅을 종과 횡으로 다닌다는 것은 지경을 더욱 넓히라는 의미입니다. 아브라함은 여호와의 명을 받아 장막을 옮겨 헤브론에 있는 마므레 상수리수풀에 이르러 거주했습니다. 벧엘과 아이 사이와 헤브론은 직선거리로 42-3km나 됩니다.

여호와께서 아브라함에게 주신 첫 번째 언약의 말씀에서 다섯 번째 언약의 말씀까지 요약해보면 다음과 같습니다.

첫 번째 약속의 말씀, "너는 복이다."

두 번째 약속의 말씀, "세겜 땅은 네 씨에게 준다"

세 번째 약속의 말씀, "벧엘과 아이 사이에서 바라본 동서남북의 땅은 아브라함과 그의 씨에게 주신다."

네 번째 약속의 말씀, "네 씨가 땅의 티끌 같게 한다."

다섯 번째 약속의 말씀, "일어나 그 땅을 종과 횡으로 두루 다녀보아라."

여호와는 아브라함에게 다섯 차례 나타나셔서 주신 약속의 말씀을 통하여 크게 세 가지 말씀을 묵상하게 합니다.

첫째, 여호와께서 나를 통해서 큰 나라를 이루시겠다는 계획에는 나에게만 속하는 것이 아니라 나의 씨들 또한 속합니다. 이것은 나라를 구성할 백성들을 생각하게 합니다. 구약 이스라엘 나라는 실패하게 되고 신약 하나님의 나라로 이어집니다. 내가 그 나라에 속해야 하고 나의 자녀들이 대를 이어 그 나라에 속해야 합니다.

바울은 빌립보 감옥 간수장에게 "주 예수를 믿으라 그리하면 너와 네 집이 구원을 받으리라(행 16:31)"고 선포했습니다. 하나님은 나만 구원에 참여하길 원하지 않습니다. 하나님은 나의 가족 모두가 구원에 참여하길 원하십니다.

둘째, 여호와께서 나를 통해서 큰 나라를 이루시겠다는 계획에는 땅이 주어집니다. 땅은 불특정 땅에서 구체화 되고 점점 확장됩니다. '이 땅'에서 '세겜 땅', '벧엘과 아이 사이 땅', '동서남북으로 바라 본 땅', '종과 횡으로 두루 다녀본 땅' 등으로 확장됩니다. 그리고 15장에서 "애굽 강에서부터 큰 강 유브라데까지 네 자손에게 주리라"로 확정됩니다.

하나님의 약속이 처음부터 명확하게 주어지는 것도 있겠지만 대부분은 처음은 희미하게 주어집니다. 그 약속을 이루기 위해 포기하지 않고 믿음으로 살아갈 때 그 약속은 점점 구체화 됩니다. 포기한 하나님의 약속이 있다면 다시 믿음으로 취하여 기도하며 그 약속을 이루어 가시길 소망합니다.

셋째, 여호와께서 나를 통해서 큰 나라를 이루시고, 그 나라를 세우기 위해 주실 땅에 거주하는 나는 안주해서 안 되고 계속 영역을 확장해 나가야 합니다. 구약 이스라엘 나라는 실패로 끝났습니다. 신약의 하나님의 나라는 점점 확장되어야 합니다. 예수님은 부활하신 후 승천하시기 전에 모든 민족에게로 가서 제자를 삼으라고 명하셨고(마 28:19), 오순절 때 성령이 강림하시면 예루살렘과 온 유대와 사마리아와 땅 끝까지 예수의 증인이 되어(행 1:8) 복음을 전파하라고 명하셨습니다. 이것은 곧 하나님 나라 확장을 의미합니다. 성도는 이 사명을 위해서 부름 받은 자들입니다.

15:1-21 전쟁 후, 주실 땅의 경계를 알려주실 때까지

여호와께서 아브람에게 약속하신 큰 나라를 만들기가 시작되었습니다. 첫 번째 단계는 '그 땅으로 가라'였습니다. 여호와는 이 부분에서 다섯 가지 약속의 말씀을 주셨습니다. 이제 두 번째 단계가 시작됩니다. 두 번째 단계에는 여호와께서 아브라함에게 주시는 약속의 말씀이 일곱 차례 언급되었습니다. 두 번째 단계는 아브라함의 씨와 계약이 체결 되고, 4대만에 돌아오며, 주실 땅의 큰 경계를 약속하는 말씀으로 끝이 납니다.

소유권과 상속을 보장합니다

아브라함은 여섯 번째 약속의 말씀을 받기 직전에 본토인 메소포타미아 동맹군들과 전쟁을 치렀습니다. 아브라함이 전쟁을 치룬 후에 여호와의 말씀이 환상 중에 아브라함에게 임하여 용기를 주고 격려했습니다. 여호와의 용기와 격려의 말을 들은 아브라함은 자신은 자식이 없는데 뭘 주려고 하느냐며 속마음을 쏟아냈습니다. 아브라함은 여호와께 다메섹 사람 엘리에셀이 "나의 상속자[15]입니다(2, 3)"라고 자신의 불편한 맘을 드러냈습니다. '나의 상속자'는 '내 집을 상속할 자는'을 의미합니다. 아브라함은 여호와께 종인 다메섹 엘리에셀에게 자기 집을 상속하겠다고 말합니다. 그러나 여호와의 생각과 계획을 달랐습니다.

여섯 번째 약속의 말씀은 "네 몸에서 날 자가 네 상속자가 되리라(15:4)."입니다. 여호와께서 아브라함의 말을 들으시고, 아브라함이 사용한 상속자란 용어를 그대로 사용하여 자신의 생각과 계획을 말씀하셨습니다.

15 아브람이 2절에서 사용한 상속자(מֶשֶׁק 메셰크)는 전문적인 용어로서 성경에 단 한 밖에 사용되지 않은 용어이고, 아브람이 두 번째 사용한 상속자(יָרַשׁ 야라쉬)는 보통 흔히 사용하는 용어입니다. 성경의 기자는 아브람이 사용한 전문용어가 보통 흔히 사용하는 용어인 것을 설명하고 있습니다.

"네 몸에서 날 자가 네 상속자가 되리라(4)"

여섯 번째 약속의 말씀인 상속자는 아브람의 씨의 규모(5)와 땅에 대한 소유(7)와 연결되어 계약을 체결함에까지 이르게 됩니다.

일곱 번째 약속의 말씀은 "뭇 별을 셀 수 있나 보라…네 자손이 이와 같으리라(15:5)"입니다. 현재 아브라함은 한 명의 씨도 없습니다. 곧 상속자가 없습니다. 그래서 아브라함은 자기 집에서 기른 종을 상속할 자로 세우겠다고 여호와께 말했습니다. 그러나 여호와는 아브라함의 생각과 다른 계획을 가지고 계십니다. 여호와는 아브라함이 알지 못하는 계획을 가지고 계십니다. 여호와는 아브라함에게 큰 나라를 만들겠다는 제안을 하실 때부터 아브라함의 씨로 백성 삼으실 것을 계획하셨습니다. 아브라함이 다메섹 엘리에셀을 자신의 상속하는 자로 세우겠다고 하자 여호와께서 단호하게 아브라함의 몸에서 날 자가 상속자가 될 것이라고 말씀하십니다. 그리고 한 명의 씨도 없어서 한 명의 상속자도 없는 아브라함에게 상속자의 규모를 제시합니다.

"…하늘을 우러러 뭇별을 셀 수 있나 보라. 또 그에게 이르시되 네 자손(씨)이 이와 같으리라(5)"

상속자의 규모는 하늘의 별과 같이 많습니다. 한 명의 상속자도 없는 아브라함이 이해하기 어렵겠지만 하나님은 하십니다.

여덟 번째 약속은 "이 땅을 네게 주어 소유를 삼게 한다(15:7)"입니다. 여호와는 아브라함이 이해하지 못하는 것을 개의치 않으시고 자신의 계획을 약속의 말씀으로 주십니다. 하늘의 별과 같이 많은 아브라함의 씨들이 아브라함을 통해 만드실 큰 나라의 영토를 상속하게 될 것입니다.

"…나는 이 땅을 네게 주어 소유를 삼게 하려고 너를 갈대인의 우르에서 이끌어 낸 여호와니라(7)"

아브라함이 받을 것은 '이 땅'입니다. 이 땅은 아브라함이 벧엘과 아이 사이에서 동서남북으로 바라보았고, 여호와의 명령을 따라 종과 횡으로 다닌 바로 그 땅입니다. 여호와는 아브라함에게 주신 땅에 대한 소유권 등기를 해 주신다고 말씀합니다. 아브라함은 여호와께서 그 땅으로 가라고 해서 여호와의 말씀을 따라 떠났습니다. 가축과 은, 금은 소유하고 있었습니다. 그러나 땅은 단 한 평도 소유하지 못했습니다. 아브라함이 가나안 땅에 들어왔을 때 그곳에 이미 사람들이 살고 있었습니다. 여호와의 명을 받아 동서남북의 땅을 바라보고 종과 횡으로 다녔을 때 사람이 살고 있지 않은 땅은 없었습니다. 그런데 여호와께서 현재 사람들이 살고 있는 땅을 아브라함에게 주신다고 말씀합니다. 아브라함은 여호와의 이 말씀이 쉽게 이해되지 않았습니다. 그래서 여호와께 직접 질문했습니다.

"주 여호와여 내가 이 땅을 소유로 받을 것을 무엇으로 알리이까(15:8)"

아브라함이 처음 여호와의 약속을 제안 받고 떠날 때는 모든 것이 불투명했습니다. 여호와께서 아브라함을 통해서 큰 나라를 만들겠다고 하셨지만 그는 제대로 이해하지 못했습니다. 아브라함이 그러한 상황에서 자신이 바라보고 자신이 다닌 땅, 타 종족이 살고 있는 그 땅을 소유로 주신다고 하셨을 때 아브람은 '어떻게'란 질문을 할 수 밖에 없었습니다.

여호와께서 아브라함의 질문을 받고 자신을 위하여 제물을 준비해 오라고 말씀하셨습니다(9). 아브라함은 여호와의 말을 따라 제물을 준비했습니다. 아브라함은 여호와께서 명하신대로 삼년 된 암소, 삼년 된 암염소, 삼년 된 숫양, 산비둘기와 집비둘기 새끼를 준비했습니다. 그는 새를 제외한 모든 가축들은 중간을 쪼갰습니다. 그는 쪼갠 것을 마주대하여 놓았습니다. 여호와께서 아브라함이 반드시 알아야 할 사항들을 말씀하신 후에 연기 나는 화로를 보였습니다. 여호와께서 타는 횃불이 쪼갠 고기 사이로 지나갔습니다(17). 아브라함은 아무 것도 하지 않았습니다. 아브라함은 그것을 보기만 했습니다.

이와 같은 언약식은 당대의 문화적 배경에서 이해해야 합니다. 강한 부족과 약한 부족 사이에 일종의 보호조약을 맺는 경우, 즉 강자와 약자 사이에 행하는 의식입니다. 그 형식은 일종의 서문과 같은 내용이 있고, 그 정신에 따라 어떠한 것을 약정한다고 서술하고, 마지막으로 쪼갠 고기 사이로 약자가 먼저 지나가고, 다음에 강자가 지나가게 됩니다. 서문은 약정의 기본 정신을 밝히고 있고, 서술 부분에서 구체적인 내용들을 말합니다. 쪼갠 고기 사이로 지나는 것은 그 약정을 지키지 않을 경우, 나는 이 쪼개진 고기와 같이 되어도 좋다는 강한 의사표현입니다. 그러니까 약정을 지키지 못할 경우 '나는 죽어도 좋다는 것'으로 목숨을 걸고 하는 약속이란 의미를 가지고 있습니다.

창세기 15장도 이와 비슷한 구조를 가지고 있습니다(창 15:13-21). 그런데 가장 중요한 맹세를 하는 부분에서 너무 놀라운 일이 일어납니다. 여호와께서는 불로 나타나셔서 쪼갠 고기 사이로 지나가시지만, 아브라함은 그렇게 하지 않았습니다. 다시 말하면, 이 장면은 여호와께서 아브라함에게 하신 약속, 즉 땅과 후손에 대한 약속은 얼마나 견고한 것인가를 목숨을 걸고 맹세한 반면, 아브라함에게는 아무것도 요구하시지 않으셨습니다. 왜 하나님께서는 그렇게까지 맹세하셔야 했을까요? 아브라함의 질문인 "주 여호와여 내가 이 땅을 소유로 받을 것을 무엇으로 알리이까?"에 대한 분명한 대답을 하셔야 했기 때문입니다. 여호와는 이렇게 아브라함의 질문에 아주 구체적으로 답하셨습니다.

아홉 번째, 열 번째, 열한 번째 약속은 "종살이를 하고, 아브라함은 죽어 장사 될 것이고, 4대만에 종살이에서 돌아올 것이다(15:13-16)"입니다.

"네 자손이 이방에서 객이 되어 그들을 섬기겠고…(13-14)"
"너는 장수하다가 평안히 조상에게 돌아가 장사 될 것이요(15)"
"네 자손은 사대 만에 이 땅으로 돌아오리니…(16)"

여호와께서 아브라함으로 큰 나라를 만들겠다고 약속은 400년 후에 전체적으로 이루어질 것을 내다본 계획입니다. 아브라함은 여호와께서 자신이 동서남북으로 바라본 땅을 자신에게 소유로 주신다는 말씀을 듣고 "내가 이 땅을 소유로 받을 것을 무엇으로 알리이까?"라고 질문했습니다. 여호와는 아브라함의 이 질문에 답하시면서 400년 동안 있게 될 일들과 결과를 알려주셨습니다. 아브라함은 이 질문을 통해서 땅 소유가 왜 지금이 아닌지도 알았습니다. 그것은 아모리 족속의 죄악이 아직 가득차지 않았기 때문입니다(16하). 아브라함은 여호와께서 가나안 땅을 주신다고 하실 때 이미 살고 있는 사람들을 어떻게 하실 것인지 궁금했을 수 있습니다. 아브라함은 그것에 대한 궁금증도 풀었습니다. 가나안 땅에 여러 족속들이 살고 있지만 그들은 그들 자신들의 죄로 인해 심판받게 될 것입니다. 아브라함은 후일 소돔과 고모라 사건을 겪으면서 여호와의 말씀을 보다 분명하게 이해했을 것입니다.

열두 번째 약속의 말씀은 "땅의 경계와 멸할 족속의 이름들을 알려주십니다(15:18-21)." 여호와께서 열두 번째 이전 말씀까지는 가나안 땅 중에서 일부, 보다 넓은 지역, 더 넓은 지역 등으로 주실 땅을 구체적으로 확장시켜 나갔습니다. 그러나 열두 번째 약속의 말씀에서는 땅의 경계와 멸할 족속들의 이름을 알려주셨습니다.

"그 날에 여호와께서 아브람과 더불어 언약을 세워 이르시되 내가 이 땅을 애굽 강에서부터 그 큰 강 유브라데까지 네 자손에게 주노니, 곧 겐 족속과 그니스 족속과 갓몬 족속과, 헷 족속과 브리스 족속과 르바 족속과, 아모리 족속과 가나안 족속과 기르가스 족속과 여부스 족속의 땅이니라 하셨더라(18-21)"

여호와께서 여섯 번째 약속의 말씀에서 열두 번째 말씀까지 아브라함의 후손들이 비록 사 세대 사백년 동안 한 나라의 종살이를 하지만 그 후에 땅을 소유하게 될 것을 확증해 주셨습니다. 어떤 규모의 땅, 어떤 족속들이 살고 있는 땅을 주실 것인지 구체적으로 알려주셨습니다. 아브라함은 불확실했던 많은 요소들을 해결 받았습니다. 그러나 여전히 어떻게 씨를 갖게 될 것인지는 오리무중입니다. 그러나 이 문제도 곧 해결 될 것입니다.

여호와께서 아브람에게 약속으로 주신 여섯 째 말씀부터 열두 번째 말씀은 우리에게 아주 중요한 메시지 한 가지를 주고 있습니다.

여호와께서 나를 향해 어떤 계획을 가지고 있을 때 그것이 처음부터 완벽하게 계시되지 않는다는 점을 알아야 합니다. 땅과 관련된 부분만 생각해 보겠습니다. 아브라함은 "그 땅으로 가라(12:1)"는 명을 받았습니다. 가나안 땅에 입성했으나 그 땅을 지났습니다(일부일지라도). 세겜에 도착 했을 때 여호와께서 나타나셔서 그 땅을 아브람에게 주신다고 말씀하지 않으시고 "네 씨에게 준다(12:7)"고 하셨습니다. 그는 세겜을 떠나 벧엘과 아이 사이에 장막을 쳤고, 점점 남방으로 옮겨갔습니다(12:8-9). 아브라함은 롯과 헤어진 후 여호와께서 아브람에게 찾아오셔서 "너 있는 곳에서(13:3) 동서남북을 바라보아라"고 말씀하신 후 "보이는 땅을 너와 네 씨에게 준다(13:15)"고 약속하셨습니다. 이어서 여호와는 아브라함에게 "일어나서 그 땅을 종과 횡으로 두루 다녀보라 내가 그것을 네게 주리라(13:17)"고 하셨습니다. 땅은 구체적으로 확정되지 않고 점점 그 영역이 확장되어갔습니다.

아브라함은 조카 롯을 구출하기 위해 그돌라오멜 동맹군과 전쟁을 했습니다. 전쟁

후에 여호와께서 아브라함에게 네 몸에서 날 자가 네 상속자가 될 것이라고 말씀해주신 후 "이 땅을 네게 주어 소유를 삼게 하겠다(15:7)"고 약속했습니다. 아브라함은 자신이 이 땅을 소유로 받을 것을 어떻게 알 수 있느냐고 여호와께 질문했습니다. 여호와께서 이에 답변하는 과정에서 "이 땅을 애굽 강에서부터 그 큰 강 유브라데까지 네 씨에게 줄 것이다(15:18하)"고 알려주셨습니다. 그리고 그 땅에 살고 있는 구체적인 족속들 이름까지 알려주셨습니다(15:19-21). 그것도 4세대 후, 400년 후에 주신다고 약속하셨습니다.

땅에 대한 약속을 요약하면 그 땅, 세겜, 벧엘과 아이에서 바라 본 땅, 벧엘과 아이에서 종과 횡으로 걸어 본 땅, 그리고 애굽 강에서부터 그 큰 강 유브라데에 이르는 땅으로 그 모습을 드러냈습니다.

여호와께서 우리에게 주시는 약속 또한 단번에 모든 것이 밝히 드러나지 않을 가능성이 아주 큽니다. 점차적으로 한 단계씩 드러날 것입니다. 아울러 그 약속은 나의 당대가 아닌 나의 후손들에게서 성취될 수도 있습니다. 조급함을 버리고 주님만 절대적으로 의지하며 한 걸음 한 걸음 주님과 동행할 때 주님이 주신 그 약속은 반드시 성취될 것입니다.

17:1-21 기울어진 마음을 바로 세우는 약속들

여호와께서 아브라함에게 열두 번째 약속을 주시며 그와 그의 씨에게 주실 땅에 대한 경계를 대략적으로 알려주셨습니다(15:18-21). 남쪽 경계는 애굽 강이고, 북쪽 경계는 큰 강 유브라데까지입니다. 이제 정해진 땅을 아브라함의 자손 중 누가 받느냐는 문제가 구체적으로 드러나기 시작합니다. 물론 이것은 아브라함이 저지른 문제와 연관성을 가집니다(창 16장). 아브라함은 자신이 벌인 일에 마음을 빼앗겼습니다. 여호와께서는 아브라함이 일으킨 문제를 수습하심과 동시에 정해진 땅을 받을 씨가 누구인가를 확정해 갑니다.

아브라함은 여러 민족의 아버지

여호와께서 아브라함에게 **열세 번째** "내가 내 언약을 나와 너 사이에 두어 너를 크게 번성하게 하리라(17:2)", **열네 번째** "너는 여러 민족의 아버지가 될지라(17:4)", **열다섯 번째** "내가 네게서 민족들이 나게 하며 왕들이 네게로부터 나오리라(17:6)"는 약속의 말씀을 주셨습니다.

열세 번째 약속의 말씀부터 열다섯 번째 약속의 말씀에 나타난 특징은 '여러 민족', '민족 들', '왕들'입니다. 이 표현들은 아브람의 이름이 아브라함으로 바뀌며 나타납니다. 이 언약들은 여호와께서 아브라함이 16장에서 저지른 문제를 수습하기 위해 주신 언약의 말씀으로 이해됩니다. 아브라함이 하갈을 취해 이스마엘을 낳았습니다. 이스마엘이 아브라함의 씨이긴 하지만(21:13), 여호와께서 아브라함을 통해서 주실 씨는 아닙니다. 아브라함이 저지른 일로 태어난 이스마엘이 한 민족을 이루고 그를 통해서 여러 민족들, 여러 왕들이 나오게 될 것입니다(6). 하나님은 이스마엘이 매우 크게 생육하고 번성하여 열 두 두령을 낳아 큰 나라가 된다고 말씀하셨습니다(20).

여호와께서 아브람의 이름을 아브라함으로 개명하시며 "여러 민족의 아버지가 된다"고 말씀하신 것은 이스마엘의 후손을 두고 이른 말입니다. 아직 태어나지 않은 아브라함과 사라를 통해 낳게 될 후손을 향한 말씀이 아닙니다. 여호와께서 아브라함의 씨를 통해서 이루실 나라는 큰 나라이긴 하지만 여러 왕들이 나지 않습니다. 한 왕이 나야하고 그 대를 계속 이어가야 합니다. 아브라함은 여호와의 계획 속에 없는 아들을 낳았고, 그 아들에게 마음을 빼앗긴 채 살았습니다. 여호와께서 이를 바로 잡기 위해 일을 하셔야 했습니다.

영원한 언약, 영원한 기업, 그리고 하나님이 됩니다

여호와께서 아브라함에게 **열여섯 번째** "내가 내 언약을 나와 너 및 네 대대 후손 사이에 세워서 영원한 언약을 삼고(7상)", **열일곱 번째** "너와 네 후손의 하나님이 되리라(7하)", **열여덟 번째** "내가 너와 네 후손에게 네가 거류하는 이 땅 곧 가나안 땅을 주어 영원한 기업이 되게 하고 나는 그들의 하나님이 되리라(8)"란 약속의 말씀을 주셨습니다.

열세 번째에서 열다섯 번째 말씀과 열여섯 번째에서 열여덟 번째 말씀과 비교해보면 두 가지 큰 차이점이 있습니다. 하나는 여호와께서 아브라함에게 "여러 민족의 아버지가 된다(열세 번째~열다섯 번째)"는 약속의 말씀을 주실 때는 "그 언약이 영원하다, 기업이 영원하다"고 한 적이 없습니다. 그러나 열여섯 번째에서 열여덟 번째 언약의 말씀을 주실 때는 그것이 "영원한 언약(7상), 영원한 기업(8)"이 된다고 말씀하셨습니다. 이것은 이스마엘과 그의 후손들을 향한 말씀과 여호와께서 계획하고 계시는 아브라함의 언약의 씨들과 맺는 언약의 성격이 전혀 다른 것임을 보여줍니다. 여호와께서 계획하고 계시는 아브라함의 언약의 씨들과 맺는 언약은 영원한 언약이고, 그들에게 주실 땅은 그들의 영원한 기업이 될 것입니다.

다른 하나는 여호와께서 아브라함이 여러 민족의 아버지가 된다는 언약을 주실 때(열세 번째에서 열다섯 번째 약속)는 그 내용을 전달하는 것으로 끝났습니다. 즉 하나님과 그들의 관계에 대해 정의하지 않았습니다. 그러나 열여섯 번째에서 열여덟째 언약을 주시는 끝에는 두 차례에 걸쳐서 "그들의 하나님이 되리라(7하, 8)"는 말씀을 주셨습니다. 하나님은 여러 민족의 아버지가 되는 아브라함의 씨들과는 관계를 맺지 않습니다. 아브라함을 통해 만드시는 큰 나라, 그 나라의 씨가 될 자손들과 관계를 맺으시고 그들의 하나님이 된다고 말씀합니다.

이것은 열세 번째에서 열다섯 번째 언약의 대상과 열여섯 번째에서 열여덟 번째의 언약의 대상이 다르다는 것을 보여줍니다. 전자는 아브라함의 씨이기는 하지만 영원한 언약의 씨가 아닌 이스마엘의 후손을 대상으로 한 말씀입니다. 후자는 아브람의 영원한 언약의 씨로서 하나님이 주실 땅을 받은 씨들인 것을 말해주고 있습니다. 이삭의 후손을 대상으로 한 말씀입니다.

사라는 열국의 어미

하나님이 아브라함에게 언약을 지킬 것을 명하시고 아브라함의 후손들도 대대로 언약을 지키라고 명하십니다. 그 언약을 지킬 실천 사항으로 남자는 난 지 팔일 만에 할례를 받으라고 알려주셨습니다. 할례를 받지 않은 자는 여호와의 언약을 배반한 자들이기 때문에 백성 중에서 끊어질 것입니다. 이것을 말씀하신 분은 여호와가 아니라 하나님이십니다. 이 후에 하나님은 아브라함에게 **열아홉 번째 언약의 말씀**을 주십니다.

"하나님이 또 아브라함에게 이르시되 네 아내 사래는 이름을 사래라 하지 말고 사라라 하라, 내가 그에게 복을 주어 그가 네게 아들을 낳아 주게 하며 내가 그에게 복을 주어 그를 여러 민족의 어머니가 되게 하리니 민족의 여러 왕이 그에게서 나리라(15-16)"

하나님께서 사래의 이름을 사라로 개명해 주시는 장면입니다. 여호와께서 아브람의 이름을 아브라함으로 개명하시며 하셨던 말씀과 같습니다. 사라는 여러 민족의 어머니가 됩니다. 사라에게서 민족의 여러 왕이 나올 것입니다. 이스마엘이 태어나도록 부추긴 사람은 사라입니다. 사라가 몸종 하갈을 아브라함에 들여보내서 태어난 아들이 이스마엘입니다. 이 이스마엘을 통해서 여러 민족이 생길 것이고 여러 왕들이 출현할 것입니다. 아브라함이 이 민족들의 아버지가 되듯이 사라 또한 이 민족들의 어미가 될 것입니다. 하나님이 이스마엘에 대해 주시는 **스물한 번째 언약의 말씀**에서 그것을 알 수 있습니다.

"이스마엘에 대하여는 내가 네 말을 들었나니 내가 그에게 복을 주어 그를 매우 크게 생육하고 번성하게 할지라 그가 열두 두령을 낳으리니 내가 그를 큰 나라가 되게 하려니와(20)"

하나님은 이스마엘에게 복을 주어 그를 매우 크게 생육하고 번성하게 할 것이라고 하셨습니다. 생육하고 번성하라는 말씀을 창조 때 사람에게 주신 사명이고, 노아와 그의 아들들에게 주신 사명입니다. 하나님은 이스마엘에게 이 사명을 그대로 적용하고 계십니다.[16] 이스마엘은 많은 자녀들을 낳을 것입니다. 그는 열두 두령을 낳을 것입니다. 하나님은 이스마엘을 큰 나라가 되게 하실 것입니다. 아브라함은 그들의 열국의 아버지가 되고, 사라는 그들의 여러 민족의 어머니가 됩니다. 열국의 어미로서 사라는 이스마엘 후손과 관련되어 주어진 것입니다.

사라가 낳은 아들과 영원한 언약을 맺음

하나님이 사라에게 전해 주라는 언약의 말씀을 들은 아브라함이 마음속으로 자신은 백 세이고 사라는 구십 세 인데 어떻게 출산할 수 있을까라고 생각하며 하나님의 말씀에 회의적인 반응을 보였습니다. 아브라함은 사라에게 언약의 말씀을 주신 하나님께 "이스마엘이나 하나님 앞에 살기를 원합니다(18)"고 요청했습니다. 아브라함의 요청을 받은 하나님은 아브라함에게 **스무 번째 언약의 말씀**을 주십니다.

"하나님이 이르시되 아니라 네 아내 사라가 네게 아들을 낳으리니 너는 그 이름을 이삭이라 하라 내가 그와 내 언약을 세우리니 그의 후손에게 영원한 언약이 되리라(17:19)"

하나님은 사라가 아들은 낳을 것이라고 못 박으며 이삭이란 이름까지 지어주셨습니다. 여기서 하나님은 사라가 여러 민족의 어머니가 된다고 말씀하지 않았습니다. 하나님은 이삭과 언약을 세우실 것입니다. 하나님은 이삭의 후손과 언약을 맺으시는데 그것은 영원한 언약이 됩니다. 여호와께서 **스물두 번째 언약의 말씀**으로 사라가 이삭을 낳을 시기에 대해 대략 정해주셨습니다.

"내 언약은 내가 내년 이 시기에 사라가 네게 낳을 이삭과 세우리라(17:21)"

아브라함은 내년 이 시기에 이삭을 얻게 될 것입니다. 하나님은 아브라함과 언약을 맺으셨듯이 사라가 아브라함에게 낳을 이삭과 언약 세우실 것을 약속해주셨습니다. 이 언약 후에 하나님은 아브라함과 말씀을 마치시고 그를 떠나 올라가셨습니다(17:22).

16 아브라함을 통하여 큰 나라를 만드시는데, 그 나라에 속할 백성들은 생육하고 번성하라는 명령을 적용하지 않습니다. 아브라함의 씨, 언약의 씨를 여호와께서 모래 같이, 하늘의 별과 같이 많게 하신다고 말씀하십니다.

은 한 가지 중요한 특징을 가집니다. 이스마엘과 관련된 약속과 이삭과 관련된 약속의 말씀이 서로 교차적으로 기록되고 있습니다. 잘 구분하지 못하면 이스마엘 족속에게 하시는 약속과 이삭의 후손들에게 주시는 언약의 말씀을 제대고 구분할 수 없습니다.

열국의 아버지 아브라함, 여러 민족의 어머니 사라는 이삭의 씨를 통해서 세워질 큰 나라와 관계된 말씀이 아닙니다. 이스마엘을 통해서 세울 여러 나라들, 열두 두령을 낳고 그들이 세울 나라의 아버지, 어머니가 된다는 말씀입니다.

열국의 아버지 아브라함, 여러 민족의 어머니 사라에게 주시는 언약, 그들 나라에게 주실 땅은 영원하다는 말씀을 하지 않았습니다. 흥하고 망하기를 거듭하게 될 것입니다. 그러나 하나님이 사라를 통해 낳은 이삭을 통해서 주실 씨들과 맺는 언약은 영원한 언약입니다. 그들에게 주실 땅은 영원한 기업이 됩니다. 하나님은 그들의 하나님이 되십니다.

여호와께서는 이스마엘을 통해서 세워질 나라와 언약의 씨 이삭을 통해서 세워질 나라가 완전히 다를 것임을 보여주고 계십니다. 이스마엘을 통해서 세워질 나라에서는 아브라함이 열국의 아비가 되고, 사라가 여러 민족의 어미가 될 것입니다. 그러나 이삭을 통해서 세우실 나라는 하나님이 통치자가 될 것입니다. 아브라함과 사라는 그 나라의 한 백성의 선조일 뿐입니다.

우리가 하나님 나라의 일원이 된 것은 특별한 은혜입니다. 분명히 알아야 할 것은 나의 주인은 내가 아닙니다. 나의 통치자는 하나님이십니다. 하나님이 언약의 씨인 이삭과 맺은 언약이 영원한 언약이고, 그의 후손들에게 주실 기업이 영원한 기업이 됩니다. 예수를 그리스도로 믿는 믿음은 영원한 언약에 해당합니다. 예수 그리스도를 믿음으로 얻게 되는 하나님의 나라는 영원한 소유가 됩니다.

성도인 나는 나를 내려놓기를 끊임없이 힘쓰고 애써야 합니다. 내 안에 예수 그리스도께서 함께 하시기를 더욱 힘쓰고 애써야 합니다. 바울은 빌립보교회 성도들에게 보내는 서신에서 이렇게 썼습니다.

"이는 내게 사는 것이 그리스도니 죽는 것도 유익함이라(빌 1:21)"

18:10-22:17 언약의 씨를 번제로 드리라

창세기 17장은 이스마엘을 통해 세워질 나라와 아직도 태어나지 않은 언약의 씨를 통해서 만들 큰 나라 간에 균형을 유지하기 위한 말씀입니다. 이스마엘은 이미 태어났고 성년이 되었습니다. 아브라함의 마음이 그에게로 쏠릴 가능성 있습니다. 아니 이미 아브라함의 마음은 그에게 쏠렸습니다(17:18). 하나님은 아브라함에게 "내 언약은 내가 내년 이 시기에 사라가 네게 낳을 이삭과 세우리라(17:21)"는 말씀을 남기고 아브라함을 떠나셨습니다. 아브라함의 마음이 이스마엘에게 기우는 것을 막기 위한 조치입니다. 그런데 여호와께서 황급히 다시 아브라함에게 나타나셨습니다(18:1). 여호와는 왜 다시 긴급하게 아브라함에 나타나셨을까요?

여호와께서 이삭의 탄생의 시기를 명확하게 알려주시다

아브라함이 이스마엘을 아들로 얻은 후 13년 동안 여호와께서 그를 찾아오시지 않았습니다. 13년 후에 여호와께서 아브람을 찾아오셨습니다(17:1). 그의 이름을 아브라함으로 개명해주셨습니다(17:5). 그러나 **스무 번째 언약의 말씀**(17:19)과 **스물두 번째 언약의 말씀**(17:21)을 통해서 사라가 아들을 낳을 것인데 이름은 이삭이라 하고, 때는 내년 이 시기라고 알려주셨습니다. 하나님은 이것을 알려주신 후에 아브라함을 떠나셨습니다.

그 여호와께서 다시 마므레의 상수리나무들이 있는 곳에서 아브라함에게 나타나셨습니다(18:1). 아브라함은 여호와를 사람 셋의 모습으로 보았습니다(18:2). 그들 중에 한 분인 그가 아브라함에게 "내년 이맘때 내가 반드시 네게로 돌아오리니 네 아내 사라에게 아들이 있으리라(18:10)"는 **스물세 번째 약속의 말씀**을 전해주셨습니다. 이 말을 들은 사라가 속으로 자신은 노쇠했고 아브라함도 늙었는데 무슨 즐거움이 있겠냐며 믿지 않았습니다. 여호와께서 이것을 아시고 아브라함에게 **스물네 번째** "여호와에게 능하지 못한 일이 있겠느냐, 기한이 이를 때에 내가 네게로 돌아오리니 사라에게 아들이 있으리라(18:14)."는 약속의 말씀을 주셨습니다.

스무 번째와 스물두 번째 약속의 말씀과 스물세 번째와 스물네 번째 약속의 말씀은 내용적으로 비슷합니다. 그러나 크게 세 가지 차이점이 있습니다. 첫째는 "내년 이맘때" 라는 시기를 명확하게 못 박은 점입니다. 둘째는 아브라함에게 말하고 계시는 그 분이 "내가 반드시 네게로 돌아온다"고 자신이 돌아올 것을 상기시킨 점입니다. 세 번째는 아브라함에게 말씀하고 계시는 분이 하나님이 아니라 여호와이신 것을 분명하게 확인시켜 주고 있습니다.

이 사실에 기초해서 보면 여호와께서 긴급하게 아브라함에게 다시 찾아오신 것은 17장에서 하나님이 아브라함에게 말씀하신 계획을 보다 명확하고 분명하게 설명하고 상기시키기 위해서 오신 것으로 이해할 수 있습니다. 아브라함과 사라의 마음은 하나님이 이삭 탄생의 소식을 언약의 말씀으로 주셨음에도 그들의 마음이 흔들리고 있었을 가능성이 충분합니다. 여호와께서 아브라함을 통해서 만드실 큰 나라의 구성 요소가 이스마엘이 아닌데, 두 사람의 마음이 이스마엘에게 기우는 것을 막기 위한 조치로 이해할 수도 있습니다.

오직 이삭일 뿐 이스마엘은 아니다

여호와께서 내년 이맘때에 아브라함에게로 돌아오기 전에 두 가지 큰 사건이 있었습니다. 하나는 소돔과 고모라가 심판 받은 사건이고 다른 하나는 아브라함이 그랄로 올라가서 여전히 사라를 누이로 속인 사건입니다. 이 사건 후에 여호와께서 아브라함에게 다시 돌아오기로 약속한 "내년 이맘때"가 되었습니다.

여호와께서 아브라함에게 말씀하신 대로 사라를 돌보셨고, 여호와께서 말씀하신 대로 사라에게 행하셨습니다(21:1). 사라는 임신했습니다. 하나님이 말씀하신 시기가 되어 사라는 노년의 아브라함에게 아들을 낳았습니다. 아브라함은 하나님이 자신에 말씀하신 대로(17:19) 이름을 이삭이라 지었습니다.

이삭이 자라 젖을 떼는 날이 되었습니다. 아브라함이 큰 잔치를 베풀었습니다. 사라가 이스마엘이 이삭을 놀리는 것을 보았습니다. 사라는 아브라함에게 이스마엘을 집에서 쫓아 낼 것을 강력하게 요구했습니다. 이스마엘은 단순히 아브라함의 씨로서 아들이 아닙니다. 그는 이삭의 소유를 빼앗으려는 자에 해당합니다. 구약성경의 관점에서 보면 이스마엘은 이삭의 원수에 해당합니다. 그렇게 보면 에서는 야곱의 원수입니다. 신약성경에서는 믿음을 빼앗아가려는 자가 성도의 원수입니다.

아브라함은 고민했습니다. 이때에 하나님이 아브라함을 찾아오셔서 **스물다섯 번째** "…이삭에게서 (나는 자라야) 네 씨라 부를 것임이니라(21:12)"는 약속의 말씀을 전해 주셨습니다. 이어서 **스물여섯 번째** "그러나 여종의 아들도 네 씨니 내가 그로 한 민족을 이루게 하리라(21:13)"는 약속의 말씀을 주셨습니다.

여호와께서 아브라함을 통해서 만드실 큰 나라 백성은 이삭의 씨들로 구성됩니다. 이스마엘도 아브라함의 씨이기는 하지만 언약 안에서 주어진 씨가 아닙니다. 여호와는 아주 냉정하십니다. 여호와는 오직 이삭과 그의 씨로 자신이 아브라함을 통해서 만드실 큰 나라의 백성의 기초를 놓았습니다. 이스마엘은 처음부터 여호와의 계획 안에 없었던 아브라함의 씨이기에 단호하게 잘라내셨습니다.

그 씨를 번제로 드려라

아브라함은 하나님의 말씀을 따라서 이스마엘을 집에서 내 보냈습니다. 그때에 아비멜렉과 그 군대 장관 비골이 아브라함을 찾아와서 "…네가 무슨 일을 하든지 하나님이 너와 함께 계시도다, 그런즉 너는 나와 내 아들과 내 손자에게 거짓되게 행하지 아니하기를 이제 여기서 하나님을 가리켜 내게 맹세하라 내가 네게 후대한 대로 너도 나와 네가 머무는 이 땅에 행할 것이니라(21:22하-23)"라고 제안했습니다. 아브라함이 아비멜렉의 제안에 맹세로 받아들였습니다.

이 일이 일단락된 후에 아브라함은 일곱 암양 새끼를 아비멜렉 앞에 내 놓으며 "…내 손에서 이 암양 새끼 일곱을 받아 내가 이 우물 판 증거를 삼으라(21:30)"고 요구했습니다. 아비멜렉이 아브라함의 제안을 받아들여 두 사람은 서로 맹세했습니다. 아브라함은 최초로 우물을 소유하게 되었습니다. 아브라함은 그 우물을 이삭에게 물려줄 생각을 하며 좋아했을 것입니다.

그 일 후에 하나님이 아브라함을 시험하시려고 부르셨고, 여호와께서 시험을 진행하셨습니다. 여호와께서 아브라함에게 "네 아들 네 사랑하는 독자 이삭을 데리고 모리아 땅으로 가서 내가 네게 일러 준 한 산 거기서 그를 번제로 드리라(22:2)"라고 명하셨고, 아브라함은 즉각 순종했습니다. 여호와께서 이삭을 번제로 잡아 드리려 할 때 여호와의 사자가 아브라함을 불러 그 일을 중단시켰습니다. 그리고 "…네가 네 아들 네 독자까지도 내게 아끼지 아니하였으니 내가 이제야 네가 하나님을 경외하는 줄을 아노라(22:12)"

라고 전했습니다. 여호와의 사자가 전달한 **스물일곱 번째 약속의 말씀**은 "내가 네게 큰 복을 주고 네 씨가 크게 번성하여 하늘의 별과 같고 바닷가의 모래와 같게 하리니 네 씨가 그 대적의 성문을 차지하리라(22:17)"입니다.

여호와께서 아브라함을 통해서 큰 나라를 만드시는 목적이 그를 통해서 천한 만민이 복을 얻는 것인데, 여호와의 사자가 전달한 여호와의 스물일곱 번째 약속의 말씀에서 다시 그 복을 언급합니다. 아브라함의 모든 후손이 아니라 그의 씨(언약의 씨)가 하늘의 별과 같고 바닷가의 모래 같게 될 것입니다. 아브라함의 씨가 대적의 성문을 칠 것입니다. 즉 아브라함의 씨가 적을 대적하여 싸워 승리할 것입니다.

여호와께서는 아브라함을 불러 언약하실 때 계획하신 바가 있습니다. 여호와는 그것을 이루기 위해 위기상황에서는 수습하시고, 때로는 단호하게 잘라내시고, 때로는 직접 시험도 하십니다. 여호와께서 아브라함을 시험하시어 사랑하는 독자 이삭보다도 하나님을 더 사랑하며 경외하는 것을 확인하셨습니다. 이것은 아브라함이 하나님 외에 모든 것을 내려놓고 버린 것을 의미합니다.

예수님은 제자들에게 자신을 따라오려거든 자기를 부인하고 자기 십자가를 지고 따르라고 하셨습니다. 또 누구든지 자기 목숨을 구원하고자 하면 잃을 것이요 누구든지 예수님을 위하여 제 목숨을 잃으면 찾을 것이라고 하셨습니다(마 16:24-25).

바울은 그리스도인이란 죄에 대해 죽은 자이고, 예수 그리스도의 죽으심과 합하여 세례를 받음으로 그와 함께 장사되어서 새 생명 가운데서 행하는 존재가 되었다(롬 6:2-4)고 말합니다. 또한 그리스도인은 그리스도와 함께 십자가에 못 박혔기 때문에 자신을 위해서 살 수 없고 그리스도인을 위해 자신을 버리신 예수를 위해 사는 삶이라고 했습니다(갈 2:20).

12:2하-3; 22:18 언약이 아브라함에게서 그의 씨에게로

여호와께서 아브라함에게 그의 인생 100년 동안 스물여덟 번 약속의 말씀을 주셨습니다. 그 첫 번째 약속의 말씀은 "내가 너로 큰 민족을 이루고 וְאֶעֶשְׂךָ לְגוֹי גָּדוֹל=내가 너로 큰 나라를 만들고(12:2상)"입니다. 큰 나라를 만드시는 목적은 "…땅의 모든 족속이 너로 말미암아 복을 얻을 것이라(12:3하)"입니다. 정리하면, 여호와께서 아브라함을 통해서 창조하시는 큰 나라는, 그를 통해서 땅의 모든 족속에게 복을 나눠주기 위해서입니다.

큰 나라를 중심으로 가장 중요하게 다뤄지는 주제는 누가 그 나라의 백성이 될 것인가, 언제 어디에 얼마나 큰 땅을 갖게 될 것인가 입니다. 아브라함은 여호와께서 만드실 큰 나라와 관계없는 일을 자주 일으켰습니다. 여호와께서는 그때마다 찾아 오셔서 문제를 해결하여 바로 잡고 방향을 제시했습니다. 여호와께서 마지막 스물여덟 번째 말씀에서 아브라함에게 주신 약속을 그의 씨들에게 계승시켜 주십니다.

아브라함은 복입니다(12:3)

여호와께서 아브라함을 통해서 만드실 큰 나라의 목적은 복을 나눠주는 것입니다. 여호와께서 복을 나누는 방법을 말씀하셨습니다. 아브라함이 사람들에게 복을 나눠주는 것이 아닙니다. 아브라함 자체가 복입니다(2하). 사람들이 복 자체인 아브라함을 어떻게 대하느냐에 따라 복을 받을지, 저주를 받을지 결정됩니다. 여호와께서는 아브라함을 축복하는 자에게 복을 내리십니다. 여호와께서는 아브라함을 저주하는 자들에게는 저주를 내리십니다.

지금 아브라함은 가나안 땅에 와 있습니다. 아브라함은 가나안 땅에 온 나그네요 이방인입니다. 가나안 땅 사람들이 아브라함을 통해서 복을 받을 수 있을까요? 아마도 거의 없을 것입니다. 가나안 땅 사람들은 여호와가 누구인지도 모르고, 아브라함이 어떤 사람인지도 모릅니다. 가나안 땅에 살고 있는 사람들은 먼저 그곳에 정착해 살았기 때문에 그들은 기득권을 가지고 있습니다. 그들은 이미 민족을 형성하고 있었고 나라를 구성하고 있기도 했습니다.[17] 그들이 아브라함을 환대하고 아브라함을 축복할 가능성은 희박합니다. 아마도 갑질에 익숙할 것입니다. 그들은 여호와께로부터 복이 아닌 저주를 맡아놓았다고 볼 수 있습니다.

결국에는 아브라함의 삶이 중요합니다. 아브라함이 "나는 여호와께서 약속하신 복을 가진 사람이야, 나를 환대해서 복을 받으려면 받고, 저주를 받고 싶으면 너희 마음대로 나를 대해도 괜찮아"라는 식으로 살아가면, 아무도 복을 받을 사람이 없을 것입니다. 아브라함은 여호와를 드러내는 삶을 살아야합니다. 여호와께서 자신에게 복을 주고 계심을 삶으로 보여주어야 합니다. 가나안 땅 사람들이 아브라함 자신을 환대할 수 있는, 그들의 마음을 여는 삶을 살아야 합니다.

예수님은 마태복음 25장에서 양과 염소의 비유를 통해 복을 받을 사람과 저주를 받을 사람을 잘 구분해 주셨습니다. 사람이 주릴 때 먹을 것을 챙겨주는 사람이 복을 받습니다. 사람이 목마를 때 마시게 하는 사람이 복을 받습니다. 사람이 헐벗었을 때 옷을 입혀주는 사람이 복을 받습니다. 사람이 병들었을 때 돌보아 주는 사람이 복을 받습니다. 사람이 옥에 갇혔을 때 방문해 주는 사람이 복을 받습니다.

여호와께서 복과 저주를 나눠주십니다. 내가 복을 받는 방법은 정해져 있습니다. 나는 이 땅에 존재하며 살고 있는 하나님의 사람을 환대하고 축복해야 합니다. 나는 복을 나눠주는 사람입니다. 내 주변에 있는 사람들이 나의 삶을 통해 마음이 열리고 그들이 나를 환대하며 축복하는 마음이 일어나도록 살아야 합니다. 이것이 여호와께서 아브라함에게 주신 사명이고 오늘날 성도들에게 주신 사명입니다. 여호와께서 아브라함을 통해서 이루실 나라에 근본이 되는 삶이 있습니다.

강대한 나라는 의와 공도가 흐르는 나라입니다(18:17-21; 19장)

여호와께서 13년 만에 아브라함을 찾아오셔서 언약을 맺으시고 사라가 이삭을 낳을 것이라고 알려주셨습니다. 그 시기로 "내년 이 시기(17:21)"라고 정해주셨습니다. 그리고 여호와는 아브라함을 떠나셨습니다. 그런데 여호와께서 얼마 지나지 않아 다시 아브라함을 찾아오셨습니다(18:1). 이때에는 사라가 이삭을 낳을 때가 "내년 이맘때(18:10)"라고 시

17 창세기 14장은 소돔 왕, 고모라 왕, 아드마 왕, 스보임 왕, 소알 왕 등이 등장합니다.

기를 분명하게 정해주셨습니다. 아울러 여호와께서 반드시 돌아오신다고 약속해주셨습니다. 이것을 믿지 못하는 아브라함과 사라를 위해서 여호와께서 그것을 이루실 능하신 분이심을 설명해주시고, 기한이 이를 때에 여호와께서 아브라함에게로 돌아오시고 사라에게 아들이 있을 것을 말씀해 주셨습니다.

여호와께서 긴급하게 다시 아브라함을 찾아오셨을 때(18:1), 아브라함의 눈에는 여호와가 세 사람으로 보였습니다. 대화를 마치고 두 사람이 일어나서 소돔으로 떠날 때 아브라함은 그들을 전송했습니다. 내용의 맥락 속에서 보면 한 사람이 남았는데 그는 여호와십니다. 여호와께서 자신이 하려는 일을 아브라함에게 숨기지 않는다고 말씀하셨습니다. 여호와께서 아브라함을 통해 만들 나라는 "강대한 나라이고, 여호와의 도를 지켜 의와 공도를 행하며 사는 나라(18:18-19)"입니다. 그 나라와 대조시켜 소돔과 고모라를 언급합니다(18:20상). 소돔과 고모라는 죄악이 심히 크고 무겁습니다(18:20하). 의와 공도를 행하는 것이 어떤 것인지는 소돔과 고모라가 어떻게 사는 나라들인지를 알게 되면 이해하게 될 것입니다.

여호와께서 아브라함을 통해서 만들 강대한 나라와 소돔·고모라를 대조시키는 것은 소돔·고모라가 여호와께서 세우실 강대한 나라의 반대편에 서있는 모습임을 보여주려는 것입니다. 소돔성은 세상에 존재하는 나라 중에 하나님이 미워하실 대표적인 나라로 보입니다. 소돔은 요단 지역의 주요 성읍이고(13:10, 12), 그돌라오멜 동맹군을 대항할 때 선두에 선 나라였고(14:2, 8, 21), 아브라함이 이루게 될 나라의 반대편에 서 있는 나라입니다(13:13).

소돔과 고모라는 어떻게 사는 나라일까요? 아브라함을 떠난 두 사람이 소돔과 고모라에 도착했을 때 "두 천사"로 명명되었습니다(19:1). 그러나 히브리어 성경은 "두 사자"입니다. 두 사자가 롯의 집에 들어갔습니다. 그들이 눕기 전에 소돔 백성들이 노소를 막론하고 원근에서 모여 롯의 집을 에워쌌습니다. 롯을 부르며 그들을 끌어내라며 "우리가 그들을 상관하리라(19:5하)"고 아우성쳤습니다. 롯이 그들에게 "남자를 가까이 하지 아니한 두 딸이 있으니 그들을 마음대로 하고 이 사람들에게는 아무 일도 저지르지 말라(19:8)"고 요구했습니다. 롯의 집을 둘러싼 백성들은 남성 복수형입니다. 우리는 이를 근거로 소돔과 고모라가 성적으로 타락했고 동성애가 만연해 있다고 생각했습니다. 문자적으로는 충분히 가능한 해석입니다.

그러나 소돔과 고모라의 죄악은 그 해석보다 더 깊은 의미를 함축하고 있습니다. 게이로서 동성애는 서로의 동의가 이루어진 상태에서 행합니다. 롯의 집을 에워싸고 "우리가 그들을 상관하리라"고 요구하는 백성들은 상대의 동의를 구하지 않았습니다. 롯이 안 된다고 만류할 때도 전혀 개의치 않았습니다. 두 사자의 동의도 구하지 않았습니다. 즉 롯의 만류, 두 사자의 동의는 필요하지 않은 것입니다. 소돔 사람들은 자신들의 욕구대로 막무가내로 행하려 했습니다. 소돔과 고모라의 행위는 동성애 정도가 아니라, 인간의 인권, 존엄성을 파괴하고 있는 것입니다.

여호와께서 아브라함을 통해서 만들 강대한 나라는 여호와의 도를 지켜 의와 공도를 행하며 사는 나라입니다. 소돔과 고모라는 여호와의 도를 지켜 행하지 않는 나라로서 의와 공도가 없는 대표적인 나라의 모습입니다. 후일에 주어질 여호와의 율법은 인간의 기본권, 인권을 아주 중요시합니다. 소돔과 고모라 사람들은 인간의 기본권, 존엄성 문제를 말살시키며 산 나라입니다. 사람을 사람답게 대우하지 않은 나라입니다. 사람이 사람을 지배하려는 여호와의 도를 떠난 나라입니다. 이러한 나라는 심판을 받아야 합니다.

여호와께서 아브라함을 통해서 만드실 나라는 사람이 사람답게 살고, 사람답게 대우받으며 사는 나라입니다. 내가 가족을, 직장의 동료를, 교회의 성도들 한 사람 한 사람을 사람답게 대우하며 존중하며 살때 의와 공도를 실행하며 사는 자입니다.

의와 공도가 흐르는 나라를 만들려면…(22:12)

여호와께서 아브라함과 언약을 맺으시고 총 스물여덟 번 언약의 말씀을 주셨습니다. 여호와께서 아브라함을 통해서 큰 나라를 만드실 계획을 하셨습니다. 그 큰 나라는 온 백성들이 여호와의 도를 지켜 온 나라 곳곳에 의와 공도가 흐르도록 하는 나라입니다. 이런 나라의 백성이 되려면 여호와와 어떤 관계를 형성해야 할까요? 아브라함은 정말 아들 갖기를 바랐습니다. 그것 때문에 많은 문제를 일으켰습니다. 그런데 여호와께서 그 아들을 번제로 드리라고 명하셨습니다. 아브라함은 주저하지 않고 아들 이삭을 번제로 드리기 위해 준비하고 실행했습니다. 아브라함이 이삭을 번제물로 잡기 위해 칼을 들어 이삭을 잡으려 할 때 여호와의 사자는 다급하게 중단시켰습니다. 그리고 말 했습니다.

"그 아이에게 네 손을 대지 말라 그에게 아무 일도 하지 말라 네가 네 아들 네 독자까지도 내게 아끼지 아니하였으니 내가 이제야 네가 하나님을 경외하는 줄을 아노라"

여호와께서 아브라함이 도달하길 바라신 최종적인 삶은 오직 여호와 경외입니다. 여호와 경외와 여호와의 도를 지켜 의와 공도가 흐르는 나라는 어떤 관계에 있을까요? 여호와께서 만드실 강대한 나라, 큰 나라는 여호와의 도인 의와 공도가 흐르는 나라입니다. 사람이면 누구나 인간의 기본권, 존엄성이 인정받는 나라입니다. 그것은 여호와를 경외할 때 나옵니다. 여호와를 경외하는 자가 되어야 여호와의 말에 순종할 수 있고, 여호와의 말씀을 지킬 수 있습니다. 스물여덟 번째 언약을 아브라함의 씨에게 주실 때, 여호와께서 그렇게 하시는 이유를 "…이는 네가 나의 말을 준행하였음이니라(22:18하)"고 제시한 것에서 그 근거를 찾을 수 있습니다. 후일에 주어질 율법은 "하나님 사랑과 이웃사랑"으로 요약됩니다. 하나님이 아브라함을 통해서 이루실 강대한 나라는 여호와 경외를 통한 여호와 사랑, 그것을 바탕으로 하나님의 형상을 따라, 모양을 따라 지음 받은 사람을 사랑하는 나라입니다. 사람을 사람답게 대하고, 사람이 사람을 지배하지 않는 나라입니다.

여호와는 아브라함이 자신을 경외하는 것을 확인하자 그에게 **스물일곱 번째 약속의 말씀**을 주시며, 세 가지 내용을 분명하게 말씀해주셨습니다.

"내가 네게 큰 복을 주고 네 씨가 크게 번성하여 하늘의 별과 같고 바닷가의 모래와 같게 하리니 네 씨가 그 대적의 성문을 차지하리라(22:17)"

여호와께서 아브라함에게 큰 복을 주십니다. 이것은 여호와께서 아브라함을 부르실 때 맺은 첫 번째 언약의 말씀에 주셨던 말씀을 재확인한 것입니다. 여호와께서 첫 번째 언약의 말씀에서 "너는 복이다"라고 하셨습니다. 여호와께서 복인 아브라함에게 복을 가득 채워주시는 것입니다. 복이 아브라함에게서 끝나면 여호와의 계획도 끝납니다. 여호와는 아브라함과 아브라함의 씨를 연결시키고 있습니다. 아브라함의 씨는 크게 번성하여 하늘의 별과 같고 바닷가의 모래 같게 해주십니다. 아브라함의 씨가 많으면 많을수록 복이 많은 것입니다. 아브라함의 씨는 대적의 성문을 차지하는 능력 있는 자들이 됩니다. 여호와께서 아브라함에게 주신 복은 그의 씨에게 계승되어야 합니다.

아브라함의 씨가 복입니다(22:18)

여호와께서는 아브라함이 복이라고 말씀하셨습니다. 아브라함으로 말미암아 온 땅의 족속이 복을 받습니다. 아브라함은 복을 나눠주지 않습니다. 땅의 모든 족속이 아브라함을 어떻게 대하느냐에 따라 그들 스스로 복을 받을 것인지, 저주를 받을 것인지를 결정합니다. 여호와께서 정하신 이 원리는 지속되어야 합니다. 여호와께서는 아브라함에 주신 복이 어떻게 이어질 것인가를 **스물여덟 번째 마지막 약속의 말씀**에서 알려주십니다.

"또 네 씨로 말미암아 천하 만민이 복을 받으리니 이는 네가 나의 말을 준행하였음이니라 하셨다 하니라"

아브라함을 통해서 땅의 모든 족속이 복을 받게 됩니다. 여호와는 아브라함의 씨로 말미암아 천하 만민이 복을 받게 된다고 알려주십니다. 그렇게 되는 이유는 오직 한 가지입니다. 아브라함이 여호와의 말을 준행했기 때문입니다.

아브라함은 여호와의 부름을 받고 첫 번째 언약을 맺었을 때 여호와의 말씀을 따라 갔습니다(12:4). 그는 여호와의 말씀을 따라 갔지만 수많은 문제를 만들어 냈습니다. 여호와는 아브라함이 만든 모든 문제를 정리하시고 해결해 주셨습니다. 아브라함은 독자 이삭, 자신이 사랑하는 아들 이삭을 여호와께 번제로 드릴 때, 그는 더 이상 여호와의 말씀을 거부하거나 대적하는 자가 아닙니다. 그는 여호와의 말씀에 순종하여 행하는 자입니다. 아브라함은 여호와의 말씀 외에 다른 그 무엇에도 자신의 마음과 삶을 빼앗기지 않는 사람이 되었습니다. 이것을 근거로 여호와는 아브라함에 약속하셨던 복을 그의 씨에 계승시켜 줄 것이라고 약속했습니다. 온 땅의 백성들이 아브라함으로 말미암아 복을 받든 저주를 받든 할 것입니다. 이제는 아브라함의 씨를 통해 천하 만민이 복을 받든 저주를 받든 할 것입니다.

구약성경은 아브라함의 씨를 어떻게 대하는가에 따라 여호와께서 복을 주시거나 저주하실 것입니다. 이 아브라함의 씨인 이스라엘은 성공했습니까? 실패했습니까? 천하 만민이 이스라엘을 통해서 복을 받았다면 예수 그리스도는 오실 필요가 없습니다. 예수 그리스도께서 오셨다는 것은 이스라엘이 실패한 것을 보여줍니다.

바울은 이스라엘이 넘어짐으로 구원이 이방인에게 이르게 되었다고 말합니다(롬 11:11). 구약 이스라엘의 역할이 오늘 예수를 그리스도로 믿는 성도들에게 주어졌습니다. 예수님은 하나님 나라에 속한 제자들을 가리켜 세상의 소금이고 빛이라고 정의했습니다(마 5:13-14). 제자들은 소금의 맛을 드러내고, 빛을 비춰서 그들에게 등대역할을 해야 합니다. 세상 사람들은 제자들이 내는 맛을 보고 하나님께 영광 돌리는 삶을 살기로 결정할 것입니다. 세상 사람들은 제자들이 비춰주는 빛을 보고 하나님께 영광을 돌리게 될 것입니다.

나는 소금의 맛을 내고 있습니까? 나는 빛을 비추고 있습니까? 소금의 맛, 빛을 비추는 것은 착한 행실입니다. 예수님이 제시한 성도의 삶은 구약 성경 아브라함을 통해서 만들 나라에 흐르는 의와 공도에 해당할 것입니다. 산상수훈(마 5-7장)에 기록된 하나님의 나라에 속한 사람들이 살아가야 할 이 삶을 습득하여 실천하므로 주변 이웃들이 나로 말미암아 하나님을 알고, 하나님께 영광을 돌리고 주님께 나아오도록 이끄는 사명자가 되길 축복합니다.

1-21장 언약의 아들들과 시간

창세기 1장에서 찾을 수 있는 중요한 의미는 '시간'이고 창세기 2장에서 찾을 수 있는 중요한 의미는 '공간'입니다. 시간은 요한계시록에 등장하는 새 하늘과 새 땅을 향해 갑니다. 공간은 예수님 오심으로 밝혀지는 하나님의 나라를 향하고 있습니다. 시간은 모든 사람에게 있어 아주 귀중한 것입니다. 그러나 그것이 모든 사람에게 의미가 있으려면 한 가지 조건을 갖추어야 합니다.

성경 속 유대인들의 시간

유대인들의 하루는 저녁 해질 때 시작해서 다음날 해질 때 끝납니다. 대략 오후 6시에서 하루가 시작되어 다음날 오후 6시에 하루가 끝이 나게 됩니다. 유대인들의 밤과 낮은 밤 12시간, 낮 12시간으로 거의 정확하게 나뉘어져 있습니다. 밤 시간은 오후 6시부터 다음날 아침 6시까지인데, 그 12시간은 3시간 단위로 묶어 '경'이라고 부릅니다. 제 1 경은 오후 6시에서 9시, 제 2 경은 9시부터 12시까지, 제 3 경은 12시에서 3시까지, 제 4 경은 3시부터 6시까지입니다.

낮 시간은 오전 6시부터 오후 6시까지 12시간인데 낮은 밤과 달리 1시간 단위로 분류하여 '시'라는 용어를 사용합니다. 제 일 시는 오전 7시, 제 육 시는 정오 12시, 제 구 시는 오후 3시 등으로 불립니다. 유대식 낮 시간을 쉽게 이해하려면 언급하고 있는 시에 6을 더하면 됩니다. 즉 제 구 시에 6을 더하면 15시로 오후 3시가 됩니다. 사도행전 3장 1절에 베드로가 기도한 시간이 제 구 시로 표현되어있는데 여기에 6시간을 더하면 15시가 되니 오후 3시라는 의미입니다.

족보 속 시간이 만들어내는 다양한 의미들(5:1-32; 11:10-26)

창세기 1장에서 태초에, 하루, 한 달, 주간 등을 살펴보았습니다. 하루는 지구의 자전에 의해서 결정되고, 한 달은 달에 의해서, 년은 해에 의해서 결정이 됩니다. 주간은 하나님이 창조사역을 마치시고 쉬시며 그날을 거룩하게 하여 존재하는 시간 개념으로 성경에만 있습니다. 이 외에 성경의 기록을 통하여 찾을 수 있는 시간 개념들을 살펴보겠습니다.

아담과 하와가 타락한 후에 자녀들을 낳기 시작합니다. 성경은 그들의 족보를 기록하며 독특한 면들을 보여줍니다. 공통점이 있는 반면에 차이점을 보여주며 우리로 하여금 여러 가지를 생각하게 만듭니다. 가인은 동생 아벨을 죽여 여호와로부터 저주를 받았습니다. 그의 족보와 관련된 내용은 살펴보지 않고 넘어가겠습니다. 아담의 족보(5:1-32)와 홍수 후 노아의 세 아들 중 셈의 족보(11:10-26)를 중심으로 공통점과 차이점을 생각해보겠습니다.

아담의 족보(5장)는 "아담이 백삼십 세에…아들을 낳아 이름을 셋이라 하였고, 아담은 셋을 낳은 후 팔백 년을 지내며 자녀들을 낳았으며 그는 구백 삼십을 살고 죽었더라(5:3-5)"는 형식을 따라 기록하였습니다. 셈의 족보(11:10-26)는 "…셈은 백 세 곧 홍수 후 이 년에 아르박삿을 낳았고 오백년을 지내며 자녀를 낳았으며(11:10-11)"라는 형식을 따라 기록하였습니다.

두 족보에 나타난 공통점은 세 가지입니다. 첫째는 이름이 언급되어 있다는 점, 둘째는 몇 세에 자녀를 낳았다는 점(자녀 낳은 시기), 셋째는 몇 년 동안 살며 자녀를 낳았다는 점 등입니다. 그리고 두 가지 차이점이 있는데 하나는 아담의 족보에는 죽은 나이가 언급되어 있는 반면에 셈의 족보에는 데라(205세) 외에 죽을 때 나이에 대한 언급이 없다는 점입니다. 한 족보에는 죽은 나이가 기록되어 있고, 한 족보에는 죽은 나이에 대한 기록이 없다는 것은 얼마나 오래 살았는가가 중요한 초점이 아니라는 것을 말해주고 있습니다. 오래 살아도 자녀를 낳지 못하면 의미가 없고, 복을 받지 못한 사람일 뿐입니다.

다른 하나는 자녀를 낳은 나이 차에 나타난 의미입니다. 아담의 족보에 나타난 자녀를 낳은 평균 나이는 노아 이전까지는 117.3세이고, 노아를 포함하면 155.6세입니다. 반면에 셈의 족보에 나타난 자녀를 낳은 평균 나이는 40.9세입니다. 자녀를 낳는 나이가 낮아졌다는 것은 생존기간과 연계되어 있겠지만 생육하고 번성하라는 하나님의 명령을 더 잘 성취할 수 있다는 의미가 담긴 것으로 해석할 수 있습니다. 즉 홍수 이전에는 하나님께서 명하신 생육하고 번성하여 땅에 충만하라는 명령이 홍수 후보다는 더디게 성취되었음을 보여줍니다. 하나님이 명하신 생육하고 번성하여 땅에 충만하라는 사명은 홍수 후가 이전보다 더 잘 성취되었습니다. 이것은 하나님의 홍수심판의 목적이 잘 반영된 것임을 보여줍니다. 죄는 하나님이 명하신 일들에 거부적인 반응, 대적하는 반응을 보이게 만듭니다. 죄가 제거되면 그 반대 현상이 일어납니다. 홍수심판은 궁극적으로 인간의 죄에 대한 심판입니다. 홍수심판 후 노아의 세 아들은 비교적 죄의 지배를 덜 받았고, 그것으로 인해 하나님의 생육하고 번성하여 땅에 충만하고 땅을 정복하고 다스리라는 명령이 잘 성취 된 것으로 보여 집니다.

에녹과 노아: 죽음을 맛보지 않은 사람과 잘 견딘 사람

노아 홍수 이전에 살았던 사람들 중에 홍수 심판으로 죽음을 맛보지 않은 한 사람이 있습니다. 바로 에녹입니다. 그리고 노아와 아내, 세 아들과 그의 아내들은 홍수심판에서 죽음을 맛보지 않았습니다. 그 외 모든 사람은 홍수심판으로 죽었습니다.

에녹은 하나님과 삼백년을 동행하다가 하나님이 그를 데리고 가버리셨습니다. 죽음을 맛보지 않고 이 땅을 떠났습니다. 죽음을 맛보지 않고 데려감을 당한 에녹을 통해서 하나님은 어떤 메시지를 주고 계실까요. 주님 재림하실 때도 죽음을 맛보지 않고 휴거할 사람들이 있음을 알려주는 것이 아닐까 싶습니다.

반면에 노아는 오백세가 된 후에 셈과 함과 야벳을 낳았습니다. 홍수심판은 노아가 자녀를 낳기 시작한 약 백년 후에 있었습니다. 즉 노아가 육백세 때 홍수심판이 있었습니다. 노아는 홍수심판을 알고 자녀를 낳았고, 결혼도 시켰습니다. 노아와 그의 가족 외에 그 시대에 살았던 모든 사람은 죽었습니다. 그러나 그와 그의 가족들은 방주로 들어가서 삼백칠십일 동안 안전했지만 고통과 두려움 가운데서 살았습니다. 노아의 삶은 종말의 때에 환란을 겪고 끝까지 견뎌야 구원을 얻을 성도들을 가리킬 수 있습니다. 예수님은 종말에 있을 다양한 징조들을 말하신 후(마 24:3-13). 그 마지막 부분에 "그러나 끝까지 견디는 자는 구원을 얻으리라(마 24:14)"고 말씀하셨습니다.

족보란 시간 속에서 찾을 수 있는 의미

창세기 5장은 자녀를 낳은 시점과 자녀를 낳으며 산 기간, 그리고 죽은 때를 언급했습니다. 예를들면 셋은 백오 세에 에노스를 낳았고, 에노스를 낳은 후 팔백칠 년을 지내며 자녀들은 낳았으며 구백십이 세를 살고 죽었습니다. 다른 사람들도 같은 형식을 따라 기록하였습니다. 이것은 창세기 5장의 기록이 죽음을 전제로 기록한 것임을 알 수 있습니다. 죽은 시기를 언급하고 있다는 점은 개인적으로 수명을 다했거나 사고로 앞으로 계속 죽을 것이나, 노아의 홍수 심판으로 하나님의 은혜를 입은 자 외에는 모든 사람이 죽을 것을 암시하고 있다고 볼 수 있습니다.

반면에 11장 노아의 세 아들의 족보에 데라를 제외하곤 죽은 때를 언급하지 않고 침묵하고 있습니다. 데라의 죽음을 언급한 것은 아브라함이 아버지의 집을 떠남과 관련이 있는 것으로 보입니다. 데라를 제외하고 어떤 사람들도 그의 죽음을 언급하지 않은 것은 바로 앞에서 살펴보았듯이 종말의 때에 끝까지 견디는 성도들의 구원을 암시하고 있을 가능성이 충분합니다.

아담과 이삭이 자녀를 낳은 시간(기간)이 주는 의미

아브라함이 하란을 떠날 때 나이가 칠십 오세였습니다(12:4). 그가 첫 아들을 낳을 때가 백세였습니다(21:5). 아브라함이 언약의 첫 아들을 낳는데 걸린 시간은 25년입니다. 이삭은 사십 세에 결혼하여(25:20) 육십 세에 첫 아들을 낳았습니다(25:26). 이삭은 결혼 후 첫 아들을 낳는데 20년 걸렸습니다. 두 사람이 자녀를 낳은 기간 차이는 5년입니다. 그러나 두 사람에 대한 말씀의 기록 분량은 어마어마한 차이가 납니다. 아브라함은 12-21장까지 약 10장정도의 분량을 차지하고 있습니다. 반면에 이삭은 불과 몇 절밖에 없습니다. 왜 이렇게 분량차이가 많이 나는 것일까요. 아브라함은 언급해야 할 내용이 많고 이삭은 거의 언급할 내용이 없다는 의미입니다. 이것을 보면 창세기의 시간 개념은 기간이 큰 의미를 지니지 않는 것임을 알 수 있습니다. 시간의 단위가 중요한 것이 아닙니다. 중요한 것은 한 시간이든 하루 든 하나님의 개입이 있어야 하고, 하나님의 도우심이 있어야 하고, 하나님의 인도하심이 있어야 한다는 것입니다. 즉 하나님의 계획, 하나님의 섭리가 실현되는 시간이 중요하다는 의미가 될 것입니다.

요한복음은 "때"를 여러 차례 강조합니다. 예수님은 아버지의 계획과 그것을 성취하려는 시기를 아주 중요하게 여겼습니다. 예수님은 생애 전체를 거기에 맞춰서 사셨습니다.

바울이 일차 복음전도 사역을 마치고 이차 복음전도 사역을 시작할 때 바울의 생각과 하나님의 생각에 차이가 있었습니다. 바울은 자기 생각대로 움직였습니다. 성령님은 여러 차례 깨닫도록 이끄십니다. 이것은 바울이 그 때에 어디서 복음을 전해야 하는가가 중요합니다. 그 때에 하나님께서 바울을 향한 계획을 가지고 계셨기 때문입니다.

나의 생각에, 나의 마음에, 나의 삶에 하나님은 어떻게 개입하고 있습니까?

1-24장 언약의 아들들과 공간

창세기 1장에서 찾을 수 있는 중요한 의미는 '시간'입니다. 창세기 2장에서 찾을 수 있는 중요한 의미는 '공간'입니다. 시간은 요한계시록에 등장하는 새 하늘과 새 땅을 향해 갑니다. 공간은 예수님 오심으로 밝혀지는 하나님의 나라를 향해 갑니다.

창세기에는 다양한 공간들이 나타나 있습니다. 1장은 하늘과 땅, 2-3장은 동방의 에덴의 동산, 4장은 에덴의 동쪽, 에녹 성, 5장은 책으로서 공간, 6-8장은 방주, 9-11장은 땅, 바벨탑과 가나안 땅, 12-25:11은 가나안 땅, 애굽, 그랄 땅, 모리아 땅, 막벨라 굴, 나홀의 성, 26장은 이삭의 그랄 땅, 28장-46장은 벧엘(루스), 라반의 집, 얍복 강 나루터, 세겜 성읍, 벧엘, 베들레헴 길, 애굽 땅 등입니다. 아브라함이 있었던 공간을 중심으로 말씀을 묵상합니다.

가나안 땅이란 공간(12:1-9)

여호와께서 가라고 한 목적지인 가나안 땅에도 기근이 들었습니다. 여호와께서 아브라함에게 찾아오셔서 하란 땅을 떠나[18] 가나안 땅으로 가라고 하셨습니다. 아브라함이 가나안 땅에 들어와 일부 땅을 지나 세겜에 도착했을 때 여호와께서 나타나셔서 "내가 이 땅을 네 자손에게 주겠다(12:7)"고 말씀하셨습니다. 자손은 아브라함의 씨를 의미합니다. 여호와께서 세겜을 아브라함이 아닌 그의 씨에게 주신다는 것은 그의 후손들에게 주신다는 말씀임과 동시에 아브라함이 그곳에 살지 않는다는 의미를 함축하고 있습니다. 아브라함은 그곳에서 제단을 쌓은 후 벧엘과 아이 사이에 장막을 치고 살다가 점점 남방으로 옮겼습니다(12:8-9). 얼마의 기간이 흘렀는지 모릅니다. 여호와께서 아브라함에게 가라고 하신 목적지인 가나안 땅에 기근이 들었습니다. 기근은 모든 사람에게 고통을 줍

18 여호와는 이것을 '갈대인의 우르' 땅에서 이끌어냈다고 말씀합니다. 데라가 시작했던 일을 아브라함이 시작한 것으로 의미를 부여했습니다.

니다. 하나님이 아브라함에게 가라고 하신 가나안 땅에도 기근이 들었습니다. 여기서 한 가지 발견해야 할 메시지는 무엇일까요. 기근은 언제 어느 땅에서도 있을 수 있는 일입니다.

아브라함은 가나안 땅에 기근이 들자 약속의 땅을 떠났습니다. 기근이 들었다고 약속의 땅을 떠나는 것만이 능사는 아닙니다. 물론 아브라함의 경우는 정리해야 할 것이 있기 때문에[19] 여호와께서 아브라함이 살기위해서 약속의 땅을 떠나는 것에 간섭하지 않으셨다고 보여 집니다.

룻기서는 베들레헴 땅에 기근이 들었을 때 그곳을 떠난 엘리멜렉과 나오미 가정, 그곳에 남았던 보아스 이야기를 다뤄줍니다. 엘레멜렉은 기근을 피해 살기위해서 모압 땅까지 갔습니다. 그곳에서 엘리멜렉과 그의 두 아들들 모두 죽었습니다. 나오미는 남편과 두 아들을 잃고 이방 여인 룻과 함께 베들레헴 땅으로 돌아왔습니다. 보아스는 베들레헴을 떠나지 않고 기근을 잘 견디며 이겨냈습니다. 어느 땅인가, 어떤 일이 벌어졌는가는 중요한 것이 아닙니다. 그런 일은 언제든지 어느 땅에서든지 일어날 수 있습니다. 문제는 하나님이 함께 하시는가, 그렇지 않은가 입니다.

애굽이란 공간(12:10-20)

아브라함은 약속의 땅 가나안이 기근에 들자 그곳을 떠나 애굽으로 내려갔습니다. 애굽에 가까워지자 목숨이 두려워지기 시작했습니다. 아내인 사라에게 자신의 목숨이 위태로우니 누이라고 하자고 제안했습니다. 그는 애굽 땅에 이르러 사라를 누이라고 소문을 냈습니다.

애굽의 바로 왕이 그것을 알고서 사라를 데려갔습니다. 바로왕은 사라를 취한 대가로 양과 소와 노비와 암수 나귀와 낙타를 아브라함에게 주었습니다. 아브라함은 자기 목숨에 위협을 느껴 아내를 누이라고 속여 팔아 넘겼습니다. 그 당시에는 충분히 가능했습니다. 아내는 소유물에 불과한 시대였기 때문입니다. 아브라함은 자신의 씨를 받을 밭에 대해 아무런 개념이 정립되지 않았기 때문에 아내를 팔아넘길 수 있었습니다.

아브라함이 가나안 땅을 떠날 때 하나님은 아무런 제재도 하지 않았습니다. 하나님은 아브라함에게는 아무런 말씀도 하시지 않았습니다. 하나님은 직접 애굽의 바로 왕에게 나타나셔서 큰 재앙을 내리셨습니다. 바로는 자신의 집에 내린 재앙이 여호와께서 주신 것을 깨달은 것으로 보입니다. 아브라함을 불러 왜 아내를 누이라고 속였는지 캐물었습니다. 바로 왕은 여호와께 크게 혼나고 사라를 돌려보냈습니다. 바로 왕은 자기

19 아버지의 집을 떠나야 하는데 아직 조카 롯과 함께 거주하고 있습니다.

백성들에게 아브라함과 그의 아내와 데리고 내려온 소유물에 자신이 준 소유물까지 하나도 건드리지 말라고 명했습니다. 아브라함은 아내와 모든 소유를 가지고 애굽을 떠날 수 있었습니다.

어느 땅에 있는가가 큰 문제가 되는 것이 아닙니다. 하나님이 함께 하시는가 아닌가가 중요한 문제입니다. 아브라함은 자신의 목숨 때문에 아내를 누이로 속여 팔아넘겼지만 여호와께서 나타나셔서 그 모든 문제를 선하게 해결해 주셨습니다.

소돔 땅이란 공간(18:16-19:29)

소돔과 고모라 땅은 여호와의 동산 같고 애굽 땅과 같았습니다(13:10하). 그곳에 사는 사람들은 여호와 앞에 악하며 큰 죄인이었습니다(13:13). 롯은 그 땅의 내면을 모른 채 겉만 보고 살기 위해 그곳으로 갔습니다.

여호와께서 아브라함을 찾아오셨습니다. 아브라함의 눈에는 세 사람으로 보였습니다(18:1). 그 중에 여호와께서 아브라함에게 자신이 하려는 것을 숨기지 않겠다고 말했습니다. 아브라함은 강대한 나라가 되고 천하 만민은 그로 말미암아 복을 받게 될 것이라고 말씀하셨습니다. 여호와는 아브라함에게 충격이 될 만한 한 가지 소식을 전했습니다. 여호와는 아브라함에게 소돔과 고모라에 대한 부르짖음이 크고 그 죄악이 심히 무거운데 그들이 행한 것이 자신에게 들린 것과 같은지 그렇지 않은지 보고 판단 하려한다고 했습니다. 말씀하신 여호와는 아브라함 앞에 서 계시고 두 사람은 그곳을 떠나 소돔과 고모라로 갔습니다.

아브라함은 여호와의 말씀을 듣는 동안 부르심을 받을 때도 들었었지만 조금 전에 "천하 만민이 너로 말미암아 복을 받게 될 것이다"는 말씀을 생각했습니다. 소돔 땅과 그곳에 있는 사람들 특히 조카 롯을 생각했습니다. 아브라함은 자신을 통하여 최소한 조카 롯이 복을 받게 되기를 원했습니다. 그는 '의인'이란 명분을 생각했습니다. 그는 여호와께 의인과 악인을 함께 멸하시느냐고 물었습니다. 그는 여호와께 소돔과 고모라에 의인 오십 명, 사십 오명, 사십 명, 삼십 명, 이십 명, 십 명 등이 있으면 멸하시겠냐고 질문했습니다. 아브라함은 자신이 설정한 한계 숫자인 십 명만 있어도 멸하지 않겠다는 여호와의 말씀을 듣고 더 이상 질문하지 않았습니다. 여호와께서 아브라함과 말씀을 마치시고 가시니 아브라함도 자기 곳으로 돌아갔습니다.

소돔과 고모라 땅에는 아브라함의 기도가 남아 있었습니다. 하나님은 그 지역의 성을 멸하실 때 아브라함을 생각하사 롯을 그 엎으시는 중에서 구출하셨습니다. 소돔과 고모라 땅에는 하나님이 계셨지만 심판의 주로 계셨습니다. 그 하나님은 아브라함의 기도를 생각하셨습니다. 소돔과 고모라 땅에는 하나님의 심판의 음성과 아브라함의 의인에 대한 간구의 소리가 어울려 심판 중에도 롯의 가정의 구출을 이끌어 냈습니다.

그랄이란 공간(20:1-18)

아브라함이 소돔과 고모라 사건을 겪은 후 마므레에서 네게브 땅으로 옮겨가 가데스와 술 사이 그랄에 거류했습니다. 그곳에서도 애굽에 내려갔을 때와 똑 같이 자기 아내를 누이라고 속였습니다. 그랄 왕 아비멜렉이 사람을 보내어 사라를 데려갔습니다. 아브라함은 지금 아주 중요한 시기에 속해있습니다. 여호와께서 아브라함을 찾아오셔서 내년 이 맘 때에 사라가 아들 이삭을 낳는다고 알려주었고 그 기간이 가까이 오고 있는 시기입니다. 그런데 아브라함이 아내를 누이라 속이다가 사라를 빼앗겼습니다. 아브라함은 정체절명의 위기에 빠졌습니다.

하나님이 그 밤에 아비멜렉에게 나타나셨습니다. 하나님은 그에게 "네가 데려간 이 여인으로 말미암아 네가 죽으리니 그는 남편이 있는 여자임이기 때문이다(3)"고 경고하셨습니다. 아비멜렉은 아직 사라를 가까이 하지 않았습니다. 그는 그것을 명분으로 하나님은 의로운 백성도 멸하느냐고 항의했습니다. 그는 아브라함이 자기 누이라고 하고 그 여자도 그는 내 오라비라 해서 데려왔다고 상황을 설명했습니다. 그는 자신이 온전한 마음과 깨끗한 손으로 했다는 사실을 고백했습니다. 하나님도 그 상황을 알고 계셨습니다. 하나님은 아비멜렉에게 그 사람의 아내를 돌려보내라고 명하셨습니다. 그는 선지자이니 그가 너를 위해 기도하면 네가 살 것이고, 그렇지 않으면 너와 네게 속한 자가 다 죽을 것이라고 말했습니다. 그랄 땅은 절체절명의 위기의 공간이었습니다. 하나님이 개입하셔서 사라의 일을 처리하셨습니다.

모리아 땅이란 공간(22:1-19)

모리아 땅은 많은 것이 얽히고설킨 땅입니다. 여호와께서 아브라함을 부르신 목적이 큰 나라를 이루기 위해서입니다. 큰 나라를 이루려면 백성이 많아야 합니다. 여호와는 백성을 아주 까다롭게 선정하십니다. 아브라함의 씨인 이스마엘은 밭이 애굽 여인이고 하나님의 계획에 적합하지 않아서 큰 민족이 되지만 아브라함을 통해 만드실 큰 나라에서 배제되었습니다. 이삭은 아브라함이 백세 때에 얻은 아들입니다. 여호와께서 아브라함을 불러 언약을 주신 후 이십오 년 만에 얻은 아들입니다. 이삭은 아브라함이 모리아 산으로 데리고 갔던 종들과 비슷한 나이가 되었습니다.[20] 아브라함은 25년 만에 이삭을 얻어 꽤 오랜 기간 독자 이삭을 사랑하며 즐겁게 살았습니다.

하나님이 아브라함을 시험할 계획을 세우셨고 여호와께서 그 내용을 전달했습니다. 여호와는 아브라함에게 "네 아들 네 사랑하는 독자 이삭을 데리고 모리아 땅으로 가서 내가 네게 일러준 한 산 거기서 그를 번제로 드리라(22:2)"고 명하셨습니다. 아브라함은 여호와의 말씀에 순종하여 이삭을 번제로 드리기 위해 정해진 장소로 갔습니다. 아브라함은 제단을 쌓고 나무를 벌여놓고 이삭을 제단 나무에 묶고 칼을 내밀어 그 아이를 잡으려 했습니다. 여호와의 사자가 그를 불러 이삭을 잡는 행위를 중단시켰습니다. 그리고 "네가 네 아들 네 독자까지도 내게 아끼지 아니하였으니 내가 이제야 네가 하나님을 경외하는 줄 아노라(22:12하)"고 선포했습니다. 아브라함의 하나님 경외는 그가 하나님의 말씀을 다 준행한 것으로 입증되었습니다(22:18하). 여호와는 아브라함이 시험에서 승리하자 네 가지 언약을 다시 확인시켜 주셨습니다.

첫째, 내가 네게 큰 복을 준다.
둘째, 네 씨가 크게 번성하여 하늘의 별과 같고 바닷가의 모래와 같을 것이다.
셋째, 네 씨가 그 대적의 성문을 차지할 것이다.
넷째, 네 씨로 말미암아 천하 만민이 복을 받을 것이다.

모리아 산은 여호와께서 아브라함을 시험한 공간입니다. 아브라함이 여호와의 말씀에 순종하여 행할 때 시험의 공간은 하나님 경외를 확인한 공간으로 바뀌었습니다. 여호와께서 언약을 다시 확인해 준 공간이 되었습니다. 여호와께서 이삭 대신 숫양을 준비하신 여호와 이레의 장소가 되었습니다. 모리아 산에서 이방신에게 번제를 드렸다면 피비린내 나는 산이 되었을 것입니다. 여호와께서 계셨기 때문에 하나님이 말씀하신 대로 모든 것이 성취되는 공간이 되었습니다.

막벨라 굴이란 공간(23:1-20)

여호와께서 아브라함에게 큰 나라를 만들어준다고 하셨습니다. 큰 나라에는 많은 백성이 필요합니다. 큰 나라를 이루려면 땅이 필요합니다. 아브라함이 여호와께로부터 큰 나라 건설 약속을 받은 지 육십이 년이 지났습니다. 그때 아브라함의 아내 사라가 세상을 떠났습니다(1). 아브라함

20 아브라함이 데리고 간 '종'이란 단어와 아브라함이 이삭을 잡으려 했을 때 여호와의 사자가 아브라함에게 "그 아이에게 손을 대지 말라(창 22:12상)"고 했을 때 '그 아이'는 히브리어로 동일한 단어입니다. 때문에 이삭의 나이는 아브라함이 데리고 간 종들과 비슷한 나이일 것입니다.

은 사라의 장막에 들어가 사라를 위하여 슬퍼하며 애통해했습니다. 여호와께서 큰 나라를 만들어 준다고 약속하신지 육십 이년이 지났지만 아직까지 아브라함은 소유한 땅이 없었습니다. 아브라함은 장지를 마련하기 위해 사라의 시신 앞에서 일어나 헷 족속에게로 갔습니다. 아브라함은 헷 족속들에게 사라를 묻을 땅이 필요하다고 말했습니다. 헷 족속들은 아브라함에게 자신들의 묘실 중에서 좋은 것을 택하여 죽은 사라를 장사해도 아무도 금할 자가 없다고 말했습니다. 그러나 아브라함은 헷 족속 에브론과 대화에서 돈을 지불하고 밭을 사겠다고 주장합니다. 아브라함은 에브론에게 은 사백 세겔을 주고 마므레 앞 막벨라에 있는 에브론의 밭 곧 그 밭과 거기 속한 굴과 그 밭과 그 주위에 둘린 모든 나무를 샀습니다. 아브라함이 사라를 위한 매장지를 산 그 땅은 아브라함의 첫 소유지입니다. 후일 큰 나라를 이룰 때 속하게 된 첫 땅입니다.

아브라함이 막벨라 밭을 구입할 때 여호와나 하나님이 전혀 등장하지 않습니다. 그러나 성경은 막벨라 밭을 구입한 직후에 "아브라함이 나이가 많아 늙었고 여호와께서 그에게 범사에 복을 주셨더라(24:1)"고 기록하여 여호와께서 주신 복임을 강조하고 있습니다. 아브라함이 에브론에게서 막벨라 굴을 구입하는 과정에 여호와께서 도우셨음을 알 수 있습니다.

나홀의 성이란 공간(24:10-60)

아브라함은 이삭이 사십 세가 되었을 때 그를 위해 신부감을 선택하기로 결정했습니다. 창세기는 직접 지적하지는 않지만 가나안 여인들에 대해 배타적입니다. 아브라함은 집 소유를 맡은 늙은 종에게 이 지방 가나안 족속의 딸 중에서 아들의 아내를 택하지 말고 내 고향 내 족속에게로 가서 이삭을 위하여 아내를 택하라고 명했습니다. 종이 아브라함에게 여자가 이 땅으로 오려고 하지 않으면 주인의 아들을 데리고 가도되느냐고 물었습니다. 아브라함은 단호하게 이삭을 그리고 데리고 가지 말라고 대답했습니다.

종은 주인의 낙타 중 열 필(10)과 보석들(22)을 가지고 메소포타미아로 떠났습니다. 늙은 종은 긴 여정 끝에 나홀의 성에 이르렀습니다. 종은 주인 아브라함의 하나님 여호와께 기도했습니다. 종은 자신이 행하는 길에 형통함을 주실 것을 믿었습니다. 그는 자신이 우물곁에 서 있다가 젊은 여자가 물을 길러 오거든 물동이의 물을 조금 마시게 하라고 청하면, 그녀가 자신에게 물을 마시우고 당신의 낙타를 위해서도 물을 길러 먹이겠다고 하는 여자가 이삭의 신부가 될 것이라고 기준을 제시했습니다. 종은 자신이 주인 아브라함의 하나님 여호와께 기도한 대로 리브가에게 말했고, 리브가는 종이 기도한 대로 행동했습니다. 종은 리브가에게 누구의 딸인가를 물었고, 리브가는 나홀의 아들 브두엘의 딸이라고 대답했습니다. 종은 이삭의 아내 될 여자를 순적하게 만났고, 그녀의 집에서도 바라던 대로 일이 잘 정리되었습니다.

나홀의 성에서는 아브라함의 종이 자기 주인의 하나님 여호와께 기도했고, 그 하나님 여호와께서도 순적하게 일이 처리되도록 도우셨습니다. 이삭의 신부가 될 여자를 만남도, 그녀 집에서 허락을 받는 것도 아주 쉽게 결정 났습니다. 이 모든 것은 하나님 여호와께서 종과 함께 하셨고 종의 기도를 들으시고 응답해주신 결과입니다. 종은 단지 주인 아브라함의 심부름을 갔을 뿐입니다. 종이 주인 아브라함의 하나님 여호와를 믿든 안 믿든 그것은 큰 문제가 되지 않았습니다. 아브라함이 종에게 리브가 선택권을 위임해서 보냈기 때문에 하나님 여호와는 그를 아브라함 대하듯 대하셨습니다.

여호와께서 약속한 땅에도 고통의 문제들은 언제든지 일어납니다. 문제가 일어나는 것도 중요한 의미를 가지겠지만 더 중요한 것은 여호와께서 함께 하시는가, 그렇지 않은가 하는 점입니다. 가나안 땅, 애굽, 그랄, 소돔과 고모라, 모리아 땅, 막벨라 굴 등은 성도가 전혀 기대하지 않는 상황일 가능성이 큽니다. 여호와께서 선택하시고 부르신 사람이라 할지라도 하나님의 사람들이 각 공간에서 겪었던 고통들, 시험들처럼 겪을 수 있습니다. 하나님의 사람들이 하나님과 함께 그 공간의 문제를 해결했듯이 성도들 또한 하나님과 함께 모든 공간에서 일어났거나 일어날 문제들을 극복해야 합니다. 우리가 살펴보았지만 어떤 공간이라 할지라도 여호와께서 함께 하시고 도우시면 고통 중에도 복이 있고 승리가 있습니다.

신약성경에도 하나님이 역사하신 놀라운 공간들이 무수히 많습니다. 오순절 성령께서 역사한 공간, 베드로가 갇혔던 감옥, 바울이 갇혔던 감옥들은 하나님이 함께 하시고 승리의 노래가 울려 퍼진 공간들이었습니다. 내가 살아가는 모든 공간에도 이와 같은 역사가 일어나야 합니다.

Ⅲ부 이삭에서 야곱의 예언까지

24:19-28:5 성경은 이삭보다 리브가에게 더 큰 관심을…

아브라함은 아내 사라를 장사한 후 이삭을 결혼시킬 계획을 세웠습니다. 이 과정에서 성경은 신랑 이삭에 관한 설명은 모두 생략하였습니다. 성경은 리브가를 아주 자세하게 다룹니다. 이삭은 아브라함의 아들입니다. 리브가는 나홀의 손녀입니다. 나홀은 여덟 명의 아들을 낳았습니다. 막내로 브두엘을 낳았는데, 리브가는 바로 브두엘의 딸입니다(22:20-24). 성경이 나홀의 족보를 리브가까지 기록한 것은 이삭의 아내로 등장하는 인물이 누구인가를 알려주기 위함입니다. 성경이 이렇게 리브가에 대해 길게 기록하는 것은 앞으로 전개될 사건들을 염두에 두고 있기 때문입니다.

리브가의 인간 됨됨이(24:15-60)

리브가는 물동이를 어깨에 메고 물을 길러 나왔습니다(15). 고대근동사회의 우물은 아파트 3-4층 높이 정도입니다. 년 중 우기가 길지 않기 때문에 비가 올 때 빗물을 받아 저장한 후 식수로 사용합니다. 우기가 지난 직후에는 물이 우물에 가득 차 있을 것이나 건기가 지속될수록 우물물은 줄어들고, 물을 긷는 일은 아주 힘들고 어려운 노동이 됩니다.

아브라함의 종이 낙타 열 필을 끌고 이삭의 신부감을 찾기 위해서 메소포타미아로 가서 나홀의 성에 이르렀습니다. 나홀은 아브라함의 형제입니다. 아브라함의 종은 이삭의 신부감을 찾기 위해 아브라함의 하나님 여호와께 순조롭게 신부감을 만나도록 기도했습니다. 그리고 신부감에 합당한 기준을 세웠습니다. 자신이 신부감 후보에게 물을 마시게 하라고 요청했을 때 자신에게 물을 마시게 하고, 데리고 있는 낙타에게도 물을 마시게 하겠다는 대답을 하면 이삭의 신부감인 줄 알겠다고 자기 주인의 하나님 여호와께 알렸습니다(24:14).

리브가의 캐릭터. 리브가는 아브라함의 종이 물을 마시게 하라는 청을 듣고 그에게 물을 주었을 뿐만 아니라 그가 데리고 온 모든 낙타에게도 물을 마시게 하겠다고 답하고 실천했습니다. 성경의 기자가 설정한 리브가의 캐릭터는 무엇입니까? 그것은 앞으로 전개될 내용을 대비한 복선입니다.

리브가는 겉으로 보기에도 심히 아름답고 남자를 가까이 하지 않은 처녀였습니다(16상). 우물에 내려가 힘들게 길러 올린 물을 달라한다고 싫은 내색 없이 마시게 하는 아주 착한 여인입니다. 그녀는 물을 달라는 당사자뿐만 아니라 그의 낙타에게도 물을 마시게 하겠다고 말하고 물을 길러 낙타들에게 마시도록 했습니다. 다른 사람의 소유를 자신의 소유처럼 대할 줄 아는 배려심이 깊은 여인입니다. 열 마리 낙타에게 물을 다 먹인다는 것은 자신이 한 말에 책임감을 가지고 지키며, 육체적으로 건강한 여인임을 알려줍니다. 그녀는 판단력이 빠르고 결단력 있는 여인입니다.

아브라함의 종은 낙타가 물을 마시길 기다렸다가 반 세겔 무게의 금 코걸이 한 개, 열 세겔 무게의 금 손목 고리 한 쌍을 그녀에게 주었습니다. 아브라함의 종은 누구의 딸인지, 집에 유숙할 곳이 있는지 물었습니다. 아브라함의 종은 그녀가 주인의 동생 나홀 집 여인인 것을 알았습니다. 그는 자신의 신분을 그녀에게 알렸습니다. 그녀는 집으로 달려가서 그 사실을 가족에게 알렸습니다(28). 리브가는 아주 밝고 명랑하고 아주 적극적인 여인입니다.

아브라함의 종은 아브라함이 받은 복을 소개했고, 그것을 아들 이삭에게 물려준 사실을 나홀의 집 식구들에게 모두 이야기했습니다. 주인 아브라함이 아들 이삭의 신부감을 고향에서 택하길 원하다는 이야기도 했습니다. 자신이 아브라함의 하나님 여호와께서 이삭의 신부감을 평탄하게 찾을 수 있도록 도와 달라했는데 리브가가 그 기준에 합했다는 사실을 모두 간증했습니다. 아버지 브두엘과 오빠 라반이 이 이야기를 듣고 이 일이 여호와로 말미암아 된 것이니 자신들은 가부를 말할 수 없다며 리브가를 데리고 가라고 결정했습니다. 브두엘과 라반이 아브라함의 종에게 며칠 혹은 열흘을 더 머물다 갈 것을 요청했습니다. 아브라함의 종은 자신이 맡은 일에 대한 결과를 빨리 주인 아브라함에게 알려야 한다며 속히 돌아갈 것을 알렸습니다. 그들은 리브가를 불러 어떻게 하겠느냐고 물었을 때 그녀는 따라 가겠다고 대답했습니다(58). 리브가는 중요한 순간에 주저하지 않는 결단력을 가진 여인입니다. 리브가는 먼 길을 오면서 벗고 있던 너울을 이삭을 맞이할 때는 가렸습니다(65). 자기 땅의 풍습을 잘 지키며 예의바른 여인으로 볼 수 있겠습니다.

하나님이 성경의 기자를 통해서 리브가의 캐릭터를 아름답고 착하고 배려심이 깊으면서도 건강하고 적극적이고 결단력 있는 인물로 설정했는가에는 충분한 이유가 있습니다. 이삭의 축복 사건을 통해서 확인 할 수 있습니다.

리브가가 이삭보다 먼저 언약의 말씀을 듣습니다(25:19-23)

이삭이 리브가와 결혼 할 때 나이가 40세였습니다(20). 이삭은 아내가 임신하지 못하자 그녀를 위해 여호와께 간구하였습니다. 여호와께서 그의 기도를 들으시고 리브가가 잉태하도록 응답했습니다(21).

리브가는 임신한 후에 태중에 있는 아이들이 서로 싸우는 것을 알았습니다. 그녀는 이런 경우에 어떻게 해야 하는지 몰라 여호와께 나아가 물었습니다.

"내가 어찌해야 합니까(22)?"

여호와께서 리브가의 기도를 들으시고 태중의 두 아이 인생이 어떻게 흘러갈 것인가를 알려주셨습니다.

"…두 국민이 네 태중에 있구나 두 민족이 네 복중에서부터 나누이리라 이 족속이 저 족속보다 강하겠고 큰 자가 어린 자를 섬기리라(23)"

리브가는 쌍둥이를 임신하고 있습니다. 쌍둥이는 연합하여 한 민족을 이루지 못합니다. 서로 싸우는 이유가 태중에서부터 두 민족으로 나뉜 것을 증거하고 있는 모습입니다. 여호와는 먼저 태어나는 장자가 나중에 태어나는 차자를 섬기는 것으로 그들의 운명이 갈릴 것을 알려주셨습니다. 리브가는 이것을 들었고 이삭은 듣지 못했습니다. 물론 리브가가 이삭에게 알렸을 가능성은 충분합니다.

이삭은 여호와께 기도하여 리브가가 잉태하는 기도 응답을 받았습니다. 그러나 이삭은 여호와로부터 어떤 약속을 받은 적은 없습니다. 리브가가 여호와께 나아가 태중의 아이가 싸우는데 어떻게 하면 좋으냐는 질문에 여호와께서는 단순히 왜 싸운다고만 설명하지 않고, 쌍둥이의 미래의 길까지 대답한 것은 언약의 말씀입니다. 언약의 씨는 이삭입니다. 그럼에도 불구하고 언약의 말씀은 리브가가 먼저 듣게 되었습니다.

우리는 늘 자기중심으로만 생각하는 경향이 있습니다. 여호와는 자신의 섭리를 따라서 언약을 맺습니다. 가정에서, 교회에서, 직장에서 나 중심으로 생각하는 점은 내려놓아야 합니다.

여호와께서 이삭에게 언약의 말씀을 주셨습니다(26:2-5, 24)

여호와께서 두 차례 이삭에게 나타나셔서 언약의 말씀을 주셨습니다. 첫 번째는 흉년이 들어 그랄로 내려갔을 때이고, 다른 한 번은 그랄에서 우물 사건을 뒤로하고 브엘세바로 올라왔을 때입니다. 첫 번째는 그랄 땅에 온 이삭에게 애굽으로 내려가지 말 것을 요청하시며 여호와께서 지시하는 땅에 거하면 여호와께서 이삭과 함께 있어 복을 주시고 이 모든 땅을 이삭과 그의 후손에게 주실 것을 언약하셨습니다. 여호와께서 그렇게 하시는 이유는 아브라함에게 맹세한 것을 이루셔야 하기 때문입니다. 여호와는 이삭의 자손을 하늘의 별과 같이 번성하게 하고, 이 땅을 그의 자손에게 주고, 그의 자손으로 말미암아 천하 만민이 복을 받도록 해야 합니다. 그 이유는 아브라함이 여호와의 말을 순종하고 여호와의 명령과 계명과 법도를 지켰기 때문입니다.

이삭은 여호와의 말씀에 순종해 애굽으로 내려가지 않았고, 여호와께서 지시하는 땅에 거하며 농사를 지어 그 해에 백배의 복을 받았습니다. 이삭이 거부가 된 것에 블레셋 사람들이 시기해서 아브라함 때 팠던 우물을 메워버렸습니다. 이삭이 두 번 우물을 팠을 때까지 블레셋과 다투었습니다. 세 번째 우물을 팠을 때 다투지 않았습니다. 이삭이 거기서 브엘세바로 올라갔습니다. 여호와께서 이삭에게 두 번째 나타나셔서 언약의 말씀을 주셨습니다.

"…나는 네 아버지 아브라함의 하나님이니 두려워하지 말라 내 종 아브라함을 위하여 내가 너와 함께 있어 네게 복을 주어 네 자손이 번성하게 하리라(26:24)"

이삭에게 나타나는 독특한 사실 하나는 여호와께서 그와 언약을 맺으면서도 두 번 모두 아브라함 때문이라는 이유를 언급합니다. 부모가 여호와께로부터 받은 약속, 부모가 여호와께 인정받은 신앙은 자녀들에게 좋은 영향력을 미칩니다.

이삭의 축복(27:1-28:5)

이삭은 에서가 사냥해온 고기를 좋아해서 그를 사랑했고, 리브가는 야곱을 사랑했습니다(25:28). 이삭은 나이가 많았고 눈이 어두워 잘 보이지 않았습니다. 이삭은 에서를 불러 자신이 늙었고 언제 죽을지 모른다며 자신이 즐기는 별미를 만들어 오면 먹고 여호와 앞에서 축복하겠다고 했습니다. 리브가가 이 이야기를 들었습니다(27:5). 여호와께서 창세기 24장에서 리브가의 캐릭터를 길게 설명해주셨습니다. 그녀는 아름답고 착하고 배려심 있는 여인이었습니다. 또한 그녀는 건강하고 담대하고 결단력 있는 여인이었습니다. 여호와께서 그녀에게 쌍둥이들의 미래 삶이 어떻게 흘러가게 될 것인지 약속의 말씀으로 주셨습니다. 리브가는 이 여호와의 말씀을 기억했습니다. 이삭이 에서에게 축복을 말할 때 그녀는 이삭이 여호와의 언약을 거스른다고 생각했을 가능성이 있습니다. 그녀는 성경이 설정한 그녀의 캐릭터답게 결단했습니다.

그녀는 야곱을 불러 에서 대신 아버지 이삭의 축복을 받게 합니다. 야곱을 시켜 형 에서의 옷을 가져오라고 말합니다. 야곱은 어머니 리브가의 말을 듣고 주춤거리고 망설이며 아버지가 자신을 만지면 아버지의 눈에 자신이 아버지를 속이는 자로 보여 복은 고사하고 저주를 받을까 두렵다고 말했습니다(27:12). 야곱의 말을 들은 리브가는 "…내 아들아 너의 저주는 내게로 돌리리니 내 말만 따르고 가서 가져오라(27:13)"고 망설임 없이 말합니다. 여호와께서 리브가의 캐릭터를 길게 보여준 것처럼 결단력이 있습니다.

리브가는 고향을 떠나 올 때 오라버니와 어머니의 축복을 받았습니다(24:60). 그녀는 축복의 중요성을 알고 있는 사람이었습니다. 그녀는 여호와께서 언약으로 주신 말씀대로 되어야 한다고 결단했습니다. 그녀는 자신이 저주를 받더라도 야곱이 여호와께서 언약의 말씀을 주신대로 되어야 한다고 결단했던 것입니다.

이삭은 야곱을 몇 차례 의심합니다. 우여곡절 끝에 이삭은 야곱을 에서로 알고 축복했습니다. 야곱은 총괄적인 평가를 먼저 합니다. "내 아들의 향취는 여호와께서 복 주신 밭의 향취로다." 그리고 이삭은 네 가지로 야곱을 축복합니다.

첫째, 하나님은 하늘의 이슬과 땅의 기름짐이며 풍성한 곡식과 포도주를 네게 주시길 원한다.

둘째, 만민이 너를 섬기고 열국이 네게 굴복하게 될 것이다.

셋째, 네가 형제들의 주가 되고 네 어머니의 아들들이 네게 굴복하게 될 것이다.

넷째, 너를 저주하는 자는 저주를 받고 너를 축복하는 자는 복 받기를 원한다.

이삭은 야곱을 한 번 더 축복합니다(28:3-4). 이때는 에서의 위협으로 집을 떠나 밧단아람의 외삼촌 집으로 보내며 한 축복입니다. 이삭은 세 가지 내용으로 축복합니다.

첫째, 전능하신 하나님이 네게 복을 주시어 생육하고 번성하게 하여 네가 여러 족속을 이루게 해주시길 원한다.

둘째, 아브라함에게 허락하신 복을 너와 네 자손에게 주시길 원한다.

셋째, 하나님이 아브라함에게 주신 땅을 네가 차지하기를 원한다.

이삭은 아버지 아브라함으로부터 축복을 받지 않았지만 야곱을 축복했습니다. 이삭이 야곱을 축복한 두 경우를 비교해 보면 공통점과 차이점이 있습니다. 공통점은 "하나님이"이 복 주시길 원한다는 것입니다. 차이점은 첫 번째 축복은 아브라함과 연결시키지 않았는데 두 번째 축복에서는 아브라함과 연결시키고 있다는 점입니다. 이것은 두 번째 축복이 여호와의 언약에 기초한 것임을 알려주고 있습니다.

우리의 부모님들은 자녀들에게 저주가 담긴 말을 많이 했습니다. 성도는 이러한 옛 습관에서 벗어나야 합니다. 성도는 자녀들에게 하나님의 약속의 말씀에 근거한 축복을 많이 해야 합니다. 이번 한 주는 자녀들 한 사람 한 사람을 축복하고 싶은 내용을 적어보십시오, 그리고 직접 한 명씩 축복하는 시간을 가져보십시오.

28:10-46:4 여호와께서 야곱에게 주시는 언약들

여호와께서 아브라함에게 스물여덟 번 나타나셔서 약속의 말씀을 주셨습니다. 여호와께서 야곱에게 다섯 차례 나타나셔서 약속의 말씀을 주십니다. 그 약속들은 모두 특정한 상황과 장소와 연계되어 있습니다.

길에서 받은 약속의 말씀(28:10-22)

첫 번째 언약의 말씀은 야곱이 형 에서의 살해위협으로부터 벗어나기 위해 도망가다가 노숙할 때 꿈 가운데 찾아오셔서 주신 말씀입니다. 여호와께서 언약의 말씀을 주시자 야곱은 그것에 근거하여 서원을 합니다.

야곱은 세 차례 보았습니다(10-13상). 야곱과 여호와의 만남은 아주 중요한 특징 한 가지를 가지고 있습니다. "꿈에 본즉(12상)", "또 본즉(12하, 13상)"이 그것입니다. 야곱은 꿈이지만 "보았다"는 특징을 가지고 있습니다. 야곱은 세 차례 보았습니다. 첫 번째는 사닥다리가 땅 위에 서 있는데 그 꼭대기가 하늘에 닿은 모습을 보았습니다. 두 번째는 하나님의 사자들이 그 사닥다리를 오르락내리락 하는 것을 보았습니다. 세 번째는 그 사닥다리 꼭대기에 서 계시는 여호와를 보았습니다. 성경의 기자는 야곱이 가장 먼저 물체를 보았고, 다음에 영적 존재인 천사를 보았고, 마지막으로 여호와를 본 것으로 발전시켰습니다. 야곱이 꿈이지만 여호와를 본 것이 분명한 사실임을 강조하고 있습니다.

여호와께서 야곱에게 주시는 약속의 말씀(13-15). 여호와께서는 야곱에게 자신을 먼저 소개합니다. 여호와는 자신을 야곱의 조부 아브라함이요 이삭의 하나님이라고 소개합니다. 성경의 기자가 이 세상 사람이 아닌 아브라함의 하나님임을 소개하는 것은 이삭이 야곱에게 한 축복을 상기시키고 그 축복에 근거한 언약을 전하려는 것으로 보입니다. 이삭은 야곱을 떠나보내기 전에 두 번째 축복할 때, 아브라함에게 허락하신 복을 네게 주시고, 너와 함께 네 자손에게도 주시길 원하고, 아브라함에게 주신 땅을 네가 차지하길 원한다고 축복했었습니다(28:4). 사닥다리 위에 서신 여호와께서 야곱에게 주시는 언약의 말씀은 크게 네 가지입니다.

첫째 언약의 말씀은 땅과 관련된 말씀입니다. 여호와께서는 현재 야곱이 누워있는 땅을 야곱과 그의 자손들에게 줄 것임을 약속합니다.

둘째 언약의 말씀은 야곱의 자손들과 관련된 언약의 말씀입니다. 여호와께서는 야곱의 자손들이 땅의 티끌같이 되어 동서남북으로 퍼져나갈 것이라고 약속합니다.

셋째 언약의 말씀은 땅의 모든 족속과 관련된 말씀입니다. 땅의 모든 족속은 야곱과 야곱의 자손으로 말미암아 복을 받게 될 것입니다.

넷째 언약의 말씀은 여호와와 야곱의 관계에 관한 언약의 말씀입니다. 여호와는 야곱과 함께 계시면서 야곱을 지키시고 이 땅을 돌아오게 하실 것입니다. 그리고 여호와께서 약속한 언약을 다 이루기까지 야곱을 떠나지 않을 것이라고 약속합니다.

땅, 자손, 모든 족속 등은 이미 여러 차례 언급된 언약입니다. 여호와께서 야곱에 특별히 언급한 내용은 "함께 한다"와 "돌아오게 한다"입니다. 야곱은 지금 홀로 집을 떠나 먼 길을 가고 있는 중입니다. 그러한 야곱에게 여호와께서 함께 해주신다는 말씀은 야곱의 동행자가 되어 주신다는 말씀입니다. 여호와께서 야곱에게 주신 약속의 말씀을 다 이룰 때까지 떠나지 않으신다는 말씀입니다. 지금은 야곱이 밧단아람으로 가고 있지만 언제인가는 돌아와야 합니다. 여호와께서 야곱의 마음을 아시듯이 돌아오게 하신다는 약속의 말씀을 주셨습니다. 여호와께서 야곱의 마음을 헤아려 주신 약속입니다. 야곱은 이 약속의 말씀을 듣고만 지나치지 않았습니다.

야곱의 서원(20-22). 야곱은 아침에 일찍 일어나 자신이 베었던 베개를 기둥으로 세우고 그 위에 기름을 붓고 그 곳 이름을 벧엘이라 불렀습니다. 야곱은 지난밤에 여호와의 언약의 말씀을 들었습니다. 야곱은 여호와께서 자신에 주신 언약의 말씀을 시작(하나님이 나와 함께 계셔서)과 끝(아버지 집으로 돌아가게 하시면)에 배치한 후 여호와께 서원을 했습니다. 야곱의 서원은 여호와의 언약의 말씀을 기초로 자신의 요구 조건을 담았습니다. 대부분의 서원은 이미 여호와께서 야곱에게 언약으로 주신 것입니다. 순수하게 야곱이 내 세운 그 요구조건은 지극히 현실적인 것입니다.

"하나님이 나와 함께 계셔서 '내가 가는 이 길에서 나를 지키시고, 먹을 떡과 입을 옷을 주시어 평안히' 아버지 집으로 돌아오게 하시오면…"

야곱은 여호와께서 자신에 주신 약속의 말씀을 근거로 지극히 현실적인 서원의 조건을 제시합니다. "먹을 떡과 입을 옷을 주시어 평안히 돌아오게 해 주시면…"이 야곱이 직접 내 세운 서원의 조건입니다. 야곱은 이 조건을 여호와께 제시한 후에 여호와께서 그것을 들어주시면 세 가지를 하겠다고 서원합니다.

첫째, 여호와께서 나의 하나님이 되실 것입니다.

둘째, 내가 기둥으로 세운 이 돌이 하나님의 집이 될 것입니다.

셋째, 하나님께서 내게 주신 모든 것에서 십분의 일을 내가 반드시 하나님께 드리겠습니다.

야곱은 할아버지 아브라함이 제단을 쌓았던 곳(13:3-4)에서 잠을 자게 되었고 그곳에서 여호와의 언약의 말씀을 받았습니다. 야곱의 서원은 아주 현실적인 것임과 동시에 아주 치밀한 것임을 볼 수 있습니다.

가나안 땅 밖에서 받은 언약의 말씀(31:3, 11-13)

야곱이 서원을 마치고 밧단아람에 이르러 외삼촌 라반의 집에 들어갔습니다. 레아와 라헬과 결혼하였고 열 한 명의 아들을 얻었습니다. 많은 가축들을 자신의 소유로 확보하였습니다. 이 기간 동안에 있는 일들이 29-30장에 기록되었는데, 그 기간 동안에는 여호와께서 야곱에게 나타나지 않으셨습니다. 야곱이 우연히 외사촌의 아들들이 "야곱이 우리 아버지의 소유를 다 빼앗고 우리 아버지의 소유로 말미암아 이 모든 재물을 모았다(31:1)"고 하는 말을 들었습니다. 그리고 외삼촌 라반의 얼굴을 보았더니 그의 안색이 전과 같지 않음을 발견하였습니다(31:2).

여호와께서 그 순간에 야곱에게 나타나셔서 "네 조상의 땅 네 족속에게로 돌아가라 내가 너와 함께 있으리라(31:3)"는 언약의 말씀을 주셨습니다.

야곱이 가나안 땅 밖에서 여호와께 받은 첫 번째 언약의 말씀입니다. 아브라함과 야곱을 비교하면 아주 상반되는 언약의 내용이 주목을 끕니다. 여호와께서 아브라함에게 언약의 말씀을 주실 때는 "본토, 고향, 아버지의 집을 떠나라(12:1)"는 조건의 말씀을 주셨습니다. 그런데 여호와께서 가나안 땅 밖에서 야곱에게 두 번째 언약의 말씀을 주시면서는 아브라함과 정 반대 상황인 "네 조상의 땅, 네 족속에게로 돌아가라"였습니다. 이 언약의 말씀에서 두 가지 의미를 찾을 수 있습니다.

첫째, 야곱이 언약으로 받을 땅을 벗어나 있기 때문에 언약으로 주실 땅으로 돌아가야 합니다.

둘째, 첫 번째 언약을 주실 때 "네가 누워 있는 땅을 내가 너와 네 후손에게 주리라"고 말씀하셨기 때문에 야곱은 조상의 땅, 족속에게로 돌아가야 합니다.

야곱이 여호와의 두 번째 언약의 말씀을 듣고 아내들을 불러 하나님이 자신에게 주신 말씀인 "나는 벧엘의 하나님이라 네가 거기서 기둥에 기름을 붓고 거기서 내게 서원하였으니 지금 일어나 이곳을 떠나서 네 출생지로 돌아가라 하셨느니라(31:13)"고 알렸습니다. 야곱은 자신에게 나타나셔서 언약을 주신 여호와와 자신이 그 여호와께 서원했던 사건을 연결시켜 아내들에게 말했습니다.

여호와는 아브라함의 하나님이시고, 이삭의 하나님이시고, 야곱의 하나님이십니다. 동일한 하나님이시만 각 사람에 맞게 역사하시는 하나님이십니다.

약속을 이행하라는 언약의 말씀(35:1)

야곱은 외삼촌 라반과 언약을 맺고 고향 땅으로 돌아와 어떤 사람과 씨름하여 승리한 후 에서를 맞이했습니다. 평안히 세겜 땅에 이르렀습니다(33:18). 야곱은 서원할 때 '평안히 돌아오게 하시면'이라고 제시했었는데 그 서원대로 되었음을 강조하고 있습니다. 그런데 평안히 세겜 땅에 돌아왔다는 것은 야곱의 현재 마음을 보여주고 있습니다. 야곱이 최종적으로 돌아가야 할 행선지는 세겜이 아닙니다. 야곱은 세겜에서 서원을 한 것이 아니라 벧엘에서 했었습니다. 때문에 야곱이 세겜 땅에 평안히 돌아왔다는 것은 앞으로 야기될 문제를 암시하고 있습니다.

야곱은 자신이 장막을 친 땅을 세겜의 아버지 하몰의 아들들의 손에서 백 크시타를 주고 샀습니다(33:19). 야곱이 소유하게 된 첫 번째 땅입니다. 하몰의 아들인 세겜이 야곱의 딸 디나를 연연하여 강간했습니다. 시므온과 레위는 그들에게 할례를 행하여 서로 연합하여 지내자고 제안 한 후 그들을 모두 살해했습니다. 야곱이 첫 소유를 가졌지만 그곳 사람들과 원수가 되었습니다. 여호와께서 이 긴급한 상황에서 야곱을 찾아오셔서 세 번째 언약의 말씀을 주십니다.

"일어나 벧엘로 올라가서 거기 거주하며 네가 네 형 에서의 낯을 피하여 도망하던 때에 네게 나타났던 하나님께 거기서 제단을 쌓으라"

세겜은 여호와께서 아브라함에게 "네 씨"에게 주신다고 약속했던 땅입니다(12:7). 여호와께서는 야곱에게 그 곳에 거주하길 원하지 않으셨습니다. 여호와는 야곱에게 벧엘로 올라가서 거기 거주하라고 명하셨습니다. 야곱이 세겜에서 땅을 산 것은 벧엘의 서원을 잠시 잊었다고 볼 수도 있습니다. 시므온과 레위는 할례를 통해서 디나의 원수를 갚을 계획을 세웠습니다. 여호와께서 이 계획을 아셨지만 막지 않았습니다.[21] 야곱은 벧엘 땅에서 서원을 하며 그곳이 하나님의 집이 될 것이라고 했었습니다(28:22상). 야곱의 여정은 벧엘까지 와야 완성됩니다. 야곱은 지금 자신이 한 서원인 "이 길에서 나를 지키시고(28:20중)"란 말을 어기고 있습니다. 야곱이 세겜에 땅을 샀다는 것은 그곳에 정착하고 싶은 마음이 든 것입니다. 이는 더 이상 여정을 하지 않겠다는 의미를 포함하고 있습니다. 야곱은 스스로 여호와께 한 서원을 잠깐일지라도 거스르게 된 것입니다. 때문에 여호와께서 야곱에게 약속한 "어디를 가든지 너를 지키며(28:15상)"란 말씀에 침묵하셨습니다. 여호와께서 야곱의 딸 디나를 지켜주시지 않았습니다. 그것은 곧 야곱을 지켜주지 않은 것입니다. 그 원인이 여호와께 있는 것이 아니라 야곱이 세겜에 정착하려고 세겜 땅을 구입한 것에 있습니다. 아직은 율법이 주어지지 않은 상태이긴 합니다. 후일 율법이 주어질 때, 자원한 예물에 관한 말씀이기는하지만 서원은 반드시 지켜야 합니다(신 23:23). 그 서원을 지키지 않았기 때문에 야곱은 연속적으로 어려움을 당했고, 그것을 깨닫지 못하자 그 상황을 근거로 여호와는 야곱에게 벧엘로 올라가라고 명하셨습니다.

이스라엘로 개명된 야곱의 이름(35:9-12)

야곱이 세겜에서 여호와의 명을 듣고 벧엘로 올라갔습니다. 야곱은 세겜에 올라갈 때 온 가족들에게 "…너희 중에 있는 이방 신상들을 버리고 자신을 정결하게 하고 너희들의 의복을 바꾸어 입으라(35:2하)"고 명했습니다. 야곱이 여호와의 명을 듣고 순종하여 세겜을 떠나 벧엘로 올라갈 때 여호와는 다시 야곱을 지켜주십니다. 여호와께서 세겜 사면 고을들로 크게 두려워하게 했습니다. 아무도 야곱을 추격하는 자가 없도록 야곱을 지키셨습니다. 야곱은 벧엘에 이르러 제단을 쌓고 그 곳을 엘벧엘이라고 불렀습니다(35:7). 하나님이 야곱에게 나타나셔서 그에게 복을 주셨습니다. 하나님은 야곱에게 다시는 이름을 야곱이라 부르지 않고 이스라엘이 네 이름이 된다는 언약의 말씀을 주셨습니다

21 외삼촌 라반의 위협에서는 개입하셔서 야곱을 지켰습니다(31:24).

(10). 하나님은 야곱에게 자신을 전능하신 하나님이라고 계시하시며 네 가지 언약의 말씀도 주셨습니다.

첫째, 생육하고 번성하라.

둘째, 한 백성과 백성들의 총회가 네게서 나온다.

셋째, 왕들이 네 허리에서 나온다.

넷째, 아브라함과 이삭에게 준 땅을 너와 네 후손에게 준다.

"한 백성"은 한 개의 나라로 이스라엘을 의미하는 것으로 볼 수 있습니다. 아브라함에게서는 여러 민족이 나옵니다. "백성들의 총회"는 구약에서는 이해가 어려운 표현입니다. UN과 같은 나라들의 총회란 의미로서 선택받은 각 나라들의 연합을 의미하는 것으로 보입니다. 길에서 꿈속에 나타난 분은 여호와신데, 벧엘에서 나타나신 분은 하나님이란 특징이 있습니다. 하나님이 야곱에게 언약을 주시는 과정이 아브라함 때(17:1-8)와 아주 흡사한 모습을 띠고 있습니다.

창세기 32장에서 어떤 사람이 야곱과 씨름을 했었습니다. 그가 야곱에게 "네 이름을 다시는 야곱이라 부를 것이 아니요 이스라엘이라 부를 것이니…(32:28)"라고 말했습니다. 이 어떤 사람은 하나님이 아닌 것이 분명합니다.[22] 그가 하나님이라면 "네 이름을 다시는 야곱이라 부르지 않겠고 이스라엘이 네 이름이 되리라(35:10)"는 말씀을 또 했을 리 없기 때문입니다. 32장에서 야곱의 이름을 다시는 부르지 않고 이스라엘이라 부른다고 했으면 그렇게 되어야 합니다. 그러나 35장의 하나님은 야곱의 이름을 부르시며 그의 이름을 이스라엘로 개명해주셨습니다. 그리고 다시는 야곱이라 부르지 않는다고 하셨습니다.

어떤 사람도 야곱을 이스라엘이라 부른다 했고, 하나님도 야곱을 이스라엘이라 부른다고 하셨습니다. '이스라엘'이란 이름에는 두 가지 의미가 있습니다. 하나는 독종이란 뜻이고 다른 하나는 끈기가 있는 사람이란 의미입니다. 어떤 사람은 이스라엘을 독종이란 의미로 사용했고, 하나님은 이스라엘을 끈기가 있는 사람이란 의미로 사용했습니다. 야곱은 개인의 이름입니다. 이스라엘은 야곱의 성품을 보여주는 이름이기도 하지만 앞으로 세워질 큰 공동체를 내다보는 나라 이름이기도 합니다.

벧엘을 떠나 애굽으로 내려갈 때 주신 언약의 말씀(46:2-4)

창세기 37장에서 45장까지는 표면적으로는 요셉의 이야기처럼 보입니다. 그런데 창세

22 유대인 주석가들은 어떤 사람은 에서에게 도움을 주려는 사람이라고 해석합니다.

기 37장은 "야곱의 족보는 이러하니라(2)"고 시작합니다. 창세기 37장부터가 요셉이야기처럼 보이지만 실제는 야곱의 이야기입니다. 요셉은 아버지 야곱이 애굽 땅에 내려오는데 쓰임받기 위해 설정된 인물입니다. 즉 여호와께서 아브라함에게 그의 자손들이 400년 동안 한 나라의 종살이를 하게 된다(15:13)는 말씀을 주셨습니다. 한 나라의 종살이를 하려면 가나안 땅을 떠나 한 나라로 내려가야 합니다. 요셉은 그 약속을 성취하기 위해 설정된 인물입니다.

요셉은 45장에서 형들에게 자신의 정체를 밝힙니다. 아버지를 모셔오기 위해 수레를 보냅니다. 요셉의 초청을 받은 야곱은 모든 소유를 이끌고 벧엘을 떠나 브엘세바까지 내려왔습니다. 그 밤에 하나님이 이상 중에 이스라엘에게 이르러 야곱을 부르셨고, 야곱이 대답했습니다(46:2). 하나님이 야곱에게 마지막 다섯 번째 언약의 말씀을 주십니다. 하나님이 다섯 번째 야곱에게 주신 언약의 말씀은 여섯 가지로 정리할 수 있습니다.

첫째, 나는 하나님이다. 네 아버지의 하나님이다.
둘째, 애굽으로 내려가기를 두려워하지 말라.
셋째, 내가 거기서 너로 큰 민족을 이루게 하리라.
넷째, 내가 너와 함께 애굽으로 내려가겠다.
다섯째, 반드시 내가 너를 인도하여 다시 올라올 것이다.
여섯 번째, 요셉이 그의 손으로 네 눈을 감겨줄 것이다.

여호와께서 아브라함에게 "너는 반드시 알라 네 자손이 이방에서 객이 되어 그들을 섬기겠고 그들은 사백 년 동안 네 자손을 괴롭히리니, 그들이 섬기는 나라를 내가 징벌할지며 그 후에 네 자손이 큰 재물을 이끌고 나오리라(창 15:13-14)"고 주신 약속에서 이방에서 객이 된다는 말씀이 시작되었습니다. 야곱은 애굽 땅에서 살며 바로를 축복하고(47:10), 요셉을 인하여 에브라임과 므낫세를 축복하고(48:12-22), 자신의 아들들을 축복합니다(49:1-28). 야곱은 애굽 땅에 17년을 살고 147세 나이로 세상을 떠났습니다. 하나님이 그에게 언약하신 대로 요셉은 아버지의 시신을 가나안 땅 막벨라 굴에 안장했습니다.

야곱은 개인으로 시작하여 이스라엘이란 나라 건설의 기초를 다졌습니다. 그는 그 시대 가장 강대하고 권력 있는 바로를 축복했습니다. 가나안 땅이 아닌 애굽 땅에서 자녀들을 축복했습니다. 축복이란 패러다임을 완전히 바꾼 것입니다. 이것은 여호와께서 아브라함에게 말씀하신 새로운 나라를 창조하기 위한 수순입니다. 야곱은 벧엘을 두 번 떠난 인물입니다. 한 번은 형 에서를 피해 밧단아람으로 갈 때 떠났습니다. 그때는 살아서 돌아왔습니다. 또 한 번은 여호와께서 아브라함에게 말씀하신 한 나라에 종살이를 위해서 가족들을 이끌고 벧엘을 떠나 애굽 땅으로 내려갔습니다. 이때는 죽은 시신으로 가나안 땅에 돌아왔습니다.

여호와께서 야곱에게 주신 다섯 번의 약속의 말씀은 단순히 그에게만 한정하여 주신 언약이 아닙니다. 비록 야곱에게 주신 약속의 말씀이지만 그것은 아브라함에게 주신 언약과 연결된 약속입니다. 그러므로 내가 받은 약속이라 할지라도 내게 한 정된 것이 아닐 수 있음을 알아야 합니다.

28:10-31:24; 34:30-35:1

위기에서 도우시고 권면하시는 하나님

야곱은 크게 네 차례 위기를 맞이합니다. 첫 번째는 형 에서의 살해 위협으로 정해진 기한 없이 먼 길을 떠날 때입니다(28:10-22). 두 번째 위기는 외삼촌 라반과 그의 아들들의 원망입니다(31:1-2). 세 번째는 외삼촌 라반의 추격입니다(31:17-24). 네 번째는 '디나'가 당한 강간으로 인해 시므온과 레위가 원수를 갚은 일입니다(34:30-35:1). 야곱이 당한 위기 때 여호와 하나님은 어떻게 그를 도우셨을까를 묵상합니다.

스스로 만든 위기에서 도우신 하나님(28:10-31:24)

먼저 전제되어야 할 사실은 야곱의 생애와 나의 생애가 동일하지 않다는 점입니다. 야곱의 생애는 여호와께서 아브라함에게 주신 언약 안에 있습니다. 특히 400년 동안 한 나라의 종살이를 위해 문을 열어야 합니다. 나의 생애는 아브라함으로 말미암아 약속된 복을 누리는 것임은 분명합니다. 그러나 야곱처럼 여호와의 특별한 계획을 위해서 부름받은 상황은 아닙니다. 그렇지만 야곱의 위기에 하나님이 어떻게 움직이셨는가를 깨닫는 것은 나의 위기에 하나님이 어떻게 움직일 것인가란 큰 원리를 알게 해 줍니다.

야곱이 만든 첫 번째 위기. 야곱은 태중에서 형이랑 싸웠습니다. 태어난 후 형 에서는 사냥꾼으로 살았고 야곱은 조용한 사람으로 목축을 하며 살았습니다. 불행하게도 부모의 사랑을 동시에 받지 못했습니다. 아버지는 고기를 좋아해서 사냥하는 에서를 사랑했고, 어머니는 야곱을 사랑했습니다(25:8). 야곱은 장자에 대한 열정과 욕망이 대단했습니다. 성경의 맥락을 보면 태중에서 싸운 이유도 장자의 지위 때문인 것으로 보입니다. 그는 형 에서가 사냥에서 돌아와 허기 질 때, 야곱은 떡과 팥죽을 주고 장자의 명분을 샀습니다(25:34). 에서는 장자의 명분을 가볍게 여겼고, 야곱은 장자의 명분을 중요하게 여겼습니다. 야곱과 에서 사이는 태중에서부터 관계가 틀어지기 시작했고 태어나 살면서 관계는 점점 꼬여갔습니다. 이삭이 나이 많아 눈이 어두워 잘 보이지 않자 에서에게 사냥한 고기로 별미를 만들어 오면 먹고 축복해주겠다고 했습니다. 리브가가 이것을 들었습니다. 리브가는 야곱이 축복을 가로채도록 전적으로 도왔습니다. 에서는 자신이 받을 축복을 야곱이 가로채 간 사실을 알았습니다. 아버지 이삭에게 울며불며 자신을 축복해 줄 것을 애원했습니다. 이삭은 "내가 그를 너의 주로 세우고, 그의 모든 형제를 내가 그에게 종으로 주었으며, 곡식과 포도주를 그에게 주었으므로 내가 할 수 있는 것이 없다(27:37)"고 대답했습니다. 에서는 아버지 이삭이 죽을 날이 가까이 온 사실을 알았습니다. 에서는 야곱을 죽일 계획을 꾸몄습니다. 야곱은 형 에서로부터 살해 위협을 받게 되었습니다. 이것은 야곱이 스스로 만든 것과 다를 바 없는 위기입니다.

야곱은 브엘세바를 떠나 하란 땅으로 정처 없는 나그네 인생길을 가야했습니다. 야곱이 벧엘에 이르러 돌을 베개 삼고 누웠습니다. 여호와께서 야곱의 꿈에 직접 나타나시기 전에 두 단계를 먼저 보여주셨습니다. 하나는 땅 위에 서 있는 사닥다리 꼭대기가 하늘에 닿은 것을 보여주셨습니다. 다음은 그 사닥다리에 하나님의 천사가 오르락내리락 하는 것을 보여주신 후에 여호와께서 나타나셔서 자신을 소개하고 언약의 말씀을 주셨습니다. 앞 선 두 단계는 야곱이 꿈으로 본 것을 보다 구체적이고 명확하게 인식시키기 위한 여호와의 배려로 이해됩니다. 여호와께서는 땅과 그것을 받을 자손들에 대한 언약을 먼저 제시했습니다(28:14). 야곱은 지금 홀로 브엘세바를 떠나 밧단아람으로 가는 길입니다. 그는 스스로 만든 위기로 인해 외로움과 두려움에 빠졌습니다. 그것을 너무나 잘 아시는 여호와께서 그의 마음에 특별한 위로와 격려가 되는 말씀을 언약으로 주셨습니다.

"내가 너와 <u>함께 있어</u> 네가 어디로 가든지 너를 <u>지키</u>며 너를 <u>이끌어</u> 이 땅으로 <u>돌아오게 할지라.</u> 내가 네게 허락한 것을 다 이루기까지 너를 떠나지 아니하리라(15)."

홀로 길 떠난 야곱에게 여호와께서 "함께 있겠다"는 언약의 말씀을 주셨습니다. 야곱이 가는 밧단아람은 초행길입니다. 여호와께서 야곱이 어디를 가든지 "지키시고 이끌어 주신다"는 언약의 말씀을 주셨습니다. 야곱이 이 말씀을 신뢰할 수만 있다면 야곱이 가는 길을 두려워해야 할 필요가 있을까요. 할아버지 아브라함은 본토와 고향과 아버지의 집을 떠나야 했습니다. 그러나 야곱은 할아버지와 달리 여호와께서 주신 약속의 땅으로 돌아와야 합니다. 이것을 계획하신 분이 여호와십니다. 여호와께서는 그것을 너무나 잘 알고 계시기 때문에게 야곱에게 "이 땅으로 돌아오게 한다"는 언약의 말씀을 주십니다. 여호와께서 야곱을 통해 계획하신 것을 다 이루기까지 야곱을 떠나지 않으신다고 약속합니다.

야곱과 나는 다릅니다. 야곱은 여호와께서 열두 지파를 만드시고 국가의 기초를 다지는 직접적인 계획안에 있는 인물입니다. 나는 그러한 여호와의 계획 속에 있지는 않습니다. 그러나 부활의 주님은 승천하시 직전에 "가서 제자를 삼고 세례를 주고 주님이 분부한 명령을 모두 가르쳐 지키게 하는 사명을 감당하는 제자들과 세상 끝 날까지 함께 항상 있겠다(마 28:19-20)"고 약속해주셨습니다. 양자의 영을 받은 자녀들은 성령께서 인도하십니다(롬 8:14). 주님이 직접 주신 말씀이고, 사도 바울을 통해서 주신 말씀이기에 성도인 나는 이 말씀을 믿고 신뢰하고 확신해야 합니다. 내가 가는 모든 길에서, 어려운 상황을 맞이하는 모든 순간에 그 말씀을 신뢰하고 흔들림 없이 견고하게 서야 하고, 두려워하지 말아야 합니다. 더 깊은 영성의 길을 걸어가며 주님이 함께 하시는 것을 분별하고, 인도하심을 확인 할 수 있는 영적 깊이를 더한다면 더 좋을 것입니다.

야곱 스스로 만든 두 번째 위기. 야곱은 두 명의 아내, 두 명의 몸종으로서 아내, 열한 명의 아들, 딸 디나, 많은 소유와 함께 밧단아람을 떠났습니다. 밧단아람을 떠나는 것은 여호와의 명을 받았기 때문입니다(31:3). 여호와께서는 야곱에게 함께 있을 것을 약속하시며 "밧단아람을 떠나 네 조상의 땅 네 족속에게로 돌아가라(31:3)"고 명하셨습니다. 여호와께서 이 언약의 말씀을 주신 것은 외사촌 형제들의 원망과 외삼촌 라반의 안색이 다른 것을 보고 야곱이 위협을 느꼈기 때문입니다. 야곱은 여호와의 언약의 음성을 들은 후 외삼촌에게 떠나는 것을 숨기고 죄인이 도망치듯 몰래 밧단아람을 떠났습니다(31:20). 외삼촌 라반은 야곱이 도망한 후 삼일 만에 그 사실을 알았습니다. 이것은 야곱이 또 스스로 문제를 만든 위기입니다. 여호와께서 야곱에게 밧단아람을 떠나서 조상의 땅 족속에게로 돌아가라고 하셨으면, 야곱이 외삼촌에게 여호와께서 하신 말씀대로 전하고 동의를 구하고 떠났어야 했습니다. 그러나 야곱은 외사촌들의 말과 외삼촌의 안색에 영향을 받아 도망치듯 몰래 떠났기 때문에 스스로 위기를 만든 것입니다.

외삼촌 라반은 칠 일 길을 달려 야곱에게 거의 이르렀습니다. 외삼촌 라반이 야곱을 추격한 것은 자신이 신으로 섬기는 드라빔을 찾으려는 맘도 포함되어 있었지만, 라반이 야곱에게 어떤 해를 가할지 알 수 없습니다. 이때에 하나님이 밤에 라반에게 나타났습니다.

"…너는 삼가 야곱에게 선악 간에 말하지 말라(31:24하)"

여호와께서는 라반에게 어떤 잘잘못도 선악 간에 말하지 말라고 명했습니다. 이 일을 행하신 하나님은 야곱에게 외삼촌 라반을 떠나 네 조상의 땅, 네 족속에게로 돌아가라고 말했을 때도 당연히 떠남을 허락하도록 역사했을 것입니다. 라반에게 나타나 말씀하신 하나님의 위엄이 얼마나 컸든지 라반은 야곱에게 여호와께서 하신 말씀만 전달했을 뿐 정말 선악 간에 잘잘못을 한 가지도 따지지 않았습니다.

하나님은 야곱에게 분명히 "어디로 가든지 너를 지키며 너를 이끌어 이 땅으로 돌아오게 할 것이다(28:150)"말씀하셨습니다. 야곱이 스스로 문제를 만들었지만 하나님은 이 약속을 지키고 실천하셔서 야곱을 도우셨습니다. 하나님의 도우심과 인도가 있다고 해서 어려움이 없다는 뜻은 아닙니다. 어려움이 있을지라도 하나님은 그것을 능히 극복하도록 도우실 것입니다.

어떤 어려움이 있습니까? 내가 스스로 만든 문제이고, 죄가 얽혀있다면 회개합시다. 하나님께서 반드시 그 어려움을 극복할 수 있도록 도우실 것입니다.

아들들이 만든 위기에서 권면하시며 도우시는 하나님

야곱은 형 에서와 해결하기 어려운 문제를 가지고 있었습니다. 어떤 사람이 얍복강 가에 찾아와서 야곱과 씨름했습니다. 어떤 사람이 밤새 야곱과 씨름했지만 자신이 야곱을 이길 수 없는 것을 알고 야곱의 허벅지 관절을 쳤습니다. 야곱은 큰 부상을 당하고서도 어떤 사람을 놓지 않고 물고 늘어지며 "당신이 내게 축복하지 않으면 가지 못하게 하겠다(32:26)"고 했습니다. 그 사람은 야곱의 이름을 다시는 야곱이라 부르지 않고 '이스라엘'이라고 부르겠다고 했습니다. 이 때 '이스라엘'은 민족 혹은 나라 이스라엘을 의미하지 않습니다. '지독한 사람'이란 의미입니다. 어떤 사람은 야곱을 이스라엘이라 축복했습니다. 야곱은 그 어떤 사람에게 축복받기를 원했는데 소원을 이루었습니다. 그리고 형 에서를 만났고, 20여년 풀지 못했던 감정의 골을 한 순간에 해결했습니다.

성경의 기자는 야곱이 밧단아람에서부터 "평안히 가나안 땅 세겜 성읍에 이르렀다(33:18)"고 말합니다. '평안히'를 넣은 것은 야곱이 여호와께 서원할 때 "평안히 아버지 집으로 돌아오게 하시면…(28:21)"이라고 했었는데, 그 서원대로 이루어졌음을 강조하고 있습니다. 하나님은 야곱의 서원대로 이루어주셨습니다. 야곱도 자신이 한 서원을 다 지켜야 합니다. 그런데 야곱은 자신이 장막을 친 세겜 땅을 하몰의 아들들에게서 백 크시타를 주고 사들였습니다. 이것은 가나안 땅에서 야곱의 소유가 된 첫 땅입니다. 야곱은 여호와께 서원할 때, 여호와께서 평안히 돌아오게 하면 자신이 베고 잤던 돌을 세우고 하나님의 집이 될 것이라고 했었습니다. 하나님께 소득의 십분의 일의 반드시 드리겠다고 했었습니다(28:22). 야곱은 벧엘로 가지 않고, 세겜 땅에 머물며 땅을 샀습니다. 여기에는 야곱이 스스로 만든 위기를 내포하고 있습니다. 앞으로 그 위기는 실제 상황으로 나타날 것입니다. 그 실제 상황은 두 차례 나타납니다.

'디나'가 그 땅의 딸들을 보러 나갔습니다. 그 땅의 추장 세겜이 디나를 끌어들여 강간했습니다. 야곱의 아들들이 이 소식을 듣고 추장 세겜이 이스라엘에게 부끄러운 짓을 했다며 화를 냈습니다. 세겜의 아버지 하몰이 야곱의 아들들을 찾아와 디나를 세겜에게 주어 아내로 삼길 청하고, 서로 통혼하자고 요청했습니다. 세겜도 야곱의 아들들에게 이르러 자신이 은혜 입기를 요청했습니다. 야곱의 아들들은 할례 받지 않은 사람들에게 누이를 주면 자신들에게 수치가 된다며 누이를 줄 수 없다고 거절했습니다. 그러면서 세겜의 모든 남자들이 할례를 받아 자신들과 같이 되면 서로 통혼하고 함께 거주하며 한 민족이 되겠다고 제안했습니다(34:14-15). 물론 이 제안은 큰 계략을 담은 거짓말이었습니다. 하몰과 세겜은 그들의 말을 듣고 성문에 출입하는 모든 남자가 다 할례를 받게 했습니다. 그러나 시므온과 레위는 삼일 째 되는 날, 칼을 가지고 가서 그들을 모두 살해했습니다. 성읍에 들어가 양과 소와 나귀와 그 성읍과 들에 있는 것을 약탈했습니다. 야곱은 이 소식을 듣고서 시므온과 레위에게 "나로 하여금 이 땅의 주민 곧 가나안 족속과 브리스 족속에게 악취를 내게 하였도다, 나는 수가 적은즉 나를 죽이리니 그러면 나와 내 집이 멸망하리라(34:30)"며 화를 냈습니다. 야곱은 아들들로 인해 절체절명의 위기를 맞이하게 되었습니다. 그때에 하나님이 야곱에게 나타나서서 말씀하셨습니다.

"일어나 벧엘로 올라가서 거기 거주하며 네가 네 형 에서의 낯을 피하여 도망하던 때에 네게 나타났던 하나님께 거기서 제단을 쌓으라(35:1)"

디나 사건은 야곱이 여호와께 한 서원을 지키지 않았기 때문에 하나님의 허락 가운데서 일어난 사건임을 알 수 있습니다. 야곱이 멸망할 큰 위기에 처했을 때 하나님은 그를 찾아오셔서 세겜을 떠나 벧엘로 올라가 거주하라고 말씀하십니다. 그것은 야곱이 여호와께 서원한 것을 지키라는 말씀입니다. 야곱이 에서로부터 도망가다가 여호와를 만난 그곳에서 제단을 쌓으라고 말씀하셨습니다. 하나님의 말씀에 의하면 야곱은 서원을 하고서 두 가지를 행하지 않았습니다. 벧엘로 올라가 거주하지 않고 세겜에 살려 했습니다. 자신이 베었던 돌로 기둥을 세우고 하나님의 집이 될 것이라고 했던 약속을 지키지 않았습니다. 하나님은 야곱이 이 서원을 지키도록 하기 위해 디나를 보호하지 않았고, 시므온과 레위의 계획을 무산시키지 않았습니다. 야곱이 절체절명의 위기에 빠졌을 때 벧엘로 올라가라고 권면하셨습니다.

야곱이 벧엘로 올라가더라도 그 땅에 사는 족속들이 야곱 가족을 전멸시킬 수 있지 않겠는가라고 의문을 품을 수 있습니다. 그것은 사람의 생각일 뿐입니다. 하나님은 이렇게 하셨습니다.

"그들이 떠났으나 하나님이 그 사면 고을들로 크게 두려워하게 하셨으므로 야곱의 아들들을 추격하는 자가 없었더라(35:5)"

하나님은 떠나는 야곱의 가족들을 아무도 추격할 수 없도록 그 땅의 백성들에게 크게 두려운 마음을 주셨습니다. 아무도 야곱 가족을 추격하는 자가 없었습니다. 야곱은 벧엘로 올라가며 온 가족들에게 신상을 버리고, 자신을 정결하게 하고, 의복을 바꾸어 입으라고 명했습니다(35:2). 야곱은 단순히 벧엘에 거주하기 위해서 가는 것이 아니라 하나님 앞에 나아가고 있습니다. 야곱은 벧엘에서 제단을 쌓고 엘벧엘이라 불렀습니다. 하나님은 야곱의 이름을 이스라엘로 개명해 주셨습니다(35:10). 다시는 야곱이라 부르지 않고 이스라엘이라 부른다고 말씀하셨습니다. 야곱에게 생육하고 번성하라고 말씀하셨습니다. 한 백성과 백성들의 총회가 그에게서 나오고 왕들이 야곱의 허리에서 나오게 될 것을 알려주셨습니다. 하나님은 야곱을 개인으로 대하지 않고 한 나라로 대하시겠다는 의미입니다.

하나님은 야곱과 그의 아들들이 만든 위기에서 나타나셔서 도우신 분이십니다. 심지어 아들들이 큰 살인을 한 경우인데도 그들을 도우셨습니다. 여호와께서 아브라함을 통해서 만드실 큰 나라의 백성이 되어야 하기에 하나님은 철저하게 야곱과 그의 가족과 함께 하시며 그들을 지키시고 인도해주셨습니다. 야곱이 세겜에 거주하고자 땅을 샀을 때 야곱의 말대로 멸망의 위기가 찾아왔지만 하나님은 그 땅의 족속들에게 두려운 마음을 갖게 하셔서 야곱과 가족을 안전하게 보호하셨습니다.

야곱의 상황과 나의 상황은 분명 다릅니다. 그러나 성경은 하나님이 나와 함께하시고 나를 인도하시며 보호하신다는 원리를 여러 곳에서 우리에게 말씀하고 있습니다. 어떤 상황 중에서 보호하심을 받은 경험이 있습니까? 저는 개인적으로 여러 차례 경험했습니다.

어떤 일에, 어떤 문제에 하나님의 보호와 인도가 필요합니까? 이 시간 잠시 시간을 드리겠습니다. 먼저 믿음 없었음을 고백합시다. 하나님을 진정으로 신뢰할 것을 고백합시다. 내가 가진 그 일, 그 문제를 정직하게 하나님께 알리고 도움을 요청합시다. 믿음으로 주님께서 그 일과 문제를 해결해 주시길 요청합시다. 야곱을 도우시고 지키신 하나님은 우리에게도 동일하게 역사하시는 분이십니다.

16:1-28:9 하나님의 언약에서 멀어져간 사람들

창세기 12장에서 50장까지는 아브라함에게서 시작되는 큰 나라를 만드는 작업의 일환으로, 큰 나라에 속할 민족 즉 사람들을 구성하기 위한 기초 작업이 진행되는 말씀입니다. 야곱의 열두 아들이 민족의 기초가 됩니다. 창세기는 민족의 기초가 되는 야곱의 열두 아들이 애굽으로 내려가 많은 민족을 이루기 위해서 한 나라에서 종살이를 시작하는 말씀으로 끝을 맺습니다.

이 과정에서 오늘날말로 표현하면 주류가 있고 비주류가 있습니다. 이삭과 이스마엘은 아브라함의 아들들입니다. 야곱과 에서는 이삭의 쌍둥이 아들입니다. 왜 한 사람은 주류에, 한 사람은 비주류에 속하게 되었을까요. 우리는 이 과정에서 하나님이 정하신 기준의 중요성을 보게 됩니다. 또한 무엇에, 어디에 관심을 가지고 살아가야 하는가를 알게 됩니다.

이스마엘이 언약 밖으로(15-24장)

구약성경에서 '씨'는 아주 중요한 역할을 합니다. 여호와께서 아브라함을 찾아오셔서 언약을 맺은 후 그가 세겜에 도착했을 때 다시 나타나셔서 "이 땅을 네 자손에게 주리라"(개역개정역) 고 했습니다. 여기에서 '자손'은 '씨'입니다. 그러므로 "이 땅을 네 씨에게 주리라(12:7)"고 하신 것입니다. 어떤 설명도 없이 '씨'를 언급하셨습니다. 아브라함은 씨를 가진 자입니다. 이 씨와 더불어 중요하게 등장하는 것이 '밭'입니다.

이스마엘은 밭과 할례에서 비주류. 이스마엘은 사라 때문에 태어난 아들입니다. 여호와께서 아브라함에게 "네 몸에서 날 자가 네 상속자가 되리라(15:4하)"고 말씀하셨습니다.

사라는 이 사실을 듣고 "여호와께서 내게 출산을 허락하지 아니하셨으니 원하건대 내 여종에게 들어가라 내가 그로 말미암아 자녀를 얻을까 하노라(16:2)"고 말하며 아브라함에게 하갈을 첩으로 주었습니다. 이스마엘이 태어난 동기는 사라 때문입니다. 비주류에 속하게 된 것은 씨 때문이 아니라 밭에 문제가 있기 때문입니다. 어머니가 몸종으로서 애굽 여인입니다. 여호와께서 계획한 씨를 받을 밭이 아니었습니다. 이스마엘이 아브라함의 씨인 것은 분명합니다. 여호와께서 그로 한 민족을 이루게 하실 것입니다(21:13). 그러나 씨를 받은 밭은 애굽인 여종으로서 하나님이 원하는 밭이 아니었습니다.

여호와께서 이스마엘이 태어난 후 십삼 년 동안 아브라함에게 나타나지 않으셨습니다. 여호와께서 십삼 년 후에 나타나셔서 자신을 전능하신 하나님으로 계시하시며 영원히 지킬 언약을 제시하셨습니다. 그것은 난지 팔 일 만에 남자의 표피를 베는 할례입니다(17:12하). 이삭은 태어 난지 팔 일 만에 할례를 받았습니다. 그러나 이스마엘은 난지 팔일 만에 할례를 받은 자가 아닙니다. 그는 성인이 되어서, 즉 십 삼세에 할례를 받았습니다(17:25). 이스마엘은 아브라함의 기력의 시작이지만 주류에 들 수가 없었습니다.

이스마엘은 아브라함의 집에서 쫓겨난 비주류. 비주류인 이스마엘은 결과적으로 육체적으로 태어난 자입니다. 육체적으로 태어난 자는 여호와께서 아브라함을 통해 만드실 큰 나라에 들어갈 수 없습니다. 그는 아브라함의 집에서 쫓겨나야 했습니다.

이스마엘의 밭인 하갈은 두 차례 집에서 뛰쳐나갔습니다. 하갈은 잉태한 후 사라의 학대로 집을 나갔습니다. 여호와의 사자가 하갈에게 나타나 네 여주인의 수하로 돌아가 복종하라는 메시지를 듣고 하갈은 다시 집에 들어갔습니다. 이삭이 젖을 때는 날에 큰 잔치를 베풀었는데, 그날 이스마엘이 이삭을 놀렸습니다(21:9). 사라는 아브라함에게 이스마엘을 쫓아낼 것을 강력하게 요구했습니다. 아브라함이 고민했습니다. 하나님은 아브라함에게 사라가 이른 말대로 하라고 명하며 여종의 아들도 네 씨이기에 한 민족을 이루겠지만, 이삭에게서 나는 자라야 네 씨라 부를 것이라고 알려주셨습니다. 아브라함은 하갈과 이스마엘을 쫓아냈습니다.

이삭은 아브라함의 씨이고, 밭인 사래 또한 여호와께서 아브라함에게 언약하실 때 "내 몸에서 날 자라야 네 상속자가 되리라(15:4하)"는 말씀에 속한 밭입니다. 그리고 난지 팔 일만에 할례를 받은 씨입니다. 그래서 이삭의 후손은 당대에 끝나는 씨가 아니라 영원히 지속될 씨입니다. 반면에 이스마엘은 당대만 아브라함의 씨 일뿐 그의 자녀들은 더 이상 아브라함의 씨가 아닙니다.

야곱과 같은 씨와 밭을 가진 에서가 언약 밖으로(25-28장)

에서와 야곱은 씨도 같고 밭도 같습니다. 그런데 왜 에서는 비주류로 밀려나고 야곱은 주류에 속하게 되었을까요. 우리는 에서와 야곱을 이야기할 때 말라기서의 "…그러나 내가 야곱을 사랑하였고 에서는 미워하였으며…(말 1:2하-3상)"란 말씀을 예로들며 여호와께서 그렇게 하셨다고 생각합니다. 즉 여호와의 주권적 행위로 해석해 여호와께서 하셨기 때문에 어쩔 수 없다고 생각합니다. 그러나 이 말씀은 맥락 속에서 보면 야곱과 에서, 곧 개인과 개인을 지칭하고 있는 것이 아니라 그의 후손들을 가리키고 있습니다. 그러므로 이 말씀은 야곱과 에서를 직접 평가하는데 적절하지 않습니다.

에서는 사냥하는 사람(25:27). 에서에 대해 평가할 수 있는 말씀들은 그렇게 많지 않습니다. 가장 먼저는 어머니 태중에 있을 때 야곱과 싸웠다는 사실을 통해서 에서를 평가해 볼 수 있습니다(창 25:23상). 그렇지만 에서나 야곱 중 누가 싸움을 걸었는지 알 수 없고, 싸움의 원인도 알 수 없기에 에서를 평가할 근거로는 부족합니다.

에서를 평가할 수 있는 두 번째 말씀은 "익숙한 사냥꾼이었으므로 들사람이 되고(창 25:27상)"입니다. "익숙한 사냥꾼"는 사냥을 잘 아는 사람을 의미합니다. "들 사람"은 집보다는 들, 밭에 있기를 좋아하는 사람을 의미합니다.

야곱은 "조용한 사람이었으므로 장막에 거주하니(25:27하)"입니다. '조용한 사람'은 외모를 말할 때는 아름다움이 완전한 자를, 심성을 말할 때는 착하고 성실한 자를, 도덕적으로는 흠이 없는 자를 가리킬 때 쓰는 용어입니다. 여기서는 야곱의 심성을 말하는 것으로 이해되므로 성실한 사람이란 의미를 가진 것으로 보입니다. 야곱은 성실한 사람으로서 장막에 거주하는 사람이었습니다. '장막에 거주하다'는 목축하는 사람을 의미합니다(유대주석가 라쉬밤, 이븐 에즈라).

이 말씀은 에서와 야곱을 비교하는 단순 서술입니다. 때문에 에서가 언약에서 멀어지게 되는 이유를 찾는 근거로는 합당하지 않습니다.

에서가 비주류로 밀려나는 첫 동기(25:29-30). 에서는 사냥을 잘 아는 사람이라 오랜 시간 밖에 있었습니다. 전력을 다해 사냥하다가 심히 피곤한 몸으로 집에 돌아왔습니다. 동생 야곱이 집에서 죽을 쑤고 있는 것을 보고 "내가 피곤하니 그 붉은 것을 내가 먹게 하라(30상)"고 요청했습니다. 성경은 에서가 이렇게 말한 것 때문에 그의 이름을 에돔이라 부르게 되었다고 밝힙니다(30하).

우리가 보기에 에서의 위와 같은 행동은 별것 아닌 사건처럼 이해됩니다. 야곱이 붉은 빛깔의 죽을 쑤고 있었습니다. 그것을 본 에서는 붉은 죽을 달라 하지 않고, 붉은 것을 자기가 먹게 해 달라고 말했습니다. 즉 에서는 '붉은 죽'이라 하지 않고 '붉은 것'이라고 불렀습니다. 이것 때문에 그의 이름을 에돔(=붉은 것)이라 부르게 되었습니다. 에서의 이름을 따라 에서라고 부르지 않고 에돔이라 부르게 되었습니다. 부모가 지어준 이름을 부르지 않고 붉은 죽 사건으로 인해 에돔(=붉은 것)이라 부르게 된 것은 그에 대한 부정적인 시각이 형성된 것은 분명합니다.

붉은 죽을 붉은 것이라고 말한 것에 어떤 의미가 숨겨 있을까요. 피곤함 때문이겠지만 무엇을 판단하여 말할 때 귀찮게 생각하는 경향이 있는 사람으로 느껴집니다. 붉은 죽과 붉은 것은 말의 길이가 같기 때문에 단순히 귀찮게 생각한 것이 아님에 분명합니다. 붉은 것을 달라하면서 붉은 죽의 가치를 무시하는 것 같은 의미를 풍깁니다. 에서는 '털이 많다'는 뜻입니다. 털이 많은 에서가 에돔(붉은 것)이라 불리었습니다. 에서의 몸에 난 털이 붉은 색상이었을 가능성도 있습니다. 에서를 에돔이라 부른 것은 살짝 그를 경멸하는 부정적인 의미가 담겨있습니다.

에서가 비주류로 밀려나는 두 번째 동기(25:31-34). 야곱은 형 에서가 심히 피곤한 상태에서 자신에게 붉은 것을 주어서 먹게 하라는 요청을 받았습니다. 야곱은 그 틈을 파고들었습니다. 야곱은 에서에게 형의 장자의 명분을 자신에게 팔라고 말했습니다. 에서는 장자의 명분을 팔라는 요구를 듣고서 자신이 죽게 되었는데 이 장자의 명분이 무슨 유익이 있겠느냐고 대답했습니다. 즉 붉은 죽을 먹는 대신에 장자의 명분을 야곱에게 넘기겠다는 것입니다. 야곱은 에서에게 장자의 명분을 판다는 것을 맹세하게 했습니다. 에서는 야곱의 요구에 따라 맹세했습니다. 야곱은 떡과 붉은 죽을 에서에게 주었고 에서는 그것을 먹었습니다. 성경은 이 사건을 근거로 에서가 장자의 명분을 가볍게 여겼다고 정의했습니다. '가볍게 여기다'는 무시하다는 의미입니다. 에서는 장자의 명분을 개떡과 같이 여겼습니다. 하나님이 주신 장자의 명분을 업신여겼습니다. 에서가 비주류로 밀려나게 되는 두 번째 동기입니다.

고대 근동사회의 장자권은 크게 세 가지 유업을 포함하고 있습니다. 아버지로부터 재산을 분배받을 때 다른 형제들보다 유업의 두 배를 받습니다. 가정의 제사장권을 가집니다. 가정을 대표하는 왕권을 가집니다. 야곱은 자신의 열 두 아들에게 이 세 가지를 세 사람에게 분배했습니다. 물론 야곱의 이 분배는 하나님으로부터 나왔습니다. 제사장권은 레위지파에, 왕권은 유다지파에, 유업의 두 배는 요셉에게 주어졌습니다. 에서는 이렇게 귀중한 장자권을 무시해서 비주류로 밀려나게 되었습니다.

에서가 비주류로 밀려나는 세 번째 동기(26:34-35). 에서가 마흔 살이 되었습니다. 에서는 헷 족속 브에리의 딸 유딧과 헷 족속 엘론의 딸 바스맛을 아내로 삼았습니다. 이 사건은 부모인 이삭과 리브가의 마음에 근심거리가 되었습니다. 축복 사건 후에 리브가는 이삭에게 "헷 사람의 딸들로 말미암아 내 삶이 싫어졌다(27:46)"고 말했습니다. 에서가 헷 족속의 딸을 아내로 맞이한 것에 대한 혐오감을 이삭에게 알린 것입니다.

에서는 이삭이 야곱에게 축복하는 것을 보고 당부하는 말을 들었습니다. 에서는 이삭이 야곱을 축복한 후에 "가나안 사람의 딸들 중에 아내를 맞이하지 말라(28:6하)"고 말하는 것을 들었습니다. 에서는 가나안의 딸들이 아버지 이삭을 기쁘게 하지 못함을 알고서 이스마엘의 딸인 마할랏을 아내로 맞이했습니다(28:9). 이스마엘은 이미 하나님의 나라에서 밀려난 사람입니다. 그의 딸이 하나님을 기쁘시게 하는 밭이 될 수 없습니다.

에서는 아내를 선택하며 부모와 아무런 상의도 하지 않았습니다. 자기 마음대로 결정했습니다. 에서가 선택한 아내들은 부모의 마음에 근심이 되었습니다. 이스마엘은 아브라함의 씨였으나 하나님이 원하는 밭에서 태어나지 않았습니다. 이것처럼 에서는 밭을 잘 못 선택했습니다. 이것은 에서가 비주류로 밀려나는 세 번째 원인이 되었습니다.

에서가 비주류로 밀려나는 네 번째 동기(27:41). 이삭이 나이 많이 눈으로 잘 보지 못했습니다. 이것은 자신의 죽음이 가까이 왔다는 것에 대한 깨달음일 수 있습니다. 이삭이 죽기 전에 에서를 축복하겠다는 것은 에서가 장자이기 때문에 당연한 권리입니다. 그러나 이삭이 에서를 축복하려는 의도는 아주 불순한 동기입니다. 이삭은 자신이 좋아하는 고기로 만든 별미를 먹고 에서에게 축복하겠다며 에서에게 사냥을 권유했습니다(27:3-4). 이삭은 하나님으로부터 오는 축복과 자신의 탐욕인 고기를 엮었습니다.

리브가는 이삭이 에서에게 하는 말을 들었습니다. 리브가는 야곱에게 에서를 대신해서 축복받을 것을 강요했습니다. 야곱은 우여곡절의 과정을 거치면서 아버지 이삭의 축복을 받았습니다. 이 사실을 에서가 알았습니다. 에서는 그 이전에도 그랬겠지만 이 사건으로 인해 더욱 야곱을 미워했습니다. 에서는 심중에 아버지가 죽을 때가 가까이 왔으니 "내가 내 아우 야곱을 죽이리라"고 마음먹었습니다.

가인은 여호와께서 동생 아벨과 그의 제물을 열납하고, 자신과 자신의 제물을 열납

하지 않는다고 화가 나서 동생을 쳐 죽였습니다(4:8). 사건의 정황은 다르지만 에서 또한 화가 나서 심중에 동생 야곱을 죽이겠다고 정했습니다. 가인은 아벨을 살해한 대가로 땅에서 저주를 받고 땅에서 피하여 유리하는 자가 되었습니다(4:11-12). 에서가 동생 야곱을 살해하려는 계획은 살인미수죄에 해당하지만 하나님의 저주의 대상이 될 큰 죄입니다. 에서의 살인 계획은 씨와 밭에 문제가 전혀 없는 자로서 하나님의 언약에서 떨어지게 되는 네 번째 이유입니다.

예수님 말씀에 의하면 하나님의 나라에 속할 백성들은 직접 사람을 죽이는 살인 뿐만 아니라, 형제에게 노하는 자가 심판을 받고, 형제에게 라가라 욕설하는 자가 공회에 잡혀가게 되고, 미련한 놈이라고 업신여기는 자가 지옥 불에 들어가게 됩니다.

에서가 비주류로 밀려나는 결정적 동기. 아브라함의 조카 롯은 여호와의 사자와 대화를 했습니다. 이스마엘은 여호와와 직접적인 대화가 없었으나 어머니 하갈이 여호와의 사자(16:7이하), 하나님(21:17이하)과 대화를 했습니다. 에서는 태중에 있을 때 어머니 리브가가 여호와께 자신의 태중에서 아이들이 싸울 때 어찌할 줄 몰라서 여호와께 물었습니다. 에서가 여호와, 하나님, 여호와의 사자 등과 관련이 있는 경우는 이것뿐입니다. 에서의 생애는 신과 대화가 전혀 없습니다. 이것은 에서가 하나님의 언약에서 떨어지게 되는 결정적인 원인이 됩니다.

우리는 흔히들 에서와 야곱의 생애를 말라기서 기자의 말씀을 따라 여호와의 주권에 모든 것을 맡겨버렸습니다. 리브가가 태중에서 싸우는 것에 어떻게 대처할 줄 몰라서 여호와께 물었을 때, 여호와께서 "두 민족이 네 복중에서부터 나누이리라…큰 자가 어린 자를 섬기리라(25:23)"고 답했습니다. 우리는 여호와께서 리브가에게 응답주신 이 말씀으로 인해서 에서와 야곱의 생애가 이미 운명론처럼 정해졌다고 생각해왔습니다. 그러나 이 상황은 달리 해석할 수 있습니다. 여호와께서 리브가의 질문을 받기 전부터 태중의 두 아이가 싸우는 것을 보시고 아셨음에 틀림없지만 이렇게 말씀하신 가장 중요한 근거는 현재 싸우고 있다는 것입니다. 현재 싸우는 것을 보니 두 국민이 나눠질 가능성이 있고, 싸우는 상황을 보니 작은 자가 큰 자를 이길 것 같다는 말씀이지 여호와께서 그렇게 운명을 결정하셨다는 뜻이 아닙니다. 여호와께서 보신 현재 정황에 근거한 판단으로 이해하면 좋겠습니다. 에서의 비주류 운명은 여호와께서 결정하신 것이 아니라 자신이 결정한 것입니다. 앞에서 살펴 본 네 가지 비주류가 될 동기들이 바로 그것입니다. 에서가 그러한 일들을 만들지 않았다면 주류 안에 있을 수 있었을 것입니다. 야곱의 열

두 아들은 어떤 아들도 비주류로 밀려나지 않았습니다.

에서의 생애와 달리 야곱의 생애는 여호와, 하나님, 여호와의 사자를 수시로 만난 신과의 대화를 유지한 삶입니다. 야곱은 부모님이 기뻐하는 밭을 선택하기 위해, 자신의 목숨을 보존하기 위해 먼 길을 떠났습니다. 그 먼 길을 떠나 다시 돌아와 벧엘에 정착하는 과정에서 여호와 하나님은 결정적인 순간마다 야곱에서 나타나셔서 그를 인도하시고 도우셨습니다.

한나는 자신에게 아들이 없는 것으로 인해 여호와께 간절히 기도하였고 여호와의 응답을 받았습니다. 현직 엘리 제사장은 여호와의 음성을 듣지 못해 사리 판단이 흐려졌습니다. 아들들의 문제를 크게 인식하지 못했습니다. 반면에 어린 사무엘은 여호와의 음성을 들었습니다. 엘리는 신과 교제가 단절되었고 사무엘은 신과 깊이 교제했습니다.

예수님은 이 땅에 오셔서 사역하시는 동안 하루에 세 번 하나님 아버지와 교제하는 모습을 보여줍니다.

첫째, 예수님은 새벽 아직 밝기 전에 아버지 하나님과 기도로 교제했습니다(막 1:35).

둘째, 예수님은 사역 중간에도 하나님 아버지와 기도로 교제하셨습니다. 예수의 소문이 더욱 퍼지자 수많은 사람들이 말씀도 듣고 병도 고침 받고자 예수님께 나아왔습니다. 예수님은 그들의 바람을 뒤로하고 물러가셔서 한 적에 곳에서 기도하셨습니다(눅 5:14-15).

셋째, 예수님은 사역을 마치고도 산으로 가셔서 하나님 아버지와 기도로 교제했습니다(마 6:45-46).

하나님과 깊은 교제는 하나님의 역사에 쓰임 받게 될 아주 중요한 삶입니다. 하나님으로부터 멀어지게 만드는 나의 삶은 무엇입니까? 나는 하나님과 깊이 교제하는 시간이 있습니까?

41:51 아버지 집의 모든 일에 마음을 닫은 요셉

요셉은 아버지 야곱의 특별한 사랑을 받았습니다(37:3). 아버지 야곱의 사랑과 두 번 꾼 꿈으로 인해 형들에게 이전보다 더 큰 미움의 대상이 되었습니다. 형들은 요셉을 팔아 넘겼고, 요셉은 애굽의 보디발 장군 집에 팔려와 종으로 살았습니다. 보디발의 아내의 모함으로 왕궁 죄수들을 수감시키는 감옥에 갇혀 기약 없는 날을 보냈습니다. 그러다가 요셉은 바로 왕이 꾼 꿈을 해석하여 애굽의 총리가 되었습니다.

바로 왕은 요셉을 총리로 임명한 후에 온의 제사장 보디베라의 딸 아스낫과 결혼시켰습니다. 요셉은 자신이 해석한 꿈대로 진행되는 칠 년 풍년 동안 곡물을 거두어 성읍에 쌓아놓았습니다. 처음에는 곡물이 얼마정도 비축되었는지 계산하였으나 후에는 너무 많아 계산을 포기했습니다. 이집트 땅에 칠 년 동안 풍년이 들었던 것처럼 요셉 개인적으로는 그 기간에 가정을 꾸리고 두 아들을 얻는 복을 받았습니다. 요셉은 장남을 낳은 후에 그 이름을 '므낫세'라고 지었습니다. 요셉은 그 이름에 "하나님이 내게 내 모든 고난과 내 아버지의 온 집일을 잊어버리게 하셨다"란 의미를 부여했습니다. 요셉은 애굽의 총리가 되어 안정된 생활을 하게 된 후 자신이 꾼 두 번의 꿈과 관련된 비전을 포기하기로 마음먹었습니다.

요셉은 아버지의 온 집일을 잊어버리려 애썼습니다(41:51)

성경은 애굽 땅 칠 년 풍년 동안에 요셉도 두 아들은 낳은 풍년을 맞은 것으로 대비시켰습니다. 한 국가의 상황과 그것을 예견하고 그 한 나라의 총리가 된 요셉을 분리시키지 않고 연결시키고 있습니다. 문제는 요셉이 하나님의 지혜로 바로 왕의 꿈을 해석하고 그대로 이루어지는 과정에서 자신이 얻은 장남의 이름을 '므낫세'라고 짓고 "하나님이 내

아버지의 온 집일을 잊어버리게 하셨다"는 의미를 붙인 것입니다. 요셉은 다른 형제들보다 아버지의 사랑을 더 받았고 그 증거로 채색옷을 입었습니다. '아버지의 사랑'은 우리가 말하는 남녀, 부모 자식 간의 사랑을 의미하지 않습니다. 야곱은 아들 요셉을 장자로 세울 맘을 품고 있었고 그 표현으로 요셉에게 채색옷을 지어 입힌 것입니다. 이 일로 인해 요셉의 형들은 요셉을 미워하였고 그에게 편안하게 말하지 않았습니다(창 37:4). '아버지의 사랑'과 '형들의 미워함'만 보면 요셉은 고래 싸움에 새우 등 터진 격입니다. 요셉은 아버지의 사랑을 일방적으로 받았을 뿐입니다. 그런데 형들이 아버지에게 불평을 퍼붓지 않고 요셉을 미워하며 학대하는 말을 했습니다. 요셉이 억울한 일을 당했고 가슴에 많은 상처를 쌓은 것처럼 보입니다.

성경은 요셉이 사랑받고 채색옷 입은 일과 형들의 미움을 받고 맘에 상처 되는 말을 듣는 사건 직후에 요셉이 꾼 꿈 이야기를 적고 있습니다. 요셉은 두 번의 꿈을 이어서 꿨습니다. 첫 번 꿈은 곡식 단을 묶는데 요셉의 단은 일어서고 형제들의 단은 일어서더니 둘러서서 요셉의 곡식 단에 절을 했습니다. 요셉은 이 꿈 이야기를 형제들에게 했습니다. 형들은 요셉에게 네가 왕이 되어 우리를 다스린다는 말이냐며 요셉을 더욱 더 미워했습니다. 두 번째는 요셉이 해와 달과 열 한 별이 자신에게 절하는 꿈을 꾸었습니다. 요셉은 그 꿈 이야기를 또 형제들에게 했습니다. 아버지 야곱은 요셉의 말을 듣고 꾸짖었으나 자신의 맘에 간직했습니다. 형들은 두 번째 꿈 이야기로 인해 요셉을 더 미워하고 학대하며 자신들의 마음에 원망을 쌓아갔습니다.

요셉은 이러한 상황에서 아버지 야곱의 심부름으로 세겜에서 양떼를 치는 형들에게 심부름을 갔습니다. 형들은 멀리서 요셉이 오는 것을 보고 꿈꾸는 자가 온다며 비웃고 죽이기를 모의했습니다. 그들은 요셉을 죽여 한 구덩이에 던지자고 의견을 모았습니다. 르우벤은 요셉을 후에 구출해서 아버지에게 돌려보내려고 생명을 해치지 말고 피를 흘리지 말자고 동생들을 설득했습니다. 형제들은 르우벤의 말을 따라서 요셉의 채색옷을 벗기고 물이 없는 빈 구덩이에 던졌다가 요셉을 노예로 팔아넘겼습니다. 요셉은 이와 같은 집안일을 잊었다고 선언하며 장남의 이름을 '므낫세'라고 지었습니다. 요셉의 꿈이 여호와로부터 온 것이라면 요셉은 그 꿈을 잊어서는 안 됩니다. 요셉이 온 집일을 잊었다는 것은 단순히 자신의 고통을 잊겠다는 것이 아니라 여호와의 언약까지 잊겠다는 것입니다. 요셉이 아들의 이름을 '므낫세'라고 지어 아버지와 형들과 관련된 모든 일을 잊으려한 것에는 그만한 이유가 있을 것입니다.

팔려가며 구출을 기대한 요셉(37:18-28)

요셉은 아버지의 심부름으로 세겜에서 양을 치고 있는 형들에게 갔다가 봉변을 당했습니다. 요셉은 이스마엘 사람들에게 팔려가며 무슨 생각을 했을까요? 요셉이 기대했다면 오직 한 가지일 것입니다. 자신을 장자로 생각하며 사랑했던 아버지가 자신을 구출하기 위해 찾으러 올 것을 기대했을 것입니다. 요셉이 하나님을 신실하게 믿은 성도였기에 아버지가 속히 자신을 구하러 오시도록 기도했을 것입니다. 그는 아버지가 자신이 세겜에 심부름을 갔다가 다시 집에 돌아올 때까지 얼마 정도 기간이 걸리는지 알 것이라고 생각했습니다. 그 기간에 자신이 집에 돌아오지 않으면 아버지가 자신을 찾아 나설 것이라고 기대했을 가능성이 큽니다. 요셉은 하나님께 기도하며 오로지 아버지가 자신을 찾아오셔서 구해줄 것을 기대했는데 아버지는 자신을 구하러 찾아오지 않았습니다. 요셉은 아버지 야곱으로 받았던 사랑에 대해 의문을 품게 되었을 것입니다. 물론 이러한 요셉의 기대는 형들이 자신을 구덩이 던지고 팔아넘긴 후 자신의 채색옷을 가지고 아버지에게 어떻게 행동했는지 모르기 때문에 일어난 일입니다. 아버지가 자신을 구출하러 올 것이란 기대가 무너지며 요셉의 마음에 아버지의 집 온 일에 대해 금이 가기 시작했습니다.

종살이와 감옥에서 구출을 기대한 요셉(39:1-40:15)

요셉은 애굽에 끌려와 바로의 신하 친위대장 보디발에게 팔렸습니다. 요셉은 여호와께서 자신과 함께 하시는 것을 종살이 하면서도 알았습니다. 심지어는 그의 주인조차도 여호와께서 그와 함께 하시는 것을 보았습니다. 요셉은 그 주인에게 은혜를 입어 가정 총무가 되었습니다. 주인은 그의 모든 소유를 요셉의 손에 위탁했고 자기가 먹는 음식 외에는 간섭하지 않았습니다. 요셉은 주인의 아내가 눈짓하며 자신을 유혹할 때 주인이 금한 명령을 내세우며, 또 큰 악을 행하여 하나님께 죄를 지을 수 없다며 거절했습니다. 요셉이 보디발 장군의 집에서 종살이 하는 동안 하나님 앞에서 자신의 현실을 바라보고 있었음에 틀림없습니다. 이유는 요셉과 하나님의 관계는 아주 원만하고 친밀한 관계를 유지하고 있었기 때문입니다. 이 신앙을 근거로 판단하면 요셉이 비록 노예로 팔려오는 동안 구출의 기대가 물거품이 되었으나 하나님이 자신을 돕고 있는 것을 경험하고 있는 동안은 자신의 꿈을 포기할 수 없을 것입니다. 아버지가 자신을 구출하러 오실 것이란 기대에 금이 갔지만 구출의 기대를 완전히 저버리지 않았음을 알 수 있습니다.

그는 여주인의 유혹에 하나님 앞에서 득죄하지 않으려다가 더 큰 수렁으로 떨어졌습니다. 그는 하나님 앞에 죄를 짓지 않으려다가 왕의 죄수들을 가두는 옥에 갇혔습니다. 인간의 생각으로는 요셉이 그 감옥에서 벗어난다는 것은 거의 불가능합니다. 그러나 요셉은 그곳에서도 하나님이 자신과 함께 하는 것을 경험했습니다. 여호와께서 요셉에게 인자를 더하시어 간수장에게 은혜를 받게 하셨습니다. 간수장은 요셉에게 맡긴 일에 대해서는 전혀 간섭하지 않고 절대 위임했습니다. 비록 감옥이지만 여호와께서 자신과 함께 하는 것을 경험하고 있었기에 아버지의 구출에 대한 기대, 지금의 상황에서 벗어날 기대를 포기하지 않았습니다.

요셉은 술 맡은 관원장과 떡 굽는 관원장 두 사람을 시중들면서도 여호와께서 자신과 함께 하는 것을 경험하고 있었습니다. 이는 여호와 앞에서 자신의 삶을 조명하고 있었을 가능성을 크게 합니다. 요셉은 그들이 꾼 꿈을 듣고서 "…해석은 하나님께 있지 아니하나이까 청하건대 내게 이르소서"라고 말했습니다. 이 말은 함부로 할 수 있는 것이 아닙니다. 요셉은 하나님께서 자신에게 꿈을 해석할 은혜를 주셨기에 하나님이 꿈을 해석하리란 확신을 갖고 있었습니다. 이때까지는 요셉이 자신의 비전을 확고히 간직하고 있었음을 엿보게 됩니다. 요셉이 꾼 꿈을 해석해준 후의 장면에서도 확인할 수 있습니다. 술 맡은 관원장의 꿈을 해석해주면서 "당신이 잘 되시거든 나를 생각하고 내게 은혜를 베풀어서 내 사정을 바로에게 아뢰어 이 집에서 나를 건져 주소서, 나는 히브리 땅에서 끌려온 자요 여기서도 옥에 갇힐 일은 행하지 아니하였나이다(40:14-15)"라고 했습니다. 요셉은 자신이 풀려나 자신의 꿈이 실현될 날을 기대하고 있는 것으로 보입니다. 그래서 술 맡은 관원장에게 자신의 석방을 부탁했습니다. 술 맡은 관원장이 복귀한지 만 2년이 지났습니다. 이때에 요셉이 기대했던 자신의 구출, 꿈으로 받았던 자신의 비전과 아버지에 대한 기대가 많이 흐려졌을 것으로 짐작됩니다.

부귀영화를 누리며 잊혀져간 비전(41:37-52)

요셉은 십칠 세에 꿈을 꾸었고 형들에 의해 종으로 팔린 후 십삼 년이란 세월이 흘렀습니다. 이때에 바로가 두 번 겹쳐서 꿈을 꾸었고 술 맡은 관원장의 추천으로 바로 왕의 꿈을 해석해주게 되었습니다. 요셉은 바로 왕에게 좋은 일꾼을 세워서 칠 년 풍년을 잘 준비해서 다가올 칠 년 흉년을 잘 대처할 것을 조언했습니다. 바로 왕은 요셉보다 지혜로운 사람을 얻을 수 없다며 요셉을 애굽의 총리로 임명했습니다. 바로 왕은 자기의 인장 반지를 빼어 요셉의 손에 끼워주고 그에게 세마포 옷을 입히고 금 사슬을 목에 걸고 자신의 버금수레에 그를 태웠습니다. 애굽의 모든 백성들이 요셉에게 예를 갖추게 했습니다다. 요셉은 칠 년 풍년 동안 다가올 칠 년 흉년을 잘 대비했습니다.

요셉은 이 기간에 바로 왕의 도움으로 온의 제사장 보디베라의 딸 아스낫을 아내로 맞이했습니다. 그는 가정을 꾸렸고 애굽의 총리로 부러울 것 없는 삶을 살았습니다. 그리고 첫 아들을 얻었고 그 이름을 므낫세라고 지었습니다. 요셉은 그 이름에 "하나님이 내게 내 모든 고난과 내 아버지의 온 집 일을 잊어버리게 하셨다(51하)"는 의미를 부여했습니다. 요셉이 자신이 꾼 꿈과 아버지에 대한 기대를 접은 것은 총리가 되고 가정을 꾸리면서부터일 가능성이 큽니다. 요셉은 둘째 에브라임을 낳고 "하나님이 나를 내가 수고한 땅에서 번성하게 하셨다(52)"라는 이름의 뜻을 붙여 이 땅에서의 수고와 번성에 만족해 가는 마음을 드러냈습니다. 요셉은 애굽의 총리가 되어 칠 년 풍년 동안 칠 년 흉년을 대비하며 마음이 현실에 안주하기 시작했을 것으로 보입니다. 결혼을 하고 두 자녀를 낳고 키우면서 자신의 고난도 서서히 잊혀져갔습니다. 그 결과가 장남 므낫세를 낳았을 때 자신의 고난과 아버지 집의 온 일을 잊었다고 한 것으로 보입니다.

잊었던 사실을 다시 떠올리기 시작한 요셉(43:7)

요셉은 형들이 처음 곡식을 사러 왔을 때 아버지가 살아계신다는 말을 들었습니다(42:13). 그리고 요셉은 형들이 베냐민을 데리고 두 번째 곡식을 사러 왔을 때 "너희가 말하던 그 노인이 안녕하시냐 아직도 생존해 계시느냐(43:27)"고 물었습니다. 그리고 형들과 동생 베냐민에게 자신의 정체를 밝힌 후에 "나는 요셉이라, 내 아버지께서 아직 살아 계십니까(45:3)"라고 북받치는 감정으로 다시 물었습니다. 요셉은 왜 형들에게 아버지의 생존을 그렇게 애타게 물었을까요? 이것에 대한 이유를 찾아보는 것이 요셉이 아버지의 온 집일을 잊으려 했던 그의 마음을 알게 해 줄 것입니다.

요셉이 왜 형들에게 아버지의 생존에 대해서 질문했을까요? 요셉은 아버지 야곱의 특별한 관심의 대상이었습니다. 아버지 야곱은 요셉을 장자로 삼아 자신의 모든 소유를 물려줄 마음까지 먹고서 그를 사랑하여 채색옷까지 지어 입혔습니다. 아버지의 심부름을 갔다가 감쪽같이 없어졌습니다. 형들이 요셉의 채색옷에 짐승의 피를 묻혀 와서 아버지에게 주며 요셉을 팔아넘긴 것을 짐승에게 찢겨 죽은 것으로 둔갑시켰습니다. 그러나 요셉은 이 사실을 모르고 있었습니다. 야곱은 요셉이 짐승에게 찢겨 죽었다고 생각하고 그를 찾아 나설 생각조차 않았습니다. 그러나 요셉은 이 사실은 전혀 모르고 있었기 때문에 총리가 될 때까지 13년, 총리가 된 후 일정기간까지 아버지에 대한 기대를 저버리지 않았습니다. 아마도 요셉이 그 기간 동안 아버지에 대해 무엇인가를 기대했다면 아버지가 자신을 찾아오기를 기다렸을 것입니다.

그러나 20년이 넘는 기간 동안 아버지는 요셉을 찾아오지 않았습니다. 그 기간 동안 여호와께서 요셉과 함께 해주셨고 어려운 고난 중에서도 꿈대로 인도해주셨습니다. 성경은 요셉이 기다리는 육신의 아버지 야곱과 현실에서 그와 함께 하시고 그들 돕고 계시는 영적 아버지 하나님을 대비시키고 있습니다. 요셉은 현실에서 하나님의 도우심을 경험하면서도 육신의 아버지 야곱에 대한 기다림을 저버릴 수 없었습니다. 요셉이 아버지를 잊기로 결정할 만큼 그의 마음에 상심이 컸음을 알 수 있습니다. 요셉이 마음에서 지워버린 아버지 집의 온 일들, 요셉의 마음속에 죽어있던 아버지 집의 온 일들이 형들이 양식을 사러 온 것을 보는 순간 그의 마음속에서 살아나기 시작했습니다.

아버지의 생존을 확인하는 요셉(43:27; 45:3)

요셉은 아버지 야곱이 자신을 찾아 나서서 언젠가는 자신을 찾아올 것이란 기대가 무너지자 아버지와 그 집에서 있었던 모든 일을 잊으려 했습니다. 요셉이 아버지와 온 집의 일을 잊으려 했던 두 번째 이유는 아버지가 세상을 떠났다고 생각했기 때문이다. 그런데 형들을 처음 보는 순간 자신을 사랑해주셨던 아버지를 떠올리지 않을 수 없었습니다. 요셉이 형들로부터 처음 아버지의 생존에 대해 전해들은 후, 두 번째 형들과 아우 베냐민의 방문이 있은 후 그는 기회가 있을 때마다 형들에게 아버지의 생존에 대해 질문했습니다. 그 이유는 아버지의 온 집일을 잊으려 결단했었지만 형들을 보는 순간 다시 마음 깊은 곳에서 아버지에 대한 기대가 살아났기 때문입니다.

"너희가 말하던 그 노인이 안녕하시냐? 아직도 생존해 계시느냐?"
"요셉이 그 형들에게 이르되 나는 요셉이라, 내 아버지께서 아직 살아 계십니까?"

요셉이 아버지 야곱이 살아계신다고 확신했다면, 형들의 첫 방문에서 가족을 소개하며 동생 베냐민이 아버지와 함께 있다고 한 말을 듣고 더 이상 아버지 생존사실을 묻지 않았을 것입니다. 그는 형들이 처음 아버지의 생존을 이야기했을 때 형들이 거짓말을 한다고 받아들였을 가능성이 큽니다. 그래서 그는 아버지 야곱의 생존을 확인하고 또 확인했던 것입니다. 여호와께서 야곱에게 주신 꿈은 해와 달과 열한별이 자신에게 절하는 것이었습니다. 아버지가 살아계신다고 생각했다면 요셉은 아버지와 그의 온 집일을 잊어버리려 하지 않았을 것입니다. 아버지가 죽었다고 생각했기 때문에 자신이 십칠 세 때 받았던 꿈도 잊으려 한 것으로 이해됩니다.

요셉은 여호와께서 함께하셔서 보디발의 집에서 가정총무가 되고, 왕의 죄수를 가두는 옥에서 왕의 두 죄수를 비롯한 죄수들을 관리하는 옥중총무가 되었습니다. 그리고 그 중 한 명의 소개로 바로 왕의 꿈을 해석해 애굽의 총리자리에 오르게 되었습니다. 요셉은 여호와께서 자신을 이렇게 인도하셨음을 알고 있었지만, 깊은 내면에는 아버지에 대한 오해로 아버지와 온 집의 일을 잊기고 결정했던 것입니다. 성경은 요셉의 긍정적인 면과 부정적인 면을 함께 보여주고 있습니다. 성경은 이 일을 통해서 요셉의 이러한 불신앙 같은 삶에도 불구하고 여호와께서는 자신의 계획을 버리지 않고 이루시는 분이심을 보여주고 있는 것이 아닐까요? 요셉은 성공할 만큼 크게 성공했기에 아버지와 어머니 그리고 모든 형제들이 자신에게 엎드려 절하지 않아도 그것으로 만족할 수 있었는지 모를 일입니다. 그러나 여호와 하나님은 그럴 수 없습니다. 왜냐하면 아브라함에게 하신 언약을 잊지 않고 계시는 분이시기 때문입니다. 그분은 이 땅에 자신의 나라를 세우실 큰 그림을 그리고 있었기 때문입니다. 그래서 여호와 하나님은 요셉이 스스로 굳게 닫아버리고 포기해 버린 비전을 되찾도록 일하고 계십니다.

필자는 1992년에 제주도 한라산기도원에서 금식하며 기도하다가 지도자들의 회복에 대한 비전을 받았었습니다. 그 이후에 그 사명을 감당하려고 노력하고 힘썼습니다. 노력하는 만큼 주변의 모든 환경이 열려야 하는데 오히려 점점 막혀갔습니다. 그래서 2008년경에 여러 가지 이유로 그 비전을 마음에서 내려놓았습니다. 2014년 두 딸의 사역의 터전과 맞물려 다시 그 비전을 잡았습니다. 2020년인 지금, 약 30년 전에 주셨던 그 비전을 하나님께서 직접 활성화시켜가고 계심을 봅니다.

42:16, 19 요셉의 마음을 변화시키는 하나님

오늘날 기독교 신학에서 요셉은 아주 중요한 배역을 맡은 미화된 인물입니다. 구속사에서는 예수님을 예표 하는 인물로 다루고 있습니다. 설교에서는 항상 형통한 인물로 다뤄지기도 합니다. 정체성에서는 신분이 총리로 상승한 인물로 묘사되기도 합니다. 이러한 관점들이 중요한 것을 인정합니다. 그러나 성경 텍스트의 사실을 무시했거나 외면했거나 심지어 왜곡시킨 점이 많다는 사실 또한 간과해서는 안 됩니다. 요셉이 왜 마음을 닫았는지를 이해해야 그의 마음의 변화, 즉 내적 변화를 찾을 수 있습니다. 요셉은 스스로 마음에 빗장을 채웠습니다. 그러나 하나님은 그의 걸어 잠근 마음을 여셔서 그의 변화를 주도해 가십니다. 하나님이 그에게 주신 꿈은 그의 개인 것이기도 하지만 미래에 이 땅에 이루실 하나님 나라의 기초를 이룰 것이기 때문입니다. 반드시 그 꿈은 이루어져야 합니다.

요셉은 스스로 마음에 빗장을 질렀습니다(41:51-52)

요셉은 17세에 꿈을 꾸고 종으로 팔린 후 30세에 애굽의 총리에 올랐습니다. 그리고 칠년 풍년이 지났고 지금은 흉년이 2년째 지나고 있는 시점입니다. 즉 요셉이 종으로 팔린 후 22년 정도의 세월이 흘렀습니다. 요셉은 바로 왕이 맺어준 온의 제사장 보디베라의 딸 아스낫과 결혼하여 두 명의 아들을 낳았습니다. 요셉은 두 아들의 이름을 지으면서 자신의 인생사를 정리했습니다.

요셉은 맏아들의 이름을 '므낫세'라고 지으면서 "하나님이 내게 내 모든 고난과 내 아버지의 온 집 일을 잊어버리게 하셨다."는 의미를 부여했습니다. 요셉 자신이 스스로 결정했으면서 하나님이 그렇게 하셨다고 점을 부각시키고 있습니다. 자신의 모든 고난을 잊고, 아버지의 온 집일을 잊었다는 것은 그 자신에게는 중요하지 않은 일일 수 있습니다. 그러나 하나님에게는 아주 큰일이고 요셉이 절대로 잊어서는 안 될 일입니다. 왜냐하면 그 꿈은 요셉 개인을 위한 것만이 아니라 아브라함 언약과 결부되어 있기 때문입니다. 요셉의 결정은 그가 하나님의 언약을 기억했든 못했든 하나님의 꿈, 아브라함과의 언약에서 벗어나겠다는 마음의 결정을 내린 것입니다.

요셉은 차남을 낳고 그 이름을 '에브라임'이라고 지으며 "하나님이 나를 내가 수고한 땅에서 번성하게 하셨다"는 의미를 부여했습니다. 이것 또한 요셉이 스스로 붙인 것이지 하나님이 그런 의미를 주신 것이 아닙니다. 그는 자신이 지금까지 겪은 고난이 하나님의 언약과 결부된 사실을 몰랐습니다. 그는 어느 순간부터 눈에 보이는 이집트에서의 번영을 중시했습니다. 종합하면 요셉은 하나님의 꿈을 버리고 애굽의 부귀영화를 택하여 그것을 누리며 살겠다고 결심한 것입니다.

요셉이 형들을 만났으나 무덤덤했습니다(42:6-8)

요셉이 바로의 꿈을 해석한 대로 칠 년 풍년이 끝나고 칠 년 흉년이 시작되었습니다. 이 사실을 알고 대비한 것은 애굽 왕뿐이었습니다. 애굽 백성들은 흉년이 시작되자 먹을 것이 없어서 바로 왕에게 양식을 달라고 애걸했습니다(창 41:55). 바로 왕은 요셉에게 가서 요셉이 하라는 대로 하라고 말합니다. 각국 백성들도 애굽으로 양식을 사러 왔습니다. 가나안 땅에도 마찬가지로 기근이 들었습니다. 야곱은 애굽 땅에 곡식이 있음을 들었으나 아들들은 아무런 대책을 세우지 않고 넋 놓고 있기만 했습니다. 야곱은 아들들에게 애굽에 내려가 양식을 사오라고 설득했습니다.

형제들은 아버지 야곱의 요구로 양식을 사기 위해서 애굽 땅에 도착해 총리 요셉을 찾아 엎드려 절했습니다. 요셉은 꿈에서 열한 명의 절을 받았습니다. 그러나 요셉은 방금 열 명의 형들에게 절을 받았습니다. 이 장면에서 요셉은 자신이 꾼 꿈을 기억했습니다(42:9). 이것은 앞으로 전개될 일들의 방향을 알려주고 있습니다.

요셉은 방금 자신에게 절한 사람들이 형들인 줄 알았습니다. 그러나 형들은 소년 요셉이 성인 요셉으로 변해 있었고, 요셉이 애굽의 총리가 되어 있을 것이란 생각은 아예 못했기에 전혀 요셉을 알아보지 못했습니다. 요셉은 형들에게 엄한 소리로 어디서 왔는가를 물었습니다. 형들은 요셉에게 곡물을 사려고 가나안 땅에 왔다고 대답했습니다. 요셉은 이 대화중에도 마음에 아무런 미동이 없었습니다. 즉 요셉이 아버지의 온 집안을 다 잊기로 마음먹었고, 애굽의 부귀영화를 누리며 살기로 작정한 그의 마음에 아무런 변화가 일어나지 않았습니다. 요셉은 형들을 정탐꾼으로 몰아갔습니다. 그 과정에서 형들은 요셉이 주장하는 정탐꾼 혐의에서 벗어나려고 이 나라의 틈을 엿보러 온 것이 아니라 곡물을 사러 왔고 막내는 집에 아버지와 함께 있고 한 명은 없어졌다고 밝혔습니다. 요셉은 그것이 정탐꾼인 증거라고 단죄하며 열 명 중 아홉 명은 여기 잡혀있고 한 명이 가서 아우를 데려오라고 호통 쳤습니다. 요셉의 닫힌 마음은 조금도 열리지 않았습니다.

요셉의 닫힌 마음에 실금이 갔습니다(42:23-24)

요셉은 형들을 처음 만난 후 사흘 만에 다시 만나 자신은 하나님을 경외하는 자라고 밝히며 형들에게 새로운 제안을 했습니다. 너희가 혐의가 없는 자라면 열 명 중 한 명만 갇혀있고 아홉 명은 곡식을 가지고 돌아가서 집안의 굶주림을 구하고, 막내아우를 데려오면 너희들 말의 진실이 입증되고 죽지 않을 것이라고 말했습니다. 형들은 자신들끼리 우리가 아우의 일로 말미암아 죄를 지었기 때문에 이런 일을 당한다고 말했습니다. 형들은 아우가 자신들에게 애걸할 때 그의 괴로움을 보고도 들어주지 않아서 지금 자신들이 괴로움을 당하고 있다는 말을 주고받으며 후회했습니다. 그때에 르우벤이 동생들에게 그 아이에 대해 죄를 짓지 말자고 했었는데 너희가 듣지 않아서 그 핏 값을 치르게 되었다고 한탄하였습니다. 형들은 요셉과 자신들 사이에 통역을 세웠기 때문에 자신들이 하는 말을 요셉이 전혀 알아듣지 못한다고 생각했습니다. 요셉은 자신이 종으로 팔리게 된 새로운 사실을 알았습니다. 요셉은 형들이 주고받는 대화를 듣고서 그의 굳게 닫혔던 마음에 실금이 갔습니다. 그가 자리를 피해서 울고 다시 돌아온 것이 그것을 뒷받침하고 있습니다. 요셉은 시므온을 잡아서 감금하고 형들이 가져온 돈을 그들의 곡식자루에 담아 그들을 떠나보냈습니다.

요셉의 마음은 다시 굳어진 것같이 보입니다(43:15-16)

가나안 땅에 돌아간 아홉 형제들은 아버지 야곱에게 애굽에서 있었던 일과 자신들의 자루에 곡식을 사기 위해 가져갔던 돈뭉치가 그대로 들어있음을 소상하게 알렸습니다. 야곱은 아들들의 이야기를 듣고 "너희가 내 자식을 잃게 한다. 요셉이 없어졌고 시므온도 없어졌는데 이제 베냐민까지 빼앗아 가려고 한다(42:36)"며 원망했습니다.

야곱 가족은 애굽에서 가져온 곡식으로 먹고 살았으나 그 땅에 기근이 심하여 애굽에서 가져온 곡식도 얼마가지 않아 동이 났습니다. 야곱은 살기 위해서 아들들에게 애굽에 가서 곡식 사올 것을 요구했습니다. 요셉의 형들은 아버지의 명을 받았지만 애굽으로 가서 곡식을 사올 수 없었습니다. 애굽의 총리가 자신들을 정탐꾼으로 몰며 막내 아우를 데리고 와서 정탐꾼이 아님을 입증하라고 했기 때문입니다. 유다는 형제들을 대표해서 아버지 야곱에게 해결책을 제시했습니다. 애굽의 총리가 아우를 데리고 오지 않으면 자신의 얼굴을 볼 수 없다고 했으니 베냐민을 같이 보내지 않으면 안 가겠다고 대답했습니다. 야곱은 아들들에게 왜 아우가 있다고 해서 자신을 괴롭게 하느냐고 불평했습니다. 유다는 다시 나서서 아버지 야곱에게 자신을 담보할 것이니 베냐민을 데리고 가도록 허락해달라고 간곡하게 부탁했습니다. 유다는 아버지 야곱에게 우리가 지체하지 않았다면 이미 두 번은 갔다 왔을 시간이 흘렀다며 빨리 결정해 줄 것을 요청했습니다. 야곱 곧 이스라엘은 어쩔 수 없이 베냐민을 데리고 갈 것을 허락하며 가나안의 아름다운 소산들도 챙겨 갈 것을 아들들에게 요청했습니다. 야곱은 전능하신 하나님께서 그 사람 앞에서 너희에게 은혜를 베푸사 그 사람이 시므온과 베냐민을 돌려줄 것을 기도했습니다.

아홉 명의 형들은 베냐민을 데리고 애굽 땅에 도착해서 요셉 앞에 섰습니다. 요셉은 베냐민이 그들과 함께 있는 것을 보았습니다. 요셉은 자기의 청지기에게 정오에 이 사람들과 함께 식사를 할 것이니 이들을 집으로 모시고 음식을 준비할 것을 명했습니다. 요셉은 아홉 명의 형들을 다시 보았고 동생 베냐민도 보았지만 요셉은 아무런 감정도 표출하지 않았습니다. 첫 번째 형들을 만났을 때 르우벤의 말을 듣고 아버지 집의 온 일에 마음을 닫았던 마음에 실금이 갔었는데, 시간이 지나며 다시 옛날로 돌아 가버린 듯이 보입니다.

요셉의 닫힌 마음이 서서히 무너져 갔습니다(43:27-31)

요셉의 형들은 갑자기 정오에 애굽 총리의 집에서 점심을 같이한다는 말을 듣고 두려움에 빠졌습니다. 그들은 지난번 자루에 돈이 든 일로 자신들이 함정에 빠져 들어간다며 불안해했습니다. 요셉의 형들은 청지기에게 다가가서 지난번 곡식을 사갔는데 자루를 풀어보니 돈이 그 속에 들어있어서 다시 가져왔다고 알렸습니다. 그리고 자신들은 자루에 돈을 누가 넣었는지 모른다고 말했습니다. 청지기는 요셉의 형들의 설명을 다 듣고서 안심하라, 두려워하지 말라, 너희 하나님 곧 너희 아버지의 하나님께서 재물을 자루에 넣어 너희에게 주신 것이라고 위로했습니다. 그리고 자신은 이미 그들의 돈을 받았다고 말했습니다. 그리고 시므온을 옥에서 풀어주며 형제들에게 합류하게 했습니다. 청지기는 발을 씻게 하고 나귀에게도 먹을 물을 주고 요셉이 오기를 기다렸습니다.

요셉은 형들이 베냐민을 데리고 온 것을 보고 왕궁으로 출근하여 집무를 하다가 잠시 집으로 돌아온 것으로 보입니다. 요셉이 집에 들어오자 요셉의 열 명의 형들과 동생 베냐민 총 열한 명이 요셉에게 절했습니다(43:26). 이 장면을 본 직후에 요셉은 형제들에게 "너희가 말하던 그 노인이 안녕하시냐, 아직도 생존해 계시느냐?"라고 물었습니다. 형제들은 요셉에게 우리 아버지가 평안하고 지금까지 생존해 계신다고 답했습니다. 요셉은 동생 베냐민을 보고 소자여 하나님이 네게 은혜 베푸시기를 원한다고 축복했습니다. 요셉은 아우를 사랑하는 마음이 북받쳐 급히 울 곳을 찾아 안방으로 가서 운 후에 얼굴을 씻고 나와서 정을 억제하며 음식을 차리라고 일렀습니다. 요셉이 베냐민을 사랑했다는 것은 한글 번역자의 견해입니다. 원문은 요셉이 베냐민을 동정하는 마음이 북받쳐 올라왔다고 말하고 있습니다.

성경의 기자는 직설적으로 말하지 않습니다. 그러나 요셉은 형들이 처음 왔을 때 자신이 꾼 꿈을 생각했었습니다. 열한 형제들이 자신에게 절했을 때 요셉은 자신이 꾼 꿈을 생각했을 것입니다. 요셉은 아버지 집의 온 일을 잊기로 결심하고 큰아들 이름을 므낫세라고 지었습니다. 요셉은 잊으려고 마음먹었지만 여호와는 자신이 요셉에게 주신 꿈을 한 번도 포기하신 적이 없었습니다. 이 시점에서 요셉은 자신이 버렸던 아버지 집의 온 일을 다시 생각할 수밖에 없었습니다. 하나님은 요셉이 스스로 포기한 꿈과 닫은 마음을 여시고 계십니다. 열한 명의 형제들이 요셉에게 한 절이 가진 힘입니다. 이들이 요셉에게 한 절은 요셉이 꾼 꿈을 다시 회복시키기 시작했습니다.

요셉의 닫혔던 마음이 활짝 열렸습니다(45:1-2)

요셉은 자신의 마음을 감추고 또 다른 명분을 세웠습니다. 은잔을 동생 베냐민의 자루에 넣고 돈도 넣어서 그를 애굽 땅에 붙잡아 두려고 계획을 세웠습니다. 단순히 동생 베냐민을 자기 곁에 두려 했던 것은 아닌 것으로 보입니다. 아버지 생존을 확인해야 했습니다. 그가 꾼 두 번째 꿈은 해와 달과 열한별이 자신에게 절하는 것이다. 첫 번째 꿈은 이루어졌지만 두 번째 꿈은 아직 이루어지지 않았습니다. 그는 아버지 온 집의 일을 잊기로 작정하고 큰아들 이름을 므낫세라고 지었었습니다. 그런데 자신의 첫 번째 꿈이 성취되었습니다. 이제 아버지의 생존과 두 번째 꿈을 생각하지 않을 수 없게 되었습니다.

요셉은 동생 베냐민을 애굽에 잡아두어 머물게 하고 아버지의 생존을 확인하려 한 것으로 보입니다. 요셉은 모든 형제들이 떠난 직후 추격 조를 보내서 없어진 은잔 찾기를 시작했습니다. 은잔이 나오는 자루의 당사자는 요셉의 종이 되어 애굽에 머물기로 했습니다. 은잔은 베냐민의 자루에서 발견되고(44:12) 형제들은 요셉의 집으로 돌아왔습니다. 요셉의 은잔 지적에 유다는 자신들의 정직함을 어떻게 설명해야 할지 모르겠다고 하소연합니다. 하나님이 자신들의 죄를 찾아내셨으니 자신들 모두 요셉의 노예가 되겠다고 고백합니다. 요셉은 유다의 제안을 거부하며 은잔이 발견된 자만 남고 모두 너희 아버지께로 돌아가라고 명합니다.

유다는 요셉에게 베냐민과 아버지와 관련된 이야기를 자세하게 했습니다. 아버지가 노년에 두 형제를 얻었는데 형은 죽고 그의 어머니가 남긴 자녀는 베냐민뿐이어서 아버지가 그를 특별히 사랑한다고 알렸습니다. 유다는 요셉에게 베냐민이 돌아가지 않으면 아버지가 죽을 것인데 그 이유는 아버지의 생명이 베냐민의 생명과 연결되어 있기 때문이라고 설명했습니다. 유다는 자신이 이것을 너무나 잘 알기 때문에 베냐민을 데려올 때 아버지 야곱에게 베냐민에게 문제가 생기면 자신이 영원히 그 죄 짐을 지겠다고 약속하고 베냐민을 데려왔은즉 자신의 생명으로 아이를 대신하고 베냐민을 돌려보내달라고 애원했습니다. 요셉은 형 유다의 이야기를 듣자 더 이상 자신의 마음을 억제할 수 없었습니다. 요셉은 모든 사람을 자기에게서 물러가라고 외쳤습니다. 요셉은 모든 사람들이 물러가자 큰 소리로 울었습니다. 그 울음소리가 얼마나 컸던지 바로의 궁중에까지 들렸습니다. 요셉은 형들에게 자신이 요셉인 것을 밝히며 "내 아버지께서 살아계십니까?"라고 물었습니다.

요셉은 첫째 아들 므낫세를 낳은 후 아버지 집의 온 일을 잊었다고 고백했었지만 그것은 요셉이 한 일이지 하나님의 뜻이 아니었습니다. 요셉은 아버지 집의 온 일을 잊어버리고 애굽의 부귀영화를 누리며 살겠다고 둘째 아들의 이름을 에브라임이라고 지었습니다. 요셉은 모든 것을 포기했지만 여호와 하나님은 단 한 번도 요셉에게 주셨던 꿈, 비전을 잊은 적이 없으셨습니다. 요셉은 형들이 처음 곡식을 구하러 왔을 때 꿈을 생각했었는데 이것 또한 하나님이 하신 일입니다. 요셉이 다양한 명분을 가지고 형들을 옥죈 것 또한 하나님이 주신 지혜로 볼 수 있습니다. 하나님은 요셉의 굳게 닫힌 마음을 조금씩 열어가셨고 완전히 여셨습니다. 하나님께서 요셉의 내적인 변화를 주도하셨습니다.

42:9, 25; 44:1-3 요셉이 비전 성취를 위해 내세운 명분들

요셉이 애굽의 총리였기 때문에 무슨 일이든지 마음대로 할 수 있다고 생각하면 그것은 성경과 하나님의 의도와 동떨어진 발상입니다. 요셉이 형들을 모함하고, 돈을 자루에 다시 넣고, 은잔을 베냐민의 자루에 넣는 등 일련의 행동들은 하나님의 계획을 성취하는데 사용된 명분들입니다. 여호와께서도 가나안 땅 백성의 죄가 차지 않아서 찰 때까지 기다리시는데, 하물며 사람이 자기 마음대로 결정하고 행동한다는 것은 있을 수 없는 일입니다. 요셉은 자신의 지위와 권력이 있지만 그것으로 문제해결을 풀려고 시도하지 않고 명분을 사용하며 풀어갔습니다.

정탐꾼을 명분으로 내세웠습니다(42:9)

요셉은 양식을 구하러 와 자신에게 엎드려 절하는 형들을 모른 체하고 엄한 소리로 어디서 왔는가를 다그쳐 물었습니다(42:7). 그들은 가나안 땅에서 곡물을 사러 온 자들이라고 답했으나 요셉은 꿈을 생각하고 형들을 정탐꾼들이라 몰아붙이며 나라를 정탐하러 왔다고 소리쳤습니다. 요셉이 꿈을 생각했다는 것은 어떤 의미를 내포하고 있을까요? 요셉은 열한 명의 곡식 단이 자신의 곡식 단에 절하는 꿈을 꾸었습니다. 요셉은 조금 전에 열 명의 형들로부터 절을 받았습니다. 요셉은 자신이 꾼 꿈과 현실이 달랐습니다. 요셉이 꾼 꿈을 생각했다는 것은 현실과 꿈의 일치를 생각했다는 뜻입니다. 요셉이 애굽의 총리이기 때문에 강제로 일을 처리하는 것은 하나님의 마음이 아닙니다. 그래서 요셉은 정탐꾼이란 명분을 사용하고 있습니다.

요셉은 형들을 정탐꾼이라고 몰아쳤으나 그들은 요셉을 주라 부르며 자신들은 그런 사람들이 아니라고 부인합니다. 요셉과 형들의 충돌은 또 다른 전진을 향해 나아가고 있습니다. 요셉은 정탐꾼이란 명분을 사용해서 베냐민을 보기를 원했습니다. 형들과 베냐민을 함께 보아야 자신이 꾼 꿈을 이루게 되기 때문입니다. 형들은 요셉의 모함에서 벗어나기 위해 자신들의 사정을 자세하게 설명했습니다. 자신들의 형제는 총 열두 명으로 한 아버지의 자녀들인데, 한 명은 없어졌고 막내는 아버지와 함께 있다고 알렸습니다. 형들은 요셉에게 베냐민이야기를 끄집어냈습니다. 요셉이 정탐꾼이란 명분을 사용하지 않았으면 이 대화는 나오지 않았을 것입니다. 요셉이 사용한 정탐꾼이 베냐민 언급을 이끌어 낸 것입니다.

막내아우를 명분으로 내세웠습니다(42:15)

요셉은 형들의 설명을 듣고 오히려 더 강경하게 형들을 정탐꾼으로 몰아붙였습니다. 요셉 자신이 형들을 정탐꾼이라 단정한 이유가 바로 형들이 설명한 사실에 있다며 그 말이 사실인 것을 증명하라고 다그쳤습니다. 요셉은 형들에게 막내아우가 이곳에 와야만 너희가 정탐꾼이 아닌 줄 알고 풀어주겠다고 알리며 아홉 명은 갇혀 있고 한 명이 가서 아우를 데려오라 말한 후에 그들을 삼 일 동안 옥에 가두었습니다.

요셉이 애굽의 총리이지만 아무런 명분 없이 형들을 잡아 가두고 처형할 수는 없습니다. 인간세상에서는 가능하지만 하나님을 경외하는 자로서 여호와 앞에서는 불가능한 일입니다. 인간의 시각에서 보면 요셉은 아주 나쁜 사람으로 보입니다. 자신의 정체를 밝히지도 않고 형들을 정탐꾼으로 몰고, 모두 갇혀 있고 한 명이 가서 동생을 데려오라며 형들을 삼 일 동안 감옥에 가두고 위협했기 때문입니다. 우리는 이러한 요셉의 행동을 나쁘게 볼 수 있지만 고대근동사회의 문화에서는 지극히 정상적인 행동이며 특히 여호와 하나님 앞에서는 올바른 당위성을 갖습니다.

우리가 생각해야 할 것은 요셉이 형들에게 정탐꾼이라는 말을 하기 전에 무엇을 했는가입니다. 그는 꿈을 생각했습니다(42:9). 요셉이 꿈을 생각했다는 것은 여호와께서 그에게 보여주신 비전을 생각했다는 뜻입니다. 요셉은 열한 단이 자신의 단에게 절했고, 해와 달과 열한 별이 자신에게 절하는 꿈을 꿨습니다. 그런데 지금 요셉에게 절을 한 사람은 열 한 명이 아니라 열 명입니다. 요셉이 생각할 때 지금 일어나고 있는 일은 정상적인 모습이 아닙니다. 요셉에게 남은 과제가 있는데 그것은 여호와께서 자신에게 주신 비전을 확인하는 것입니다. 요셉이 이것을 그냥 지나쳐버리면 직무를 유기하는 일일 수 있습니다. 여호와께서 주신 비전과 지금 일어난 현실이 다르기 때문에 요셉은 그것을 확인하기 위해서 무엇인가 해야 했습니다. 그것을 위해서 요셉은 명분을 사용했습니다.

요셉은 그 명분으로 '정탐꾼'이란 용어를 사용한 것입니다. 하나님이 요셉에게 주신 꿈을 통한 비전, 요셉이 그것을 생각하지 않은 채 정탐꾼 스토리를 이어갔다면 그것은 자기감정에 북바쳐 죄에 빠졌을 수 있습니다. 그러나 요셉이 정탐꾼이란 명분을 등장시켜 형제들을 모함하는 것처럼 보이는 것은 하나님이 주신 비전을 이루는 당위성을 가진 정상적인 행위입니다.

요셉이 베냐민이란 명분을 내세운 것은 성경의 맥락에서 볼 때 아주 잘한 일입니다. 만일 요셉이 베냐민이란 명분을 사용하지 않고 자신의 정체를 밝히고 아버지 야곱을 모시고 오라며 수레를 보냈다면 요셉의 꿈은 좌절됐을 수도 있습니다. 열한 곡식 단이 자신의 곡식 단에게 절하는 꿈은 이룰 수 있었지만 해와 달과 열한별이 자신에게 절하는 꿈은 이룰 수 없었을 것입니다. 요셉이 꿈을 생각했다는 것은 두 번에 걸쳐서 꾼 꿈 모두를 생각했다는 의미입니다. 그래서 요셉은 첫 번 꾼 꿈의 성취를 위해서 베냐민이란 명분을 사용한 것입니다.

각 사람의 돈을 자루에 도로 넣어 명분을 내세웠습니다(42:25; 44:1)

요셉이 꾼 첫 번째 꿈은 자신의 곡식 단은 서고 형제들 곡식 단들이 자신의 단을 향해 절하는 것입니다. 이것은 그냥 꾼 꿈이 아니라 여호와께서 주신 비전이므로 반드시 이루어져야 합니다. 요셉은 꿈을 생각하고 정탐꾼 스토리를 만들어갔습니다. 처음에는 열 명 중 아홉 명은 옥에 갇혀있고 한 명만 가서 베냐민을 데리고 오는 것이었습니다. 요셉은 이 생각을 바꾸어 한 명만 대표로 옥에 갇혀 있고 아홉 명이 집으로 돌아가 베냐민을 데리고 다시 애굽에 오는 것으로 방법을 바꾸었습니다. 이것은 첫 번째 꾼 꿈의 실현을 위해서 반드시 필요한 방안입니다.

요셉은 시므온을 열 명의 형제 중에서 끌어내어 결박했습니다. 요셉은 신하들에게 형제들의 자루에 곡물을 채우게 하고 각 사람이 양식을 사기 위해서 가져왔던 돈을 각 사람의 자루에 넣으라고 명했습니다(42:25). 시므온을 제외한 형들은 곡식을 나귀에 싣고 애굽을 떠났습니다. 형제 중 한 명이 여관에서 나귀에게 먹이를 주려고 자루를 풀고 본즉 돈이 자루 아귀에 있는 것을 발견했습니다. 그는 이 사실을 온 형제들에게 말하며 혼비백산하며 두려워 떨며 하나님이 어떻게 자신들에게 이런 일을 하셨는지 한탄하였습니다. 요셉의 형들은 가나안 땅에 도착해서 아버지 야곱에게 이 사실과 애굽 땅에서 있었던 일들도 소상하게 알렸습니다. 모든 형제가 자루를 쏟고 보니 각 사람의 돈뭉치가 그 자루 속에 있었습니다. 그들과 야곱은 두려움에 빠졌습니다.

요셉이 돈을 각 형들의 자루에 다시 넣은 것은 형들을 모함하기 위해서가 아니라 아직 거래가 완전히 끝나지 않았다는 의미를 담고 있습니다. 시므온은 애굽에 인질로 잡혀 있습니다. 요셉의 형들은 시므온을 위해서라도 애굽으로 다시 와야 하고, 아직 결말을 맺지 않은 거래의 완성을 위해서도 애굽 땅으로 와야 합니다. 자루에 넣은 돈은 형들이 다시 애굽으로 와야 한다는 명분을 내세운것입니다.

은잔을 베냐민의 자루에 넣어 명분을 내세웠습니다(44:2)

야곱은 각 아들의 자루에 그 돈이 모두 들어있는 것을 보고서 요셉도 잃었고 시므온도 잃었는데 베냐민을 또 빼앗아 가고자 한다며 격정을 부렸습니다. 아들들이 하는 일이 자신을 해롭게 한다며 짜증을 부리기도 했습니다. 가나안 땅에 여전히 기근이 심했고 그들이 애굽에서 가져온 곡식은 벌써 다 먹었습니다. 형들은 베냐민을 안 데리고는 갈 수 없어서 곡식이 떨어졌지만 갈 생각을 하지 않았습니다. 야곱은 아들들에게 가서 양식을 조금 사오라고 명합니다. 유다는 아버지 야곱에게 동생 베냐민 이야기는 애굽의 총리가 "너희 아버지가 아직 살아 계시느냐, 너희에게 아우가 있느냐?"고 물어 어쩔 수 없이 답한 이야기인 것을 상기시켰습니다. 다시 양식을 사기 위해서는 반드시 베냐민을 데리고 가야한다고 설득하고 있습니다. 유다는 베냐민을 꼭 데리고 돌아오겠다며 자신의 목숨을 담보물로 제안했습니다. 이스라엘은 어쩔 수 없어 베냐민과 가나안 땅의 아름다운 소산인 유향 조금, 꿀 조금, 향품, 몰약, 유향나무 열매, 감, 복숭아 등을 챙겨서 갔다 올 것을 독려했습니다. 요셉의 형들은 베냐민과 이것을 가지고 애굽 땅으로 갔습니다. 요셉은 시므온을 이끌어 내 그들에게 보냈습니다. 요셉은 온 형제들을 자기 집으로 인도해 발을 씻게 하고 나귀에게 먹이를 주었습니다. 요셉은 집에서 온 형제들과 정오에 음식을 먹기로 했습니다. 요셉은 왕궁에 출근했다가 정오에 집으로 돌아왔습니다. 온 형제들은 요셉이 오기를 기다렸다가 요셉을 맞이하며 예물을 드리고 요셉에게 엎드려 절을 했습니다(43:26). 여호와께서 요셉에게 꾸게 하셨던 첫 번째 꿈이 성취되었습니다.

요셉은 두 번의 꿈을 꾸었었습니다. 첫 번째 꿈은 성취되었고 두 번째 꿈이 남았습니다. 해와 달과 열한별이 자신에게 절하는 꿈이 남았습니다. 요셉은 두 번째 비전 성취를 위해서 동생 베냐민을 명분으로 활용할 계획을 세웠습니다. 그 명분은 두 가지 일에 영향을 미치게 될 것입니다. 한 가지는 요셉이 베냐민을 자기 곁에서 살게 하는 것이고, 다른 한 가지는 자신과 베냐민을 빌미로 아버지 야곱을 애굽 땅으로 불러오는 것입니다. 요셉은 이 성취를 위해서 베냐민의 자루에 자신의 잔 곧 은잔을 양식 값과 더불어

넣게 했습니다(44:2). 우리의 상식은 요셉이 참 나쁜 사람으로 보이지만 하나님의 계획을 중심으로 명분을 만들어 가는 것은 죄가 아닙니다. 오히려 그것은 요셉이 반드시 해야 하는 권리입니다.

여호와께서 아브라함과 언약할 때 "…네 자손이 이방에서 객이 되어 그들을 섬기겠고 그들은 사백 년 동안 네 자손을 괴롭히니…네 자손은 사대 만에 이 땅으로 돌아오리니 이는 아모리 족속의 죄악이 아직 가득 차지 아니함이니라(15:9, 16)"고 말씀하셨습니다. 아브라함의 후손들은 여호와의 예언처럼 한 나라에서 사백 년 동안 괴롭힘을 당해야 합니다. 요셉이 부모와 열한 형제들로부터 절을 받고 높은 사람이 되는 꿈은 표면적으로 드러나는 의미가 목적의 전부가 아닙니다. 여호와께서 요셉에게 주신 꿈은 한 나라의 종살이를 위해서 아브라함의 후손을 이동시키기 위한 장치입니다. 요셉은 아브라함의 후손들이 여호와의 계획대로 한 나라의 종살이를 시작할 수 있도록 하는 사명을 부여받은 인물입니다. 요셉이라는 명분은 여호와께서 아브라함에게 주신 언약 성취를 위해 절대적으로 필요한 것들이었습니다.

37:3, 28; 39:12, 20; 41:14, 42 다양한 신분으로 산 요셉

평범한 인생을 사는 사람들은 변함없이 일상생활에 입던 옷을 입고 살게 됩니다. 물론 결혼식, 명절, 초상이 났을 때 그에 맞는 예복으로 갈아입습니다. 요셉은 특별한 절기로 인해 옷을 갈아입은 것이 아닙니다. 스스로 입고 싶은 옷을 선택해서 갈아입은 것도 아닙니다. 그는 타의에 의해 옷을 갈아입었고 그때마다 그의 신분이 바뀌었습니다.

상속자임을 증거하는 채색옷(37:3)

야곱은 노년에 요셉을 얻었습니다. 이스라엘은 여러 아들보다 그를 더 사랑하여 '채색옷'을 지어서 입혔습니다. 우리는 요셉을 이해하기 위해서 "사랑하다"와 "채색옷을 입다"를 이해해야 합니다.

"더 사랑했다"는 한국식의 편애로 이해해서는 안 됩니다. 신명기는 한 남편이 두 아내를 데리고 살다가 재산을 상속하는 이야기를 다루고 있습니다(신 21:15-17). 남편은 한 아내는 사랑했고, 다른 한 아내는 미워했습니다. 이제 자신의 소유를 아들들에게 기업으로 나눠주는 날이 되었습니다. "야곱이 노년에 얻은 아들이므로 사랑했다"와 "사랑하는 아내에게 낳은 아들이다"에서 '사랑하다'란 표현은 의미가 동일합니다. 남편은 자신이 사랑했던 아내가 낳은 아들이 장자가 아님에도 불구하고 사랑하는 아내의 아들이란 이유로 장자의 몫을 상속하려 했습니다. 당시 기업 상속은 장자가 두 몫을 받도록 규정되어 있습니다. 신명기서는 미워하는 아내의 아들이 장자이거든 그에게 장자의 몫을 상속해 주라는 말씀을 기록하고 있습니다. 미워하는 아내일지라도 장자의 상속을 주라는 것은 사랑하는 아내의 아들이라면 마땅히 장자의 상속권을 준다는 의미를 포함하고 있습니다. 야곱이 노년에 얻은 아들이므로 요셉을 사랑했다는 것은 사랑한 아내 라헬의 아들이라는 의미와 그 아들에게 장자의 상속권을 주려했다는 것을 함께 함축하고 있는 표현입니다.

KJV 영어성경은 채색옷을 "여러 가지 색상으로 된 코트 a coat of many color"로 번역하고 있습니다. 흠정역이 이렇게 번역한 것은 히브리어 구약성경을 헬라어로 번역한 70인역(LXX)의 영향을 받은 것입니다. 그러나 '채색옷'에 대한 히브리어 구약성경의 원어는 '쿠토네트 파씸'인데, 이는 아쉽게도 여러 색깔을 가진 알록달록한 '채색옷'과는 별 관련이 없습니다. 히브리어에서 헬라어로, 이것이 다시 영어와 한국말로 옮겨지는 과정에서 생겨난 오류가 아닌가 싶습니다. 성서시대에 유대인들이 몸에 걸치는 옷은 크게 5가지 종류로 나뉘었습니다. 속옷, 겉옷, 허리띠, 터번(모자), 샌달(신발)이 그것입니다. 다섯 종류의 옷 중에서 속살에 닿는 옷을 '속옷'이라고 하는데, 이를 히브리어로 '쿠토네트'라고 합니다. '쿠토네트'에 대한 합당한 단어가 없어서 '속옷'으로 번역되기는 했지만, 쿠토네트는 오늘날 우리들이 입고 다니는 속옷의 개념과는 많이 다릅니다. 성서시대에는 속옷을 입고 밖에서 밭일을 했습니다. 속옷이 완벽한 외출복은 아닐지라도, 밖에서 일할 때 편하게 입는 옷이란 의미입니다. 속옷은 발목까지 내려올 정도로 길었지만 소매가 짧은 것이 특징이었습니다.

'쿠토네트 파씸(색동옷)'은 일반적인 속옷에 비해 소매가 팔꿈치를 덮을 만큼 '긴 소매의 속옷' 을 가리킵니다. '파씸'은 손바닥과 발바닥을 가리키는데, 이는 아마도 소매의 길이가 손바닥까지 덮을 정도로 길었던 데서 나온 단어로 보입니다. 그러므로 '채색옷'은 알록달록 여러 색깔이 들어간 '색동저고리'가 아니라 팔과 손을 덮을 수 있는 긴 속옷을 가리킵니다. 당시에 긴 속옷은 최상류층인 왕족과 같은 특별한 계층이 입는 것이었습니다. 아버지 야곱은 요셉에게 장자의 몫을 주려는 마음을 가졌고 당시 특수 계층이 입었던 채색옷을 입히셔 특권층의 자녀로 대우했습니다. 이것은 야곱이 마음속으로 요셉을 장자로 삼은 것을 의미하고 그에 맞는 옷을 입힌 것입니다. 형제들은 이것이 싫어서 요셉을 미워했습니다.

종임을 알려주는 보디발의 집에서 입은 옷(38:32; 39:12)

요셉은 아버지의 심부름으로 도단까지 형들을 찾아갔다가 시기하는 형들에게 잡혀 팔렸습니다. 미디안 상인들이 요셉을 샀습니다. 그 과정에서 형들은 요셉이 입고 있던 채색옷을 벗겼습니다. 형들은 요셉에게 무슨 옷을 입혔을까요? 어쩌면 아무것도 입히지 않고 판 것은 아닐까요? 당시 노예들은 아랫도리만 가리고 거의 옷을 입지 않았습니다.

미디안 사람들은 요셉을 애굽까지 데리고 가서 바로의 신하 친위대장 보디발에게 팔았습니다. 여호와께서 요셉과 함께 하시므로 그가 보디발의 집에서 형통한 자가 되었습니다. 보디발은 여호와께서 요셉과 함께 하심을 보았고 또 범사에 그를 형통케 하는 것을 보았습니다. 그는 요셉을 가정총무로 삼아 자기의 집과 그의 모든 소유를 주관하도록 맡겼습니다. 요셉은 좋은 종인데 친위대장 보디발의 집과 소유를 관리하는 종이 되었습니다. 당시 애굽 가정의 종들이 입는 옷이 어떤 것인지는 알 수 없습니다. 요셉이 입은 옷은 그가 보디발 장군의 집에 있는 종이란 사실을 증거해 주고 있습니다. 보디발 장군의 집과 모든 소유를 관리하는 책임을 맡았으니 일반 종들과는 다른 옷을 입었을 수도 있습니다. 보디발의 아내가 요셉과 동침하려고 유혹하고 요셉의 옷을 붙잡고 그의 침소로 들어가려 했습니다. 요셉은 자기의 옷을 그 여인의 손에 버려두고 도망쳤습니다. 이것은 요셉이 특정할 수 없지만 겉옷을 입고 있었다는 뜻입니다. 요셉이 입고 있던 옷은 그의 종의 신분을 나타내주고 있습니다.

죄수임을 증거하는 감옥에서 입은 옷(39:20)

요셉은 보디발 장군의 아내의 모함으로 옥에 갇혔습니다. 그 감옥은 왕의 죄수를 가두는 곳이었습니다. 그곳에서도 여호와께서 요셉과 함께 하시고 그에게 인자를 더하셔서 간수장의 은혜를 받게 해주셨습니다. 간수장은 옥중 죄수를 다 요셉의 손에 맡겼고 요셉은 죄수와 관련된 모든 것을 처리했습니다. 간수장은 요셉을 얼마나 신뢰했는지 그가 처리하는 일은 무엇이든 살펴보지 않았습니다. 요셉은 보디발 장군의 집에서 입던 옷을 입고 옥에 갇혔으나 죄수 의복으로 갈아입었을 것이 분명합니다.

그는 감옥에서 여호와께서 함께 하시고 도우심으로 감옥총무가 되었습니다. 그는 감옥총무로서 바로 왕을 지근에서 돕던 두 관원장을 돕는 역할을 감당했습니다. 애굽 최고 권력자를 수종들던 두 사람을 섬긴다는 것은 아주 영예로운 일입니다. 여호와께서 함께 해주셨기에 그는 감옥에서도 성공한 자가 되었습니다. 그러나 감옥의 요셉은 한계를 가지고 있었습니다. 아무리 뛰어나고 잘해도 그는 죄수일 뿐입니다. 그의 죄수란 신분이 바뀌지는 않습니다. 왜냐하면 그가 입고 있는 옷이 죄수임을 입증하고 있기 때문입니다.

애굽 시민임을 증거하는 바로 앞에 설 때 입었던 옷(41:14)

어느 날 요셉이 갇힌 옥에 바로 왕의 두 신하, 술 맡은 관원장과 떡 굽는 관원장이 들어

왔습니다. 친위대장은 요셉에게 그들을 섬기도록 했습니다. 요셉은 그들을 여러 날 섬겼는데 두 사람이 동일한 밤에 각각 꿈을 꾸었습니다. 그들은 자신들이 꾼 꿈이 무슨 의미인지를 몰라 근심에 사로잡혀 있었습니다. 요셉은 꿈 해석은 하나님께 있다며 자신에게 그 꿈을 말하라고 요청했습니다. 요셉은 술 맡은 관원장의 꿈을 듣고 사흘 안에 바로가 당신을 복직시켜 전에 하던 일을 계속하게 할 것이라고 해석했습니다. 요셉은 술 맡은 관원장에게 복권되거든 자기 사정을 바로에게 알려 옥에서 꺼내달라고 부탁했습니다. 요셉은 자신이 히브리 땅에서 끌려온 사람이고 옥에 갇힐 일을 행하지 않았다고 설명했습니다. 요셉이 꿈을 해석한 대로 술 맡은 관원장은 복직되었습니다. 그러나 그는 2년 동안 요셉을 기억하지 않고 요셉을 잊었습니다.

술 맡은 관원장이 복직이 되고 2년이 흘렀을 때 바로 왕이 꿈을 꿨습니다. 그는 애굽의 점술가와 현인들을 불러 자신이 꾼 꿈을 말했으나 아무도 그 꿈을 해석하는 자가 없었습니다. 그때에 술 맡은 관원장은 요셉이 생각났습니다. 그는 바로 왕에게 "내가 오늘 내 죄를 기억합니다"라고 바로 왕에게 말하며 요셉을 소개했습니다. 바로가 사람을 보내어 요셉을 불렀습니다. 요셉이 바로 왕의 부름을 받아 그 앞에 나아갈 때 수염을 깎고 그의 옷을 갈아입었습니다. 이때에 요셉은 어떤 옷을 입었을까요? 그가 옥에서 입고 있던 옷은 죄수복입니다. 그가 바로 왕의 부름을 받아 나아갈 때 입은 옷은 아마도 보통 사람들이 입는 옷이었을 것입니다. 요셉이 바로 왕의 부름을 받아 나아가며 입은 옷은 잠시 풀려났을지 모르지만 요셉이 보통 사람인 것을 나타내고 있습니다.

영화로움을 나타내는 세마포 옷(41:42)

요셉은 바로 왕 앞에 서서 꿈을 듣고 바로 왕에게 "하나님이 바로에게 하실 일을 보인 것입니다. 칠 년 풍년이 있고 뒤이어 칠 년 흉년이 들 것입니다. 두 번 겹쳐서 꾼 것은 하나님이 이미 그 일을 정하셨기 때문입니다. 하나님이 속히 행하리니 바로께서는 지혜 있는 사람을 택해서 애굽 땅을 다스리게 하시고 나라 안에 감독관들을 두어 일곱 해 풍년에 애굽 땅의 오분의 일을 거두어 각 성읍에 보관하셔서 일곱 해 흉년이 들 때를 대비하소서"라고 조언했습니다. 바로는 하나님의 영이 감동된 사람을 어떻게 찾을 수 있겠냐며 요셉을 애굽의 총리로 임명했습니다. 바로 왕은 자신의 인장 반지를 빼어 요셉의 손에 끼워주었습니다. 바로 왕은 요셉에게 세마포 옷을 입히고 금 사슬을 목에 걸어주고 자기에게 있는 버금수레를 타게 했습니다. 요셉이 입은 세마포 옷은 그가 총리 신분임을 나타내고 있습니다.

예수께서 십자가를 지기 위해 잡혀 무리들에게 넘겨졌습니다. 로마 총독관저에 끌려간 예수님은 입고 있던 옷을 벗기고 홍포를 입으셨습니다(마 27:28). 예수님이 입은 홍포는 요셉이 입었던 채색옷을 의미합니다. 홍포는 왕이 입는 옷입니다. 무리들은 예수께서 자신이 왕이라고 하자 예수님을 조롱하기 위해 홍포를 입혔습니다. 그러나 놀라운 것은 하나님께서 무리들을 통해서 예수님이 원래 왕이라는 사실을 말씀하고 있는 것입니다.

세마포 옷은 애굽에서의 영화를 나타내는 옷이고(창45:13), 하늘에 있는 군대들과 천사들이 입는 옷입니다(계19:14, 15:6). 그리고 세마포는 예수님의 신부(新婦)로 어린양의 혼인날에 성도들이 입을 옷이기도 합니다(계19:7-9). 또한 세마포는 옳은 행실을 나타내는 증표이기도 합니다(계 19:8). 오늘 나는 성도로서 무슨 옷을 입고 있을까요?

그리스도의 피로 씻은 흰 옷(계 7:13)

요한사도가 하나님이 십사만 사천 명을 인치는 장면을 보고 있었습니다. 각 지파에서 일만 이천 명씩 인침을 받았습니다. 그 인침 받은 무리들이 어린 양 앞에 서서 큰 소리로 찬양하는 장면을 지켜보고 있는 중에 장로 중 한 명이 "이 흰 옷 입은 자들이 누구며 또 어디서 왔느냐(계 7:13)"고 물었습니다. 요한은 어리둥절할 수밖에 없었고, 새롭게 전개되는 계시를 바라보고 황홀한 지경에 이르기는 했지만 흰 옷 입은 무리들이 누구며 또 그들이 왜 손에 종려 가지를 들고 보좌 앞과 어린양 앞에서 있는지는 알 수가 없었습니다. 그래서 그는 자기에게 묻는 장로를 향하여 "내 주여 당신이 알리이다(계 7:14)"는 말로 되물었습니다. 그때 장로는 요한에게 "이르되 이는 큰 환난에서 나오는 자들인데 어린양의 피에 그 옷을 씻어 희게 하였느니라"고 알려주었습니다.

흰 옷 입은 무리들은 예수 그리스도를 믿는 자들입니다. 그들은 믿음으로 인해 큰 환난을 당한 자들입니다. 그들이 입고 있는 흰 옷은 어린 양의 피에 씻은 옷입니다. 어린 양의 피에 옷을 씻었다는 것은 정말 직접 씻었다는 뜻이 아닙니다. 이사야 선지자와 스가랴 선지자도 옷을 희게 한다고 언급했습니다(사 64:6; 슥3:3). 어린 양의 피에 씻는다는 것은 아마도 철저하게 회개하여 돌이킨다는 뜻이라 생각됩니다.

우리 그리스도인은 새 사람으로 옷을 입었습니다. 바울은 그리스도인들은 성령으로 세례 받을 때 그리스도로 옷 입은 자들이라고 말했습니다(롬 13:14). 사람의 신분이 그가 입은 옷으로 식별되는 것처럼, 그리스도인들은 자기가 그리스도로 옷 입고 자기의 전 생애 동안 새로운 성품으로 그리스도를 나타내는 삶을 사는 것으로 식별되어야 합니다.

그리고 바울은 다시 말하기를 주 예수로 옷 입되, 구원받을 때만이 아니라 날마다 옷 입으라고 하였습니다. 내가 매일 입은 옷을 다른 사람에게 보이는 것처럼 그리스도인들도 매일 주 예수로 옷 입어야 합니다. 그리하여 육신을 따라 정욕을 행하지 않고 주님의 형상과 그 형상을 따라 지음을 받은 새 사람을 나타내 보여야 합니다.

씨와 밭 그리고 하나님의 소망

‘씨’에 대한 언급은 아브라함에게 처음 찾을 수 있습니다. 아브라함이 여호와의 부름을 받고 본토, 고향, 아버지의 집을 떠나 가나안 땅으로 왔습니다. 아브라함이 세겜 땅에 도착했을 때 여호와께서 그에게 나타나셔서 “네 씨에게 이 땅을 주겠다(12:7)”고 말씀하셨습니다. 씨는 성경의 인물들을 비주류와 주류로 구분하는데 아주 중요한 기준이 되기도 합니다. 씨와 관련된 성경의 메시지를 살펴보도록 하겠습니다.

다른 밭 이스마엘, 같은 밭 에서(16-28장)

두 사람은 이미 앞에서 살펴보았습니다. 이스마엘은 씨에는 전혀 문제가 없었습니다. 그러나 이스마엘의 밭인 어머니 하갈은 애굽 여인이었고 사라의 몸종이었습니다. 여호와께서 정하신 밭이 아니었습니다.

에서는 씨와 밭이 전혀 문제가 없었습니다. 씨는 이삭이고, 밭은 리브가입니다. 에서는 정상적인 씨와 밭을 통해서 태어난 사람입니다. 에서가 비주류로 전락해 간 것은 자신의 생애를 통해서 스스로 만들어낸 결과물이었습니다. 그가 선택한 아내는 모두 비정상적인 밭이었습니다. 헷 족속의 두 여인인 유딧과 바스맛을 아내로 선택했습니다. 여호와에 의하면 헷 족속은 심판받아 섬멸될 족속입니다(15:20). 에서는 이스마엘 족속 여인인 마할랏을 아내로 맞이했습니다. 부모가 가나안 족속을 아내로 맞이한 것을 싫어하는 것을 보고 맞이한 아내였습니다. 이스마엘은 아버지 아브라함의 씨를 받은 자였으나 어머니로 인해 더 이상 순수한 씨가 아니기에 그의 자녀들 또한 순수한 밭이 아니었습니다. 에서는 하나님의 언약 밖으로 밀려날 수 밖에 없는 여러 가지 일을 했습니다. 그중에 하나가 하나님이 기뻐하지 않는 밭인 아내를 세 명이나 선택한 것입니다.

유다는 아버지 야곱과 어머니 레아 사이에서 태어났습니다. 유다는 야곱이 사랑했던 아내는 아니지만 그래도 외삼촌 집안에서 태어난 어머니 레아의 아들이었습니다. 이삭과 리브가가 제시한 기준에 의하면 씨나 밭이 모두 하나님이 기뻐하실 만하였습니다. 그런 유다가 가나안 사람 수아의 딸을 아내로 맞이하였습니다. 유다는 에서처럼 하나님이 기뻐하지 않는 밭을 선택해서 장자 엘, 차자 오난, 막내 셀라를 낳았습니다. 성경이 이것을 언급하는 것은 어떤 일들이 일어날 징조를 보여주고 있습니다. 또한 유다가 장자 엘을 위해서 하나님이 기뻐하지 않는 가나안의 출신 여인 다말을 밭으로 선택한 것도 뭔가 큰 일이 일어날 것을 암시하고 있습니다.

유다는 씨와 밭에 대한 개념이 약했던 것으로 보여 집니다. 그는 장자 엘을 위해서 다말을 아내로 데려왔습니다. 다말은 딤나 지역 에나임 동네 출신인 것으로 보입니다(14). 그 동네에 창녀가 없다는 것으로 보아서 신전을 중심으로 한 우상숭배는 없었던 것으로 보입니다. 그렇긴 하지만 가나안 땅 원주민 중 한 족속인 것만큼은 분명합니다.

엘은 하나님 보시기에 악한 자였습니다. 성경은 그가 어떤 죄로 악한 자인가를 전혀 설명하지 않았습니다. 그는 대를 잇지 못하고 여호와에 의해 죽임 당했습니다. 유다는 차남 오난을 다말에게 들여보내 형의 씨를 잇게 했습니다. 그러나 오난은 그의 형에게 씨를 주지 않으려고 땅에 설정했습니다(9). 이 일은 여호와 보시기에 악한 행위였습니다. 여호와께서 그도 죽이셨습니다.

유다는 막내아들 셀라를 다말에게 주었다가는 그마저 죽을까 염려하여 다말을 친정으로 돌려보냈습니다. 셀라가 장성할 때까지 기다리라고 명했습니다. 그러나 유다는 셀라가 장성했지만 다말에게 주지 않았습니다. 유다는 다말을 통해 아들의 씨 잇기를 거부했습니다.

다말은 집에서 수절하고 있었습니다. 셀라가 장성했는데도 시아버지 유다가 약속을 안 지킨다는 사실을 알았습니다. 어느 날 그녀는 시아버지가 자신의 동네로 양털 깎기 위해 왔다는 이야기를 들었습니다. 그녀는 창녀의 복장을 하고 길가에 앉았다가 시아버지와 관계를 맺었습니다.

도덕적으로 보면 참 많은 문제를 말할 수 있습니다. 그러나 신학적 관점에서 아주 중요한 의미를 가지고 있습니다. 다말은 시아버지 유다 집안의 씨를 갈망했습니다. 다말은 씨를 얻고 싶었으나 얻지 못했습니다. 시아버지가 장성한 막내아들을 주지 않아서 씨를 얻을 수 없었습니다. 그래서 창녀복장을 하고 시아버지의 씨를 받았습니다. 다말은 유다의 씨를 받아 세라와 베레스를 낳았습니다. 다말이 씨를 사모하여 낳은 아들 베레스는 다윗의 조상이 됩니다. 유다의 씨를 사모한 다말은 예수님의 족보에 이름을 올렸습니다.

예수님은 세례 요한의 때부터 지금까지 천국이 침노를 당하고 있는데 침노하는 자는 빼앗는다고 했습니다(마 11:12). 예수님은 천국은 마치 밭에 감추인 보화와 같다고 하셨습니다. 보화를 발견한 사람은 발견한 후에 그것을 숨겨두고, 자신의 모든 소유를 팔아서 그 밭을 산다고 하셨습니다(마 13:44). 천국은 얻고자 하는 자가 얻습니다. 다말 또한 유다의 씨를 얻고자 해서 얻었고 다윗의 조상이 되어 예수님의 계보에 기록되었습니다.

씨를 보호하려는 요셉의 필사적인 노력(39장)

요셉은 아버지 야곱의 특별한 사랑을 받았습니다. 야곱은 그에게 채색옷을 지어 입혔습니다. 아버지의 사랑의 상징인 그 채색옷은 요셉에게 큰 고난과 아픔을 가져다주었습니다. 요셉이 입은 채색옷은 형들의 시기와 미움과 질투의 대상이었습니다. 결국 요셉은 두 차례에 걸쳐서 꾼 꿈과 더불어 형제들에게 더욱 더 미운 대상이 되어버렸습니다.

요셉은 형제들에 의해 팔렸습니다. 그는 애굽의 바로의 신하 친위대장 보디발의 집에 팔렸습니다. 여호와께서 요셉을 위하여 보디발의 집에 복을 내렸습니다. 여호와께서 내린 복은 그의 집, 밭에 있는 모든 소유에 미쳤습니다. 주인 보디발은 이것을 알고 자신의 모든 소유를 요셉에게 맡겼습니다. 보디발은 자신이 먹는 음식 외에는 요셉을 간섭하지 않았습니다.

요셉은 용모가 빼어나고 아름다운 청년이었습니다. 보디발의 아내가 요셉을 유혹하며 동침을 요구했습니다. 요셉은 주인의 아내의 요구를 거절했습니다. 요셉은 여주인에게 동침할 수 없는 이유를 "이 집에는 자신보다 큰 이가 없고 주인이 아무것도 금하지 않았으나 한 가지를 금했는데, 바로 주인의 아내를 금했습니다"라고 설명했습니다. 나아가 요셉은 자신이 여주인의 요구에 동침하여 하나님께 큰 악을 지을 수 없다며 거절했습니다. 어느 날 여주인이 집안에 아무도 없는 틈을 타서 요셉을 옷을 잡고 동침하자고 요구했습니다. 요셉은 옷을 벗어던지고 그 자리를 벗어났습니다. 요셉은 그 벗어던진 옷 때문에 모함을 받고 박해를 받았습니다.

요셉과 보디발의 아내 사이에 존재하는 신학적 메시지도 유다와 다말 사이처럼 중요합니다. 다말은 유다의 씨를 받기 위해서 창녀로 변신했습니다. 반면에 요셉은 자신의 씨를 보디발의 아내에게 주지 않기기 위해서 유혹을 거절했습니다. 요셉은 하나님 앞에서 자신의 씨를 낭비하지 않으려 한 것입니다.

요셉이 우여곡절의 과정을 겪고서 애굽의 총리가 된 후 바로 왕이 온의 제사장 보디베라의 딸 아스낫을 주어 아내로 삼게 했습니다. 아브라함의 몸종 하갈은 애굽 여성이었습니다. 그녀는 하나님이 기뻐하지 않는 밭이었습니다. 요셉은 얼마 전 보디발의 아내의 유혹을 거절했습니다. 지금 요셉의 아내 또한 애굽 여성입니다. 그러나 앞의 경우와는 환경이 전혀 다릅니다. 지금 요셉은 애굽의 총리입니다. 왕이 애굽 여인을 요셉에게 주어 아내로 삼게 했습니다. 이것은 군신관계에서 일어난 일입니다. 요셉이 낳은 두 아들 므낫세와 에브라임은 야곱의 아들 지위에 편입되었습니다.

성도는 하나님의 빛을 비침 받은 자들입니다. 성도는 하늘의 은사를 맛 보고 성령에 참여한바 된 자들입니다. 성도는 하나님의 말씀과 내세의 능력을 맛본 자들입니다(히 6:3-5). 성도는 예수 그리스도의 십자가 은혜로 평안을 받았습니다(엡 2:17). 예수님은 이 평안은 세상이 주는 평안과 다르다고 했습니다(요 14:27).

어떤 상황과 환경에서도 받은 것을 빼앗겨서는 안 됩니다. 요셉은 씨를 낭비하지 않고 보호하기 위해 고난을 각오하고 실천했습니다. 초대교회 성도들 또한 자신이 얻은 구원을 비롯한 하나님의 선물을 잃지 않기 위해 자신의 목숨을 귀하게 여기지 않았습니다.

하나님의 소망

여호와의 씨와 밭에 대한 계획은 좋은 씨를 좋은 밭에 뿌리는 것입니다. 구약의 여호와의 계획은 신약에서 예수님의 씨 뿌리는 비유를 통해서 그 의미가 드러납니다. 예수님께서 많은 사람들이 모였을 때 “씨 뿌리는 자가 그 씨를 뿌리러 나가서 뿌렸는데 더러는 길가, 더러는 바위 위, 더러는 가시떨기 속, 더러는 좋은 땅에 떨어지매 나서 백배의 결실을 맺었다(눅 8:4-8)”고 설명했습니다.

제자들이 이것을 듣고 예수님께 비유의 뜻이 무엇인가를 물었습니다. 예수님은 제자들에게 그 의미를 설명하셨습니다. 씨는 하나님의 말씀입니다. 하나님의 말씀이 길가에 떨어졌다는 것은 “말씀을 들었는데 마귀가 와서 구원을 얻지 못하게 하려고 말씀을 그 마음에서 빼앗아 간 것을 가리키고…좋은 땅에 있다는 것은 착하고 좋은 마음으로 말씀을 듣고 지키어 인내로 결실하는 자이다(눅 8:9-15)”라고 설명하셨습니다. 씨를 뿌린다는 것은 30배, 60배, 100배의 열매를 맺는 결과를 기대합니다. 좋은 씨를 좋은 밭에 뿌리게 되면, 하나님께서 남자와 여자를 창조하신 후 부여하셨던 사명인 "생육하고 번성하여 땅에 충만하라 땅을 정복하라…땅을 다스리라"는 사명이 잘 성취되어 질 것입니다. 하나님은 씨를 좋은 밭에 뿌리셔서 좋은 열매, 풍성한 열매를 기대하고 계십니다.

예수님은 "죽은 나무마다 아름다운 열매를 맺고 못된 나무가 나쁜 열매를 맺나니 좋은 나무가 나쁜 열매를 맺을 수 없고 못된 나무가 아름다운 열매를 맺을 수 없느니라(마 7:17-18)"고 하셨습니다. 직후에 "그들의 열매로 그들을 알리라(마 7:20)"고 말씀하셨습니다. 좋은 씨를 좋은 밭에 뿌리면 좋은 나무가 자랄 것입니다. 그 나무는 당연히 좋은 열매를 맺을 것입니다.

나는 내 마음 밭에 어떤 씨를 심고 있는지 살펴봅시다. 나는 좋은 씨를 받을 만반의 준비를 하고 있는가 살펴봅시다.

12-29장 아내를 존중하는 하나님이 택하신 가문

창세기에는 아내들이 등장합니다. 아담의 아내 하와, 노아와 그의 아들들의 아내, 아브라함의 아내 사라, 이삭의 아내 리브가, 야곱의 아내 라헬 등이 있습니다. 이 아내들은 각자 하나님 앞에 해결해야할 문제들을 가지고 있습니다. 남편이 아내를 대하는 모습, 태도도 서로 다릅니다.

에덴 안과 밖에서의 아내 하와(2-4장)

여호와 하나님이 땅의 흙으로(먼지로) 사람을 지으시고 그 코에 생기를 불어넣으셔서 사람을 살아있는 생명체로 만드셨습니다. 여호와 하나님은 그 사람이 "혼자 사는 것이 좋지 아니하여(2:18)"그를 위하여 "돕는 배필(2:18)"을 짓기로 결정하셨습니다. 여호와 하나님께서 흙으로 각종 들짐승과 공중의 각종 새를 지으시고 아담(그 사람)이 무슨 이름을 짓나보시려고 그에게로 이끌어 왔습니다. 아담이 각 생물을 부르는 것이 그것의 이름이 되었습니다. 여호와 하나님은 여전히 아담에게 돕는 배필의 필요성을 느껴서 아담을 깊이 잠들게 하시고 그 갈빗대 하나를 빼서 여자를 만드셨습니다(2:22). 그 사람(아담)은 남편이 되고 여자는 아내가 되었습니다. 그 사람은 여자를 "내 뼈 중의 뼈요 살 중에 살이라(2:23중)"고백하여 최대의 존중을 보였습니다.

여호와 하나님이 지으신 들짐승 중에 가장 간교한 뱀이 아내인 여자에게 찾아와 선악을 알게 하는 나무 실과를 먹도록 유혹했습니다. 여자는 그것을 먹고 자기와 함께한 남편에게 주어서 먹게 했습니다(3:1-7). 에덴 동산 안에 살던 부부는 여호와 하나님의 명을 거역하고 선악을 분별하는 사람이 되어버렸습니다. 에덴 동산 안의 아내인 여자는 뱀과 대화를 하며 하나님이 주신 사명을 거역하는 길을 택했고, 남편도 같은 길을 가게 만들었습니다. 아내는 뱀과 대화하며 남편을 배제시켰고, 여호와 하나님을 거짓말쟁이로 만들었습니다. 즉 아내는 자신과 남편의 관계를 파괴했고, 하나님과 관계를 끊는 일을 했습니다.

여호와 하나님은 선악을 분별하게 된 남편과 아내의 관계를 "…너(아내)는 남편을 원하고 남편은 너를 다스릴 것이다(3:16하)"로 규정하셨습니다. 아내가 남편을 '원하다(תשוקה 테슈카)'는 예물을 받지 않았다고 분해하며 화를 내는 가인에게 여호와께서 "죄가 너를 원하나 너는 죄를 다스릴지니라(4:7하)"는 말씀의 '원하다'와 같은 단어입니다. 죄가 가인은 원한다는 것은 죄가 가인을 제압하고 지배하여 죄를 짓게 만든다는 뜻입니다. 죄를 지은 아내로서 여자는 남편을 제압하고 지배하려 합니다. 그러나 그 뜻을 이루지 못하고 남편이 그녀를 다스리게 될 것입니다.

남편과 아내는 여호와 하나님이 베푸신 은혜의 에덴 동산에서 부여받은 사명을 거역하므로(자신을 지켜 선악을 알게 하는 실과를 먹지 말아야 하고, 다른 사람들이 선악을 알게 하는 실과를 먹지 못하도록 지켜야 하는 사명) 서로가 서로를 제압하고 지배하려는 관계로 전락해버렸습니다. 아내는 돕는 배필에서 제압하여 지배하려는 배필이 되어버렸습니다.

그들은 에덴 동산에서 쫓겨났습니다. 쫓겨난 남편 아담과 아내 하와가 동침하여 가인을 낳았습니다. 하와는 남편을 배제하고 자신이 여호와로 말미암아 득남했다고 고백했습니다. 아담이 다시 자기 아내와 동침해서 아들을 낳았습니다. 그녀가 아들 이름을 셋이라고 지었습니다. 하와는 첫 번째 가인을 낳은 후에 남편을 배제시켰고, 셋을 낳은 후에도 남편을 배제시켰습니다. 여호와께서 하와를 아담을 돕는 배필로 지으셨습니다. 그러나 하와는 에덴 안에서나 밖에서 남편 아담을 돕는 배필이 아니라 망하는 길로 인도했고, 죄를 짓고 난 후에는 남편을 배재하고 무시하는 삶을 살았습니다. 하와는 에덴 안에서나 밖에서나 남편 아담을 배제하고, 자신이 주도권을 가지려 애썼습니다.

하와가 그렇게 남편 아담을 무시하고 배제했지만 성경은 참 재미난 사실을 보여줍니다. 창세기 5장은 아담의 계보(=역사)를 적은 책을 소개하는데 그곳에 하와의 이름은 전혀 언급이 없습니다. 창세기 4장 말미에 가인의 족보를 기록할 때 라멕이 두 아내에게 자신의 말을 들으라고 외칠 때 두 아내 아다와 씰라의 이름을 밝혔습니다. 그런데 5장은 의도적으로 하와의 이름을 빼버렸습니다. 남편을 배제하는 하와의 행동은 자신을 드러내려는 교만입니다.

예수님은 제자들에게 "누구든지 자기를 높이는 자는 낮아지고 누구든지 자기를 낮추는 자는 높아지리라(마 23:12)"고 말씀하셨습니다. 야고보서 기자는 "주 앞에서 낮추라 그리하면 주께서 너희를 높이시리라(약 4:10)"고 기록했습니다. 베드로 사도는 "…하나님은 교만한 자를 대적하시되 겸손한 자들에게는 은혜를 주시느니라(벧전 5:5하)"고 말했습니다.

육신의 욕망을 따라 산 사람들(6:1-2)

여호와는 사람의 죄악이 세상에 가득함과 그의 마음으로 생각하는 모든 계획이 악할 뿐임을 보시고 심판을 결정하셨습니다(6:5-7). 하나님은 땅이 부패하였고 땅에서 모든 혈육 있는 자의 행위가 부패한 것을 보시고 땅과 혈육 있는 자들을 함께 멸하기로 결정하셨습니다. 여호와께서 보신 죄악, 하나님이 보신 죄악이 과연 무엇일까. 성경은 세상 사람들이 "그의 마음으로 생각하는 모든 계획이 항상 악하다", "온 땅이 하나님 앞에 부패하여 포악함이 그 땅에 가득하다"고 밝혔지만 구체적으로 어떤 죄악 때문에 심판하시는지 그 종류에 대해서는 말하지 않았습니다.

맥락 속에서 홍수 심판의 원인을 찾자면 오직 한 가지 단서뿐입니다. 여호와께서 하나님의 아들들이 사람의 딸들의 아름다움을 보고 좋아하는 모든 여자를 아내로 삼는 것을 보셨습니다. 여호와께서 이 일로 인해서 "나의 영이 영원히 사람과 함께 하지 아니하겠다(6:3)"고 결정하셨습니다. 여호와는 그들을 육신이 되었다며 그들의 날은 백이십 년이라고 선언하셨습니다. 이것이 여호와 하나님이 세상을 향해 홍수심판을 선언한 유일한 근거가 될 수 있습니다.

하나님의 아들들은 누구며 사람의 딸들은 누구일까요. 하나님의 아들들이 사람의 딸들의 아름다움을 보고서 좋아하는 모든 여자를 아내로 삼았다는 뜻은 무엇이며, 그들이 이렇게 행동한 것은 어떤 의미를 담고 있을까요?

개역개정역의 "하나님의 아들"은 베네이 하엘로힘(בְּנֵי־הָאֱלֹהִים)입니다. "그 하나님의 아들"은 "그 재판장의 아들"로 번역이 가능합니다. 엘로힘(אֱלֹהִים)은 하나님, 신, 재판장의 의미를 가진 단어입니다. 여호와께서 십계명을 주신 후 이스라엘 백성들에게 법조문을 주셨습니다(출 21-23장). 그 법조문들 중에 "도둑이 잡히지 않으면 그 집 주인이 재판장 앞에 가서…(출 22:8)", "…어떤 사람이 이르기를 이것이 그것이라 하면 양 편이 재판장 앞에 나아갈 것이요 재판장이 죄 있다고 하는 자가 그 상대편에게 갑절을 배상할지니라(22:9)"는 말씀이 있습니다. 이 두 구절에 번역된 재판장이 바로 엘로힘입니다. 그러므로 '하나님의 아들들'은 '재판장의 아들들'로 번역이 가능합니다. 유대학자들은 하나님의 아들들이 아닌 재판장의 아들들로 봅니다.[23] 재판장의 아들들이란 권력 있는 군주의 아들들로 번

23 그렇게 보는 유대학자들은 이븐 에즈라, 람반, 라쉬 등이 있습니다.

역이 가능합니다. 권력 있고 신분이 높은 아들들이 사람의 딸들의 아름다움을 보고 좋아하는 여자를 모두 아내로 삼았다는 뜻입니다.

사람의 딸들은 누구를 가리킬까요. 사무엘하 12장에 한 성읍에 있던 두 사람이 이야기를 소개합니다. 한 사람은 부하고 한 사람은 가난한 사람이 있었습니다. 가난한 사람은 아무것도 없고 사서 기르는 작은 암양새끼 한 마리뿐이었습니다. 그 가난한 사람은 암양새끼를 그와 그의 자식과 같이 키웠습니다. 그 가난한 자는 암양 새끼를 딸처럼 대했습니다(삼하 12:2-3). 창세기 6장의 사람은 가난한 사람을 가리키고, 딸들은 그의 소유를 가리킬 가능성이 있습니다. 하나님의 아들들이 사람의 딸들을 취하는 결혼으로 본다면 사람의 딸들은 가난한 자의 딸을 가리킵니다.

그러므로 하나님의 아들들이 사람의 딸들의 아름다움을 보고 좋아하는 여자를 취했다는 것은 권력 있는 군주의 아들들이 가난한 사람의 딸, 혹은 소유를 착취했다는 의미입니다. 즉 군주의 아들들이 가난한 사람의 딸들을 빼앗아 가버렸습니다. 이것은 창세기 2장에서 여호와 하나님이 정하신 남편과 아내의 원초적인 관계를 파괴하는 큰 죄악입니다. 이것은 사람이 자신의 육적 욕망을 따라 막 산 것을 의미합니다.

예수님은 종말의 때에 일어날 일들을 설명하시며 "홍수전에 노아가 방주에 들어가던 날까지 장가가고 시집가고 있었다(마24:38)"고 설명합니다. 이것은 육적인 욕망을 따라 산 것을 가리킵니다. 육신의 정욕을 따라 사는 사람은 하나님이 세우신 남편과 아내의 관계를 깨드리는 자들입니다.

족장들의 아내들이 가진 공통점(12-29장)

홍수 이전에 노아의 아내, 노아의 세 아들의 아내들이 있습니다. 노아의 아내는 노아가 500세 때 아들을 낳았습니다. 이것은 결혼 직후부터 노아가 오백세가 될 때까지는 불임이었다는 의미입니다. 노아의 세 아들의 아내들은 방주 안에 들어가 있는 것 외에 어떤 행적도 알 수 없습니다. 홍수 후에 노아의 세 아들로부터 사람들이 온 땅에 퍼졌습니다(9:19). 홍수 후에 셈과 함과 야벳의 부인들이 많은 자녀를 낳았다는 의미가 되겠습니다. 아내들이 자녀를 낳았다는 말이 없고, 아내들의 이름도 언급하지 않습니다. 셈과 함과 야벳의 아내들은 자녀를 낳기는 했는데 그 존재 가치가 미미하게 취급되고 있음을 보게 됩니다.

세 족장의 아내들이 가진 공통점은 '불임'입니다. 아브라함의 아내 사라는 불임이었습니다(11:30). 이삭의 아내 리브가도 20년 동안 불임이었습니다(25:20-21). 야곱의 아내 라헬도 불임이었습니다(30:1-2). 불임은 하나님께서 태의 문을 열어주지 않은 것입니다. 하나님은 왜 그녀들의 태의 문을 닫았을까요?

사라는 자신이 생각하는 바를 반드시 이루는 이기적인 목표 지향적 여인입니다. 그녀는 아들을 갖기 위해 애굽 여인 하갈을 남편의 첩으로 주었습니다. 하갈이 임신하여 자신을 멸시하자 남편에게 그녀를 쫓아내야 한다고 강력하게 주장해 관철시켰습니다(16:1-6). 후일 이스마엘이 아들 이삭을 희롱하는 장면을 목격하고 남편에게 여종과 이스마엘을 쫓아내라고 요구했습니다(21:10).

사라는 철저하게 이성적이고 합리적인 사고에 얽매여있는 여인입니다. 여호와께서 아브라함을 찾아오셔서 내년 이맘때에 반드시 돌아오실 것이며, 네 아내 사라에게 아들이 있을 것이라고 말해주셨습니다. 사라는 뒤 장막 문에서 여호와의 소리를 듣고 믿지 않았습니다. 그녀는 여호와의 말씀을 속으로 웃었습니다. 그녀는 자신이 생리도 끊어졌고 나이도 많이 늙었다며 여호와의 말씀을 받아들이지 않았습니다. 여호와께서 이 말씀을 하신 것은 자신을 전능하신 하나님이라고 계시하셨고(17:1), 아브람을 아브라함으로, 사래를 사라로 개명한 후이며, 사라가 아들을 낳을 것(17:19)이라고 밝힌 이후에 있었던 일입니다. 여호와의 말씀보다 이성적이고 합리적인 생각이 절대 우위를 점하고 있는 여인이었습니다.

리브가는 결단력이 있었고(24:58), 태중의 아이들이 싸우자 여호와께 나아가 묻기도 했지만(25:22), 남편과 견해를 달리하는 자기 주관이 뚜렷한 여인이었습니다(25:28). 이삭은 사냥한 고기를 좋아했기 때문에 에서를 사랑했습니다. 반면에 리브가는 장남을 사랑하지 않고 어떤 이유에 대한 언급도 없이 야곱을 사랑했습니다. 후일 이삭이 에서를 축복하고자 했을 때 야곱을 시켜 축복을 가로채게 만들었습니다. 야곱이 들통이 나서 축복은 커녕 저주를 받을까 두려워할 때, 리브가는 저주는 자신에게 돌리겠다고 단호하게 말하며 야곱에게 축복을 받으라고 강권했습니다(27:13). 리브가의 이러한 점은 주관이 뚜렷한 정도가 아니라 겁이 날 정도로 대담한 여인임을 보게 됩니다.

라헬은 아버지의 양떼를 칠 정도로 생활력이 강했고 힘이 센 여인이었지만(29:3, 6), 아들을 낳지 못하는 자신을 보며 남편 야곱에게 "내게 자식을 낳게 하라, 그렇지 않으면 내가 죽겠노라(30:1)"고 극단적인 생각을 주저하지 않고 하는 여인이었습니다. 레아의 아들 르우벤이 들에서 합환채를 가지고 오자 레아에게 당당하게 그것을 요구한 장면에서 그녀는 자신의 뜻을 성취하기 위해 아주 단호한 입장을 견지하는 여인임을 보여줍니다(30:14). 라헬은 야곱이 고향으로 돌아가고자 의견을 말할 때 "아버지가 우리를 팔고 우리 돈을 다 먹어버렸고 자신들을 외국인처럼 취급했다(31:15)"고 매몰차게 아버지의 행위를 비판하는 여인이었습니다. 그리고 아버지 집을 떠날 때 아버지가 섬기던 드라빔[24]을 도둑질 하여 소유에 대한 욕심이 큰 여인인 것을 보여줍니다(31:19).

세 족장들의 아내는 서로 다른 장점과 차이점을 가지고 있습니다. 그녀들이 가진 공통점은 주관이 아주 뚜렷하고, 성격이 아주 강한 여인들이었습니다. 오늘날 말로 표현한다면 기가 아주 센 여인들이었습니다. 여호와 하나님은 그녀들을 불임이라는 상황으로 훈련시키며 다듬었다고 볼 수 있습니다.

족장들의 아내 데려오기(12-29장)

노아 때 홍수 심판의 결정적인 원인이 하나님의 아들들이 사람의 딸들의 아름다움을 보고 자신들이 좋아하는 모든 여인들을 아내로 삼은 것입니다. 앞에서 살펴보았듯이 하나님의 아들들은 재판장의 아들들로서 군주의 아들로 권력과 돈이 있는 자들이었습니다. 사람의 딸들은 가난한 사람의 딸을 의미합니다. 권력 있고 돈 많은 가정의 남성이 가난하고 어려운 가정의 여성을 착취하듯 아내로 맞이한 것을 의미합니다. 이것은 한 마디로 육적인 욕망의 충족을 위해서 아내를 삼는 모습입니다. 이때에 아내들은 이름조차도 언급되지 않습니다.

아브라함이 어떻게 결혼을 했는지 성경은 침묵하고 있습니다. 아브라함의 말에 의하면 아브라함과 사라는 이복 오빠와 누이 관계입니다(20:12). 아버지는 데라로 같고 어머니는 서로 다릅니다. 어머니가 달랐으니 같은 장막에서 생활하지는 않았을 것입니다. 아버지가 같고 아브라함이 사라보다 나이가 열 살 많습니다. 둘은 가까이서 서로 알며 성장했습니다. 아브라함과 사라는 서로가 마음에 들었음이 분명합니다. 그리고 둘이서 결혼을 했습니다. 하나님의 아들들이 아내로 맞이한 여인들은 이름이 없습니다. 그러나 아브라함의 아내는 사라로 이름이 있습니다.

아브라함은 아들 이삭의 아내를 선택하기 위해서 자신의 종을 하란 땅으로 보내 갖은 정성을 다해 리브가를 데려왔습니다. 이삭은 아버지가 그렇게 정성을 다해 데리고 온 리브가를 아내로 맞이하여 사랑했습니다(24:67). 이삭은 아내 리브가가 20년 동안 아이를 갖지 못하자 그녀를 위해서 여호와께 간구하였습니다. 여호와는 이삭의 기도를 듣고 리브가의 태를 열어 아이를 갖게 하셨습니다(25:21). 하나님의 아들들이 아내로 맞이

24 드라빔은 신으로 숭배되기도 했지만, 재산 분쟁이 일어났을 때 재산권을 행사할 수 있는 중요 증거이기도 합니다.

한 여인들은 이름이 없습니다. 반면에 아브라함은 정성을 다해 리브가를 데리고 왔습니다. 이삭은 그녀를 아내로 맞아 사랑했습니다.

야곱은 아내 라헬을 더 사랑하여 칠년을 며칠 같이 라반을 섬겼습니다. 야곱은 삼촌 라반의 사기행각으로 덜 사랑했던 레아를 아내로 맞이했습니다. 야곱은 외삼촌 라반에게 따졌고, 외삼촌 라반을 칠일 더 섬기고 라헬을 아내로 맞이했습니다. 그 후 다시 칠년을 외삼촌 라반을 섬겼습니다. 야곱 본의는 아니지만 라헬을 위해서 십사 년이나 노동력을 제공했습니다. 칠년 더 노동력을 제공할 때도 라헬을 더 사랑하여 칠년 동안 라반을 섬겼습니다. 야곱은 자신이 직접 아내를 선택했습니다. 야곱은 자신이 사랑하는 라헬을 위하여 결과적으로 십 사년간 노동력을 제공했습니다. 야곱은 십사 년을 한 결같이 라헬을 사랑했습니다. 하나님의 아들들이 사람의 딸들을 아내로 맞이한 것과는 현격한 차이점을 보여줍니다.

여호와께서 그 사람(아담)이 혼자 있는 것이 보기에 좋지 않아서 돕는 배필을 지으셨습니다. 하나님이 택하신 가문의 남자들은 여호와께서 아담을 생각하신 것 만큼 여자를 생각한 것입니다. 여호와께서 아담을 귀하게 여긴 만큼 여자를 귀하게 여기셨습니다. 하나님이 택한 가문의 사람들은 여자를 존중했습니다. 하나님이 택한 가문이 여자를 존중한 것은 여호와 하나님이 돕는 배필을 만드실 때 정하신 여자에 대한 존중을 실천한 것입니다.

신약성경에서 바울은 남편들을 향해 그리스도께서 교회를 사랑하시고 그 교회를 위하여 자신을 주심과 같이 아내를 사랑하라(엡 5:25)고 명했습니다. 또 바울은 남편들이 아내 사랑하기를 자기 자신과 같이 하라(엡 5:28)고 명하셨습니다.

48:1-22 열두 지파의 기초가 마련되었습니다

야곱은 요셉의 초청으로 애굽 땅에 내려와 고센 땅에 정착하여 십칠 년을 살았습니다(47:28). 야곱은 자신의 죽음이 임박함을 알고 요셉을 불러 그의 손을 자신의 허벅지에 넣고 성실하게 맹세할 것을 요구했습니다. 야곱이 요셉에게 맹세를 요구한 것은 자신의 주검을 애굽에 장사하지 말고 가나안 땅 조상의 묘지에 장사해달라는 것이었습니다. 이 일이 있은 지 얼마 후에 야곱은 병이 들었습니다. 어떤 사람이 요셉에게 아버지가 병들었다는 소식을 전해주었고 요셉은 두 아들을 데리고 아버지를 만나러 갔습니다. 여기에 하나님의 섭리가 드러나게 됩니다.

요셉의 두 아들이 야곱의 아들이 되었습니다(1-7)

야곱이 요셉을 불러서 자신의 죽음이 임박했음을 알리고 자신의 시신을 가나안 땅 조상의 묘에 묻어달라고 말한 후 얼마 지나지 않아 야곱이 병들었습니다. 요셉은 어떤 사람의 연락을 받고 두 아들을 데리고 아버지를 방문했습니다. 요셉이 문병 왔다는 말을 전해들은 야곱은 힘을 내어 침상에서 일어났습니다. 야곱은 루스 곧 벧엘에서 전능하신 하나님이 자신에게 나타나셔서 생육하고 번성하며, 자신에게서 많은 백성이 나고, 이 땅을 자신에게 주겠다고 약속한 사실을 상기하며 요셉에게 말했습니다.

"내가 애굽으로 와서 네게 이르기 전에 애굽에서 네가 낳은 두 아들 에브라임과 므낫세는 내 것이라 르우벤과 시므온처럼 내 것이 될 것이요, 이들 후의 네 소생은 네 것이 될 것이며 그들의 유산은 그들의 형의 이름으로 함께 받으리라(5-6)"

야곱은 요셉에게 자신이 애굽 땅에 내려오기 전에 요셉이 낳은 두 아들을 자신의 아들 반열로 올리겠다고 말합니다. 두 아들이 르우벤과 시므온처럼 자신의 것이 되고, 그들처럼 기업을 받을 것이라고 설명했습니다.

야곱이 요셉에게 한 이 말은 야곱 개인의 생각인가, 아니면 하나님의 영감을 받은 말일까요? 야곱 개인의 말은 아닌 것으로 보입니다. 지금부터 사백 년 후에 결정되는 사실을 보면 야곱의 열두 아들 중 레위는 하나님을 기업으로 받는 제사장 지파가 됩니다. 하나님의 계획은 열두 지파를 세우는 것입니다. 레위지파가 빠지게 되어 열한 지파만 존재하게 됩니다. 그렇게 되면 하나님의 계획은 어긋나게 됩니다. 하나님은 미래 큰 그림을 그리고 계신 분이십니다. 열두 지파를 기초로 하나님의 통치를 받는 한 나라 건설을 계획하고 계셨습니다. 하나님은 이때를 대비해서 야곱에게 요셉의 두 아들을 자신의 반열로 올리는 영감을 주신 것으로 보입니다.

야곱은 요셉을 특별히 사랑하여 장자로 삼고 싶어 했습니다. 그래서 요셉에게 채색옷을 지어 입혔습니다(37:3-4). 야곱의 이 행위는 당시 사회에서 정상적이지 못한 생각이었습니다. 그럼에도 불구하고 자신이 처음 사랑했던 라헬이 낳은 아들 요셉을 장자로 세우고 싶어 했습니다. 아브라함은 여호와께 소돔과 고모라 땅을 위해서 의인 십 명이 있는데도 멸하시겠냐며 간절히 기도했었습니다. 하나님은 아브라함을 기억하사 소돔과 고모라를 심판하실 때 롯의 가정을 구원하셨습니다. 하나님은 열두 지파를 기초로 한 나라를 건설하는 목표를 가지고 계셨습니다. 그래서 야곱에게 열두 아들을 허락하시고 야곱이 요셉에게 두 몫을 주려는 간절한 열망을 생각하시어 그의 두 아들을 야곱의 반열에 올리심으로 응답하신 것으로 이해됩니다. 포로 후에 기록된 역대기서 기자는 르우벤이 장자인데 그가 아버지의 침상에 올랐기 때문에 장자가 되지 못하고 요셉이 장자의 명분을 얻었다고 기록했습니다(대상 5:1-2).

야곱은 아버지의 병을 유전 받아 눈이 어두웠습니다(10)

야곱은 요셉에게 요셉의 두 아들을 자신의 아들로 삼겠다고 선언하고 요셉이 데리고 온 아이들을 보고 그들이 누구인가를 물었습니다. 야곱이 요셉의 두 아들을 분별하지 못한 것은 이스라엘의 눈이 나이로 말미암아 어두워서 보지 못하였기 때문입니다. 야곱은 나이 많아 늙어 눈이 어두워져 손자들을 알아보지 못했습니다. 이 말씀은 성경이 이삭에 대해 말씀하실 때와 동일합니다.

"이삭이 나이가 많아 눈이 어두워 잘 보지 못하더니 맏아들 에서를 불러 이르되 내 아들아 하매 그가 이르되 내가 여기 있나이다(27:1)"

현대의학에서도 질병의 유전에 대해 깊이 연구합니다. 1909년 영국의 의사 아처볼드 개로드(Archibald Garrod)가 처음으로 선천성 대사이상 질환이란 개념을 발표하였습니다. 그는 선천성 대사이상 질환은 선천적으로 특정한 효소가 모자라거나 없는 사람들이 물질대사에 이상이 생겨 걸리는 병으로 정의하였습니다. 1953년 제임스 왓슨과 프랜시스 크릭이 DNA의 분자구조를 밝힌 이후 이루어진 유전학의 성과로 오늘날 인간이 모든 유전체가 밝혀져 유전자 이상으로 인한 질병 연구가 활발히 이루어지고 있습니다. 모든 질병이 유전되는 것은 아니지만 특별히 유전되는 질병이 있는데 그것을 유전성 질병이라고 부릅니다.

야곱은 아버지 이삭의 말년을 그대로 보여주고 있습니다. 야곱은 아버지가 눈이 안 보여 자신과 에서를 분별하지 못하는 것을 악용해서 형 에서가 받아야 할 축복을 가로챘습니다. 지금은 야곱 자신이 아버지 이삭과 동일한 상황에 처해있습니다. 성경은 아버지가 눈이 나빴는데 아들도 눈이 나빴다고 기록하는 경우가 거의 없습니다. 유독 이삭과 야곱의 경우 두 대에 걸쳐서 언급합니다. 이삭은 자신이 겪었던, 나이가 들면 눈이 보이지 않는 질병을 야곱에게 물려준 것입니다. 야곱은 이 질병을 물려받았으나 끊지를 못했습니다. 그리스도인들은 영적 능력으로 부모로부터 대대로 이어지는 질병의 내력을 파악해서 끊어야 합니다. 전능하신 하나님은 그것을 해결할 능력을 가지고 계십니다.

동생 에브라임은 형 므낫세보다 앞섰습니다(12-14)

야곱은 눈이 어두워서 손자들을 분간하지 못했습니다. 자기 앞에 있는 두 사람이 자신의 손자인 것을 알고 그들을 축복하겠다고 말했습니다. 요셉은 눈이 어두운 아버지 야곱을 위해서 큰아들 므낫세를 아버지의 오른팔 앞에, 차남 에브라임을 아버지의 왼팔 앞에 앉혔습니다. 이스라엘 문화에서 오른팔은 하나님의 능력을 상징합니다. 요셉은 이것을 알기에 장자인 므낫세가 아버지의 오른팔로 축복받아야 한다고 생각했습니다.

그러나 야곱은 요셉의 기대와 달리 오른팔로 차남 에브라임의 머리 위에, 왼팔로 장자 므낫세의 머리에 올렸습니다. 야곱은 므낫세와 에브라임을 축복하며 요셉을 위하여 축복한다고 말했습니다(15). 그는 조부 아브라함과 아버지 이삭이 섬기던 하나님이 자신의 출생에서부터 지금까지 기르셨음을 먼저 언급했습니다. 그는 자신을 모든 환난에서 건지신 여호와의 사자께서 두 아이에게 복 주시길 기도했습니다. 그는 두 아들이 자신과 조부 아브라함과 아버지 이삭의 이름으로 칭하게 되기를 기도했습니다.

요셉은 여기까지 아버지 야곱이 두 아들에게 축복하는 말을 듣고 있다가 갑자기 아버지의 축복을 끊고 개입했습니다. 요셉은 아버지 야곱의 오른팔을 므낫세에게로, 왼팔을 차남 에브라임에게로 옮기려고 시도하며 장자에게 오른팔을 올려달라고 요청했습니다. 야곱은 요셉의 요청을 받고서 자신도 안다고 대답하며 둘 모두 한 족속이 되는데 아우가 큰 자보다 크게 되고 그의 자손이 여러 민족을 이루게 된다고 말했습니다. 야곱은 자신이 하고 있는 일이 우연한 일이 아니라 의도된 것임을 요셉에게 알려줍니다. 왜 하나님은 차남 에브라임을 장자 므낫세보다 앞 세웠을까요?

성경은 이에 대해 침묵하고 있습니다. 하지만 성경 속에서 작은 근거를 찾아볼 수 있습니다. 요셉은 장자 므낫세를 낳은 후 하나님이 자신의 모든 고난과 아버지의 온 집을 잊었다는 의미를 붙였습니다. 차남 에브라임을 낳은 후에는 하나님이 자신이 수고한 땅에서 번성하게 하셨다는 의미를 붙였습니다. 요셉은 므낫세를 낳고 하나님이란 호칭을 사용했지만 아버지 집에서 하나님께서 주셨던 비전까지 다 버렸습니다. 하나님이 차남 에브라임을 앞세운 것에 특별한 원인이 없을 수 있습니다. 여호와께서 야곱을 사랑하시고 에서를 덜 사랑하셨던 것처럼 단순한 결정일 수도 있습니다. 그러나 그 원인을 찾아본다면 요셉이 버린 하나님의 계획을 알고 계셨던 여호와께서 요셉의 마음의 결정을 반영하여 장자인 므낫세보다 차남 에브라임을 앞세운 것일 가능성이 있습니다.

야곱은 아브라함 언약을 되새겨줍니다(21-22)

야곱은 요셉의 두 아들을 축복한 후 요셉에게 두 가지 특별한 메시지를 남겼습니다.

"이스라엘이 요셉에게 또 이르되 나는 죽으나 하나님이 너희와 함께 계시사 너희를 인도하여 너희 조상의 땅으로 돌아가게 하시려니와, 내가 네게 네 형제보다 세겜 땅을 더 주었나니 이는 내가 내 칼과 활로 아모리 족속의 손에서 빼앗은 것이니라"

한 가지는 이스라엘 백성들이 반드시 조상의 땅으로 돌아가게 될 것이라는 말씀이고 다른 한 가지는 요셉에게 형보다 세겜 땅을 더 주었다고 말합니다. 그 세겜 땅은 자신이 칼과 활로 아모리 족속의 손에서 빼앗은 것이라고 정의했습니다. 야곱은 여호와께서 아브라함에게 하신 약속을 어떻게 기억하고 있었던 것일까요? 아브라함이 아들 이삭에게,

아들 이삭이 야곱에게 하나님의 언약을 교육했기에 야곱이 기억하고 있었을 가능성도 없지 않습니다. 그러나 야곱이 그것을 알고 있었던 것은 십칠 년 전 일백삼 세 되었을 때 요셉의 초청을 받고 애굽 땅으로 내려갈 때 여호와께서 나타나셔서 야곱에게 직접 알려 주셨기 때문일 수도 있습니다.

"하나님이 이르시되 나는 하나님이라 네 아버지의 하나님이니 애굽으로 내려가기를 두려워하지 말라 내가 거기서 너로 큰 민족을 이루게 하리라, 내가 너와 함께 애굽으로 내려가겠고 반드시 너를 인도하여 다시 올라올 것이며 요셉이 그의 손으로 네 눈을 감기리라 하셨더라(46:3-4)"

야곱은 여호와께서 자신에게 직접 나타나셔서 알려주신 말씀을 굳게 잡고 있었던 것으로 보입니다. 그는 요셉이 자신의 시신을 애굽을 떠나 가나안 땅에 묻는 일을 할 수 있을 만큼 권력을 가지고 있었고, 자신의 주검을 가나안 땅 조상들의 묘에 묻어달라고 요청했습니다. 두 손자를 축복해 자신의 아들 반열에 올리고, 자신의 마음 깊이 담아 둔 소망을 말하여 요셉도 그것을 갈망하며 살 것을 바라고 있습니다. 애굽 땅에 잠시 사는 것은 하나님의 계획에 따른 것입니다. 그러므로 그 땅에 안주하며 영원히 살 생각을 버려야 합니다. 지금 시점을 기준으로 생각해도 요셉은 태어나서 가나안 땅에 산 세월보다 애굽에서 산 세월이 더 깁니다. 요셉은 이미 아버지의 온 집안일을 마음에서 지운 적도 있었습니다. 요셉과 그의 후손들이 하나님의 계획을 잊지 말라는 강한 권면의 말씀인 것으로 보입니다.

49:1-33 야곱의 예언

야곱은 일백삼십 세에 애굽 땅에 내려갔습니다(47:9). 온 가족은 칠 년 기근이 계속되는 동안 요셉의 보살핌으로 잘 살았습니다. 그가 애굽 땅에 내려온 지 십칠 년, 야곱의 나이 일백사십칠 세가 되었고 그곳에서 생육하고 번성하였습니다(47:27-28). 야곱은 요셉을 불러 자신의 주검을 고향 땅 조상들의 묘에 안장해 줄 것을 맹세하게 했습니다(47:30-31). 야곱은 요셉의 두 아들 므낫세와 에브라임을 자신의 아들로 입양시켰습니다. 야곱은 운명하기 전에 열두 아들과 그의 후손들이 미래에 당할 일들을 예언하였습니다. 야곱은 모여서 들으라는 표현을 사용했습니다. 아마도 흩어져 있을 수 있는 자녀들을 한 곳에 모으고 모든 아들들이 있는 자리에서 후일에 당할 일들을 말한다는 의미일 것입니다.

탁월하나 탁월하지 못하게 될 르우벤(2-4)

야곱은 르우벤이 미래에 당할 일을 선언하며 "내 장자요 능력이요 내 기력의 시작이라 위풍이 월등하고 권능이 탁월하다"라고 그가 태어날 때부터 가진 능력을 먼저 언급했습니다.

"장자요 능력이라"는 것은 그의 위치와 귀중함을 일깨워주는 말로 들립니다. 야곱을 제외하고 가장 권세가 있는 자이고 능력이 있는 자입니다. 아버지의 기대를 한 몸에 받고 태어난 가문의 희망과 같은 존재란 의미일 것입니다.

"기력의 시작이라"는 말은 장자를 가리키는 수사학적 표현입니다(신 21:17; 시 78:51).

"위풍이 월등하다"는 것은 격조와 품위가 높다는 뜻으로 장자에게 부여되는 가족 중에서 최고의 권위자를 의미하고, 하나님 앞에서 그 가족을 대표하는 영예와 제사장직 수행과 관계된 말입니다. 족장시대에는 한 가족의 가장이 제사장직을 수행했는데 장자가 그 제사장직을 물려받았습니다(출 29:9).

"권능이 탁월하다"는 것은 가족을 통솔하는 능력을 가리킵니다. 족장시대에 가장의 권위는 신적 권위와 동일했고 전시에는 가족들을 지휘하는 권리를 가졌습니다. 가장은 왕 같은 권위, 제사장과 같은 권위를 가지며 또 두 배의 기업을 유산으로 물려받습니다(신 21:17). 장자는 특별히 하자가 없는 경우에 가장이 가지는 권리를 유산으로 물려받습니다. 그러나 르우벤은 태어날 때 그 모든 권리를 가질 위치였으나 살면서 그것을 자신의 것으로 만들지 못했습니다.

"물이 끓음 같았다"는 르우벤의 성격과 행동에 대한 평가입니다. 르우벤은 충동적이고 조급하고 정욕적인 성격을 가진 자란 암시가 이 표현 속에 숨어있습니다. 르우벤은 두 번째 양식을 사러가야 했고, 동생 베냐민을 데리고 내려가야 할 때 자신의 두 아들을 볼모로 내어놓겠다고 나섰습니다(42:37). 이 결정은 장자로서의 책임감이라고 볼 수도 있겠지만 르우벤의 충동적이고 급한 성격을 엿보게 합니다. 그의 후손인 다단과 아비람은 모세의 권위에 대항하여 반란을 일으켰습니다(민 16장; 신 11:6). 아직 가나안 땅을 완전히 정복하기도 전에 요단강 동편 땅을 분배해달라고 요구했습니다(민 32:1-5). 그는 이같은 자신의 성격과 행동을 절제하지 못하고 아버지의 침상에 올랐습니다. 이는 장자로서의 모든 것을 잃는 악한 삶이 되었습니다.

"탁월하지 못하다"는 르우벤이 장자로서 위풍과 권능을 상실한 것을 보여줍니다. 르우벤의 물이 끓는 것 같은 성격과 행동은 장자에게 주어지는 갖가지 특권을 다 잃게 된 것을 말해줍니다. 장자가 가질 왕권은 유다에게로(8), 두 몫의 기업 상속권은 요셉에게로 넘어갔습니다(48:22; 대상 5:1-2). 제사장권은 레위 지파에게로 넘어갔습니다.

저주를 받은 시므온과 레위(5-7)

두 사람은 레아의 아들입니다(29:33-34). 르우벤, 시므온, 레위, 유다가 모두 레아의 아들들입니다. 그런데 야곱이 시므온과 레위를 형제라고 표현한 것은 세겜 사건(34:25-26)의 공범임을 강조하는 것으로 보입니다.

야곱은 이 두 아들에 대하여 "그들의 칼은 폭력의 도구이다"라고 혹독하게 책망했습니다. 이 혹독한 말은 시므온과 레위가 누이 디나가 강간을 당한 후 세겜 사람들에게 할례를 행하면 문제 삼지 않고 넘어가겠다고 제안한 후, 두 사람은 할례 삼 일째 세겜 사람들을 칼로 잔인하게 살해한 행동에 근거하고 있습니다. 야곱의 혹독한 예언은 바로 이 사건을 염두에 두고 한 말입니다. 시므온과 레위는 아주 호전적인 성격으로 보입니다.

“내 혼아 그들의 모의에 상관하지 말지어다 내 영광아 그들의 집회에 참여하지 말지어다”는 반복적 표현으로 강조하고 있습니다. 내 혼아와 내 영광아가 반복되고 있고, 모의에 상관하지 말라는 말과 집회에 참여하지 말라는 말이 반복되고 있는데 반복을 통하여 강조하고 있습니다. 혼(נֶפֶשׁ 네페쉬)과 영광(כָּבוֹד 카보드)은 한 사람의 전 인격체를 가리키는 것으로 이해됩니다. 영광은 영예, 생명 등으로 번역이 가능합니다. 성경은 악한 무리들과 결탁하지 말 것을 요청하고 있습니다(잠 24:1). 신약성경은 선한 양심과 순수한 신앙을 유지할 것을 강조하고 있습니다(고전 5:11). 야곱은 자신을 비롯한 모든 아들과 후손들에게 악을 도모하고 원수를 갚는 일에 참여하지 말라고 요구합니다.

“그들이 그들의 분노대로 사람을 죽이고 그들의 혈기대로 소의 발목 힘줄을 끊었다”는 세겜 사건으로 인해 할례를 행한 세겜 남자들을 죽인 후 분노를 참지 못하고 가축의 힘줄을 잘라버린(34:28-29)행동을 지적한 것입니다. 세겜 사람들을 죽이고 가축을 약탈하고 그것도 모자라서 남은 가축들이 기능을 하지 못하도록 그 가축들의 힘줄을 잘라버린 것으로 이해됩니다.

“그 노여움이 혹독하니 저주를 받을 것이요 분기가 맹렬하니 저주를 받을 것이라”, 아버지가 아들들의 미래를 예언하고 있는데 저주를 받을 것이라고 두 번이나 반복해서 외칩니다. 반드시 저주를 받을 것이란 의미입니다. 아버지가 아들들의 미래를 예언하며 그렇게 말하는 것은 시므온과 레위가 세겜 사람들을 살해하고 가축을 약탈하고 다른 가축의 힘줄을 끊어버려 힘을 못 쓰게 만든 것이 혹독한 노여움이고 맹렬한 분기이기 때문입니다. 야곱은 그들이 행한 불의보다도 그들이 낸 분노, 분기가 저주를 받을 것이라고 퍼부었습니다.

“내가 그들을 야곱 중에서 나누며 이스라엘 중에서 흩으리로다”, 야곱이 열두 아들에게 축복하는 것은 저주를 포함합니다. 여호와께서 야곱의 예언을 언제 어떤 방법으로 집행하실까요? 야곱은 애굽으로 내려가 한 나라에 종살이를 시작하는 첫 세대입니다. 이때는 여호와께서 이스라엘 백성들을 번창시킬 기간입니다. 야곱의 미래 예언은 출애굽 이후에 직접 실행되는 것으로 보입니다. 출애굽 후 1차 인구조사에서 시므온 지파는 59,300명이었는데(민 1:23) 2차 인구조사에서 22,000명으로 줄었습니다(민 26:12). 광야 사십 년 동안 약 63%의 성인 남성이 줄었다는 것은 저주가 임했다는 것을 보여줍니다. 레위지파는 인구조사를 실행하지 않았기 때문에 어떻게 되었는지 알 수 없습니다. 그러나 레위지파는 성막을 수종드는 자들로 회복한 것을 보면 야곱의 예언 후 용서받을 기회를 가진 것으로 보입니다. 가나안 땅 정복 후 땅 분배 때에도 시므온 지파는 유다지파 땅 안에서 몇몇 성읍만 분배받았습니다(수 19:1-9). 레위지파는 하나님을 기업으로 삼고 독자적인 땅을 기업으로 분배받지 않았습니다.

찬송을 받고 통치자가 될 유다(8-12)

유다는 그의 형들과는 대조되는 축복을 받습니다. 유다가 받은 축복은 크게 두 부분으로 나눌 수 있습니다.

첫째는 유다의 지위에 관한 예언입니다. 지위에 관한 예언은 "규가 유다를 떠나지 않는다"는 것이 대표적입니다. 규는 홀을 의미하는 것으로 뒤에 언급되는 통치자의 지팡이를 의미하고 왕권을 상징합니다. 에스더서를 통해서 잘 이해할 수 있습니다. 왕비는 왕이 부를 때만 왕에게 나아갈 수 있으나 왕의 부름이 없는데 왕비가 왕에게 나아갈 경우는 왕이 홀을 내밀어야만 살 수 있습니다. 유다의 자손에게서 왕이 나온다는 것이고 다윗을 통해서 일차적으로 성취됩니다. 예수 그리스도도 다윗의 후손 왕으로 이 땅에 오십니다. 유다의 후손이 왕권을 가지는데 실로가 오시기까지 지속될 것입니다. 이는 유다의 왕권이 시작되고 완성되는 시점을 가리키는 것으로 보입니다.

야곱은 "유다는 사자 새끼이다, 그가 움킨 것을 찢고 올라갔다"는 예언했습니다. 성경은 상대방을 제압하는 힘을 가진 존재를 사자로 비유합니다(시 7:2; 사 5:29; 겔 19:2-9). 움킨 것이란 동물이 발톱으로 먹이를 꽉 잡고 있는 상태를 가리킵니다. 왕권은 처음부처 유다에게 열려있던 것이 아닙니다. 유다에게 꽉 막혀 있었습니다. 유다는 그것을 사자가 먹이를 낚아채듯이 막혀있는 것을 찢고 올라갔습니다. 유다 지파는 싸움을 통해서 왕이 된 것이 아닙니다. 각 지파에 속한 사람들이 다윗을 추대해서 왕으로 세웠습니다.

유다의 이름 자체도 '찬양'이란 의미인데(29:35), 유다지파가 왕이 되기 때문에 형제들의 찬송이 되기도 합니다. 또한 야곱은 "형제들이 그에게 절하게 될 것이다"고 예언했습니다. 열두 지파가 형제들이긴 하지만 유다지파 후손이 왕이 되었으니 왕에게 절하는 것은 너무나 당연합니다.

왕권을 잡고 있는 유다지파와 적대국과의 관계는 "네 손이 원수들의 목을 잡을 것이다"란 말씀에 나타나 있습니다. 이 예언은 역사적으로 유다의 후손인 다윗과 솔로몬 왕의 전성기를 통해 성취된 것으로 보입니다(삼하 5:1-2). 영적으로는 유다의 직계손인 예수 그리스도의 강림과 십자가 사건을 통해 성취되었습니다(계 5:5).

두 번째는 유다의 부에 대한 예언입니다. 야곱은 유다에게 "유다의 나귀를 포도나무에 맨다, 암나귀 새끼는 아름다운 포도나무에 맨다, 그의 옷은 포도주에 빤다, 그의 복장은 포도즙에 빤다, 그의 눈은 포도주로 인하여 붉다, 그의 이는 우유로 말미암아 희다"라고 예언했습니다. 보통 나귀는 흔히 주위에 있는 나무에 맵니다. 그런데 나귀를 포도나무에 맨다는 것은 가나안 땅에 포도나무가 흔하게 된다는 것을 상징하고 있습니다. 젖과 꿀이 흐르는 땅에서 풍성한 수확, 물질적 풍요를 누리게 된다는 의미로 이해됩니다. 포도가 풍성하여 옷을 포도주에 빠는 일이 일어나게 되고, 포도주가 흔하여 자주 마시므로 눈이 붉게 될 것입니다. 이가 희게 될 만큼 우유를 많이 마시는 때가 올 것입니다. 가축들이 살지고 기름진 젖을 풍성하게 생산하여 우유를 많이 마시게 될 것이란 예언입니다.

상인이 되는 스불론, 하층민이 될 잇사갈(14-18)

야곱은 스불론의 후손들이 해변에 살게 되고 그 지경이 시돈까지 이르게 될 것이라고 예언했습니다. 해변에 살게 된다는 것은 국내적으로 상업이 융성하고 국외적으로는 무역을 잘하게 될 것을 말합니다. 그리고 그 지경이 시돈까지 이르게 될 것이라는 것은 스불론이 가나안 땅 가장 북쪽 해변가에 위치하게 된다는 뜻입니다. 엄격하게 말하면 야곱의 이 예언은 전적으로 이루어지지 않았습니다. 가나안정복 전쟁을 마치고 스불론 지파가 가나안 땅을 분배받기 위해 제비뽑을 때 해변 땅이 아니라 해변이 전혀 없는 내륙을 제비뽑아 분배받았습니다. 또한 해변을 낀 가장 북쪽 땅은 아셀 지파가 제비뽑아 기업을 분배받았습니다. 아셀 지파조차도 시돈을 기업으로 분배받지 못했습니다. 왜냐하면 이스라엘 백성들은 가나안 정복 당시에 시돈을 정복하지 못했기 때문입니다(수 13:4).

잇사갈은 건장한 나귀가 되고 어깨를 내려서 짐을 짊어지고 압제 아래서 섬기게 됩니다. 한 마디로 정리하면 잇사갈은 뛰어나지 못하고 하층민으로 살아가게 된다는 것입니다. 건장한 나귀란 힘이 세고 튼튼하다는 의미이므로 잇사갈이 그렇다는 뜻입니다. 건장하긴 한데 특출한 점이 없다는 의미를 함축하고 있습니다. 실제로 잇사갈은 튼튼하고 힘이 센 종족이 되었습니다(삿 5:15). 그의 후손은 힘든 노동일과 농사일에 전념하며 살게 될 것을 알리고 있습니다. 잇사갈 후손이 압제 아래서 살게 된다는 것은 상층민이 되지 못하고 하층민이 되어 살게 된다는 의미이고, 실제로 잇사갈 지파는 육체적인 고역과 납세 의무에 시달리게 되는 삶을 묘사한 예언입니다(왕상 9:21; 대하 8:8).

단과 납달리가 받은 예언(17-19, 21-23)

두 사람은 라헬의 시녀 빌하의 소생들입니다(30:4-8). 단은 "그의 백성을 심판하게 될 것이다"란 예언을 받았습니다. 단이란 이름은 억울함을 풀다는 의미를 가지고 있습니다.

자신의 억울함을 풀고 남의 억울함을 풀어주는 재판관이란 의미입니다. 이 예언은 사사 삼손에 의해 성취되었다고 볼 수 있습니다. 삼손은 이십여 년 동안 이스라엘의 사사로 지내면서 백성들을 재판하고 블레셋을 격퇴시켜 백성들의 안전을 지켰습니다(삿 13-16장).

단은 "길섶의 뱀이고 샛길의 독사이다"란 예언도 받았습니다. 단의 기질을 보여주는 말씀으로 단은 뱀과 같이 간교하고 독사와 같이 기습적으로 상대를 공격하여 곤경을 빠뜨리게 될 것입니다. 단 지파는 강한 적과 싸워 라이스 성읍을 점령했습니다(삿 18장). 단 지파는 적을 공격하여 곤경에 빠뜨리는 일을 했지만 자기 백성들을 공격하는 일도 했습니다. 단 지파는 이스라엘 최초로 우상숭배를 시도하기도 했습니다(삿 18:1-31). 그들의 우상숭배는 많은 이스라엘 백성들이 하나님을 대적하게 만드는 일을 한 것입니다.

납달리는 "놓인 암사슴이라 아름다운 소리를 발하는도다"란 예언을 받았습니다. 납달리는 외부의 공격으로부터 자기를 방어하는 데 매우 민첩하고 능숙한 자들이 될 것임을 예언한 말입니다(삼하 22:34; 시 18:33). 납달리 지파는 가나안 왕 야빈의 군대가 이스라엘을 침략했을 때 신속하게 물리친 적이 있었습니다(삿 4:10, 23-24). 납달리 지파는 또 아름다운 소리를 내는 사람들이 될 것입니다. 아마도 웅변과 노래에 재능이 있다는 뜻으로 이해됩니다.

야곱은 갑자기 "여호와여 나는 주의 구원을 기다리나이다"는 말씀을 선포를 했습니다. 이것이 단이나 납달리에게 주는 예언인가 아닌가가 문제입니다. 학자들은 단이나 납달리를 향한 예언이 아니라 독립적인 것으로 이해합니다. 야곱은 여덟 명의 아들들에 대한 예언을 마쳤습니다. 야곱은 아들들을 축복하는 도중에 축복도 중요하지만 그들의 구원이 더 중요한 것임을 알고 여호와께 중보기도 하는 것으로 이해하면 될듯합니다.

갓과 아셀이 받은 예언(19-21)

두 사람은 레아의 시녀 실바의 소생들입니다(30:9-13). 갓은 "군대의 추격을 받으나 도리어 그 뒤를 추격하리로다"는 예언을 받았습니다. 갓의 용감함 혹은 호전성에 관한 예언입니다. 그들을 르우벤 지파와 더불어 요단 동편 땅을 기업으로 분배받았습니다(수 13:14). 그들은 여러 차례 동방족속으로부터 공격을 받았으나 그들 침략자들을 격퇴시킴으로 승리했습니다(신 33:20; 대상 12:8-15).

야곱은 "아셀에게서 나는 먹을 것들이 기름진 것이어서 그가 왕의 수라상을 차릴 것이다"고 예언했습니다. 아셀 지파는 가나안 정복 후 갈멜산에서 베니게에 이르는 지역을 기업으로 분배받았습니다(수 19:24-31). 이곳은 지중해 해변에 있는 기름진 땅으로 소산이 풍부했습니다. 성경에서 이곳의 수확물을 왕궁에 직접 공급했다는 기록은 없으나 솔로몬이 두로 왕 히람으로부터 원목을 공급받는 대신 이곳에서 수확하는 소출을 식량으로 제공받은 것(왕상 5:7-12)으로 보아 간접적이긴 하지만 아셀 지파의 땅에서 수확하는 소출이 왕궁의 상에 올린 것으로 보입니다.

요셉과 베냐민이 받을 축복(22-27)

야곱이 사랑한 아내 라헬이 낳은 두 아들에 대한 예언입니다. 요셉은 "샘 곁의 무성한 가지가 된다"는 예언을 받았습니다. 열대지방에서 무성한 가지는 풍요로움을 의미합니다. 더구나 샘 곁에 있는 무성한 가지라면 기후 조건과 관계없이 항상 풍성할 수밖에 없습니다. 요셉 가문은 앞으로 어떤 어려움에 직면하더라도 번창할 것임을 예언한 말씀입니다. "그 가지가 담을 넘었다"는 것은 요셉의 번창은 자신에게만 그치는 것이 아니라 남의 집에까지 혜택을 주게 될 것이란 의미입니다. 실제로 요셉은 칠 년 흉년 동안 아버지 온 집을 먹여 살렸습니다(창 42-46장).

요셉은 활 쏘는 자들이 적개심을 가지고 쏘았으나 오히려 요셉의 활이 굳세었다는 예언을 받았습니다. 활 쏘는 자들이 적개심을 가지고 쏘았다는 것은 요셉이 형들로부터 당한 고난, 보디발의 집에서 당한 모함 등을 의미하는 것으로 보입니다. 미래적으로는 그의 가문을 대항할 모든 적대 세력과 그들의 공격을 말하기도 합니다(수 11:16-18; 삿 12:4-6). 요셉 지파가 그와 같은 공격을 당하나 능히 이길 것은 전능하신 하나님이 그들을 도우실 것이기 때문입니다. 개역개정역은 야곱의 전능자의 손과 이스라엘의 반석인 목자를 동격으로 번역하였습니다. 요셉 가문의 번영과 강성은 이스라엘의 반석이신 목자로서 전능하신 하나님의 손으로 말미암는다는 의미입니다. 야곱은 일생 동안 하나님의 도우심으로 살았습니다(28:10-15; 32:24-30; 35:1-15: 46:1-4). 자신을 도우신 하나님이 요셉을 도우실 것이라고 예언하였습니다.

야곱은 하나님이 요셉에게 위로 하늘의 복, 아래로 깊은 샘의 복, 젖 먹이는 복, 태의 복을 주신다고 예언했습니다. 위로 하늘의 복은 이슬과 비와 햇빛을 의미하고, 아래로 깊은 샘의 복은 샘들과 지하수와 물의 근원을 통해서 얻는 복을 가리킵니다. 광야를 중심으로 한 팔레스틴 땅에서 물을 풍부하게 쓴다는 것은 복 중에 복입니다. 요셉의 아들 므낫세는 이스르엘 평야에 인접하거나 포함한 땅을 기업으로 분배받았고, 에브라임은 샤론 평야와 인접하는 땅을 분배받았습니다. 젖 먹이는 복과 태의 복은 자손 번성의 복을 의미합니다. 이는 사람에만 국한되는 것이 아니라 가축에도 해당합니다. 야곱은 자신이 받은 축복이 선조들의 축복보다 나은데 이 축복이 요셉의 머리로 돌아온다고 설명했습니다. 요셉은 형제 중에 뛰어난 자가 되기 때문에 그에게로 돌아올 것이라고 예언했습니다.

베냐민은 물어뜯는 이리인데 아침에는 약탈한 것을 먹고 저녁에는 약탈하여 간직하던 것을 먹습니다. 베냐민 지파의 거칠고 호전적인 성격을 이르는 예언입니다. 이와 같은 모습은 사사 에훗(삿 3:15-22), 기브아 전투(삿 20:19-20), 사울 왕의 전투(삼상 11:6-7) 등에서 그대로 나타납니다.

야곱이 각 아들들에게 미래의 일을 선포한 것은 개인을 향한 것만이 아니라 그들의 후손을 포함한 예언입니다. 성경의 기자는 야곱이 각 아들을 축복한 것은 각 개인의 분량대로 축복한 것임을 밝힙니다. 야곱의 예언은 각 자녀들의 기질과 살아 온 삶에 근거한 예언입니다.

여호와께서 아브라함을 선택하시고 그와 "내가 너로 큰 나라를 만들겠다"고 언약을 맺었습니다. '나라'는 통치자, 백성, 영토를 필요로 합니다. 통치자는 여호와 하나님이십니다. 백성은 아브라함을 시작으로 그의 언약의 씨들로 구성됩니다. 창세기는 이 나라의 구성 요소가 될 백성들 문제가 우여곡절을 겪으며 정리가 되었습니다. 여호와는 야곱의 열 두 아들을 하나님 나라 백성의 기초로 세우셨습니다. 여호와께서 가나안 땅을 아브라함을 통해서 만드실 나라의 백성들이 사는 땅으로 정하셨습니다. 여호와는 그 땅에 살고 있는 족속들을 심판하시고 그들의 땅을 빼앗아 자신이 만드실 나라의 백성에게 주실 계획을 세우셨습니다. 아모리 족속의 죄악이 차지 않아 지금 그들을 심판할 수 없었습니다. 여호와는 이들의 죄악이 차기를 기다리는 동안 야곱의 열 두 아들을 기초로 세운 나라의 백성들을 하늘의 별과 같이 바다의 모래 같이 많은 수로 만들 계획을 세우셨습니다. 이것은 야곱의 후손들이 한 나라에 사백년 동안 종살이를 하는 것으로 나타났습니다. 여호와는 요셉을 세워 아버지 집의 모든 식구들을 한 나라로 이주하도록 만들었습니다.

큰 나라가 되려면 영토도 넓고 백성의 숫자도 많아야 합니다. 영토는 큰 나라를 구성할 백성의 수가 채워진 후에 필요합니다. 창세기는 큰 나라를 구성할 백성들의 수를 많게 하기 위한 일환으로 한 나라의 종살이를 시작하는 것으로 끝을 맺고 있습니다. 물론 단순히 종살이만 하는 것은 아닙니다. 종살이 후에 그들이 많은 은금을 가진 즉 부한 자들이 되어 나올 것입니다.

창세기와 출애굽기 사이 사백년 동안 일어났던 자세한 기록은 없습니다. 출애굽기에 간략하게 기록되어 있을 뿐입니다. 그러나 보이지 않는 기사에는 어느 누구의 눈에도 보이지 않았지만 큰 나라를 이룰 백성들의 수가 고통과 압제 속에서도 하늘의 별과 바다의 모래처럼 증가하고 있었습니다. 이것을 계획하신 여호와께서 보시며 창조 때 하루하루 창조하신 직후 좋아하셨던 것처럼 매일 매일 늘어나는 백성들을 보시며 기뻐하셨을 것입니다.

강사

조용식 박사

연세대학교 신학과
동대학원 신학과 [구약전공]
예루살렘 히브리대학교 성서학과 Ph.D

대상

말씀을 읽고 듣기만 하는 것이 아니라
이해하기 원하는 성도,
말씀을 무조건 전하는 것이 아니라
깨달은 것을 가르치기 원하는 목회자

내용

성경이 왜 하나님의 말씀인지, 어떻게 책이
되었는지, 무엇을 말하는 지를 언어, 역사,
문화, 지리, 상식, 그리고 영성을
총동원하여 공부하기

KING'S WAY SEMINARY

2019.02.14 ~

매주 월요일 10:15-12:15

수강료 6개월 단위로 등록 [강의자료 및 홈스터디 자료 포함]
일시불 25만원, 분납 30만원

등록기간 진도에 상관없이 매주 합류 가능
※ 2020년 10월 19일 기준 사무엘상 5장까지 진행

등록문의 킹스웨이신학원 02-453-2680

장소 생명의빛교회 2층
서울특별시 구로구 고척로27길 51 [개봉동 118-26]

주최 KING'S WAY BIBLE COLLEGE & SEMINARY

계좌 농협 351-1145-5977-13